H. C. Moolenburgh

Engel –
Helfer auf leisen Sohlen

H. C. Moolenburgh

Engel –
Helfer auf leisen Sohlen

Deutsch von Ute Hempen

Verlag Hermann Bauer
Freiburg im Breisgau

Die Deutsche Bibliothek – CIP-Einheitsaufnahme

Moolenburgh, H. C.:
Engel : Helfer auf leisen Sohlen / H. C. Moolenburgh.
Dt. von Ute Hempen. – 2. Aufl., 8.–12. Tsd. –
Freiburg im Breisgau : Bauer, 1994
  Einheitssacht.: Een engel op je pad ⟨dt.⟩
  ISBN 3-7626-0459-2

Die niederländische Originalausgabe erschien 1991 bei
Uitgeverij Ankh-Hermes bv, Deventer, unter dem Titel
Een engel op je pad. Honderd en één engelenervaringen
© 1991 by Uitgeverij Ankh-Hermes bv, Deventer

2. Auflage 1994 – 8.–12. Tsd.
ISBN 3-7626-0459-2
© für die deutsche Ausgabe 1993 by
Verlag Hermann Bauer KG, Freiburg im Breisgau
Alle Rechte der deutschen Ausgabe vorbehalten
Umschlag: Atelier Pilz
Satz: CSF ComputerSatz GmbH, Freiburg im Breisgau
Druck und Bindung: Wiener Verlag GmbH, Himberg
Printed in Austria

Gedruckt auf chlor- und säurefreiem Papier

Für meine liebe An

Inhalt

Ein Wort des Dankes

An erster Stelle möchte ich all denen herzlich danken, die mir spontan ihre Engelerfahrungen schrieben und mir später die Zustimmung gegeben haben, ihre Geschichte zu publizieren, so daß ich dieses Buch schreiben konnte. Leider konnte ich einige wenige von ihnen nicht erreichen, außerdem ist eine Reihe von Menschen verstorben. Ihnen, die, aus welchem Grunde auch immer, nicht in der Lage waren, meinen Brief zu beantworten, und den Angehörigen der Verstorbenen möchte ich meinen herzlichen Dank sagen. Ihr Engelerlebnis wird nicht verlorengehen.

Auch bei denen möchte ich mich bedanken, die mir Kopien aus Büchern und Zeitschriften zugeschickt haben; ich habe sie für dieses Buch, in dem sie einen wichtigen Beitrag darstellen, mit verwendet.

Dank sage ich ebenfalls den Herausgebern der Bücher und Zeitschriften, die mir ihre Zustimmung gaben, Zitate zu übernehmen. Sie sind in der Bibliographie angeführt.

Außerdem danke ich meinen Verlegern Paul Kluwer und Nicole de Haas, die mich angeregt haben, dieses Buch zu schreiben. Und nicht zuletzt danke ich Emilie Schreuder. Sie hat dieses Buch einer sorgfältigen Korrektur unterzogen. Dabei entfernte sie nicht nur viele Rechtschreib- und Stilfehler aus dem Manuskript, sondern gab auch wertvolle Anregungen bezüglich einer besseren Zusammenstellung und einer Vertiefung des Inhalts.

Emilie war dazu unter anderem aufgrund des Unterrichts bei ihrem weisen Vater, dem kürzlich verstorbenen Alt-Rektor des Amsterdamer Montessori-Lyzeums, in der Lage. Er war mir ein teurer Freund. Sein Unterricht in Stil und Inhalt wirken in diesem Buch weiter, und ich möchte seiner hiermit in Dankbarkeit gedenken.

Vorwort

Es ist ein heikles Unterfangen, ein zweites Buch über dasselbe Thema zu schreiben, besonders wenn das erste Buch ein Erfolg war. Der Gedanke liegt dann nahe, daß die Anerkennung für das erste Buch dem Verfasser zu Kopf gestiegen ist.

Ich habe trotz der vielen Bitten, noch mehr über Engel zu schreiben, einige Jahre gewartet, bevor ich damit begann. Die Gründe, warum ich es nun mache, sind folgende:

Seit dem Erscheinen von *Engelen als beschermers en helpers der mensheid* (»Engel als Beschützer und Helfer des Menschen«) Weihnachten 1983 ist eine unaufhörliche Flut von »Engelpost« in Gang gekommen, die noch immer anhält. Schon mehr als fünfhundert Menschen haben mir Briefe geschickt, dreihundertfünfzig davon kamen aus den Niederlanden, der Rest aus anderen Ländern. Das Buch ist nämlich auch in Deutsch und Englisch erschienen, und so konnte es geschehen, daß ich Briefe aus Argentinien, Belgien, Curaçao, Deutschland, England, Finnland, Frankreich, Israel, Italien, Kanada, Österreich, Polen, Schottland, Schweden, der Schweiz und aus den Vereinigten Staaten bekam.

Darüber hinaus schickte man mir Bücher, Zeichnungen, Gedichte, Kassetten, gestickte Engel, Engel aus Schilfrohr und aus Stein, Zeitschriften, kurz, ein so vielfältiges Sortiment von Gegenständen, die mit Engeln zu tun haben, daß mir fast schwindlig wurde. Ich war auch sehr gerührt von der Wärme und Freundschaft dieser großzügigen Menschen.

Die Flut von Briefen und Geschenken hat noch dadurch zugenommen, daß die Presse dem »Doktor, der sie fliegen sah« (wie eine Zeitung sich ausdrückte), große Aufmerksamkeit schenkte und mich bat, in Zeitschriften, Rundfunk und Fernsehen Interviews zu geben. Man bat mich 1989 sogar, in England während der Weihnachtstage für die BBC mein Urteil über Engel abzugeben. Man schien mich plötzlich als eine Art Engelfachmann zu betrachten, zweifellos zur Erheiterung der Engel.

Glücklicherweise wurde ich durch einen meiner Söhne immer wieder auf den Boden zurückgeholt, wenn er sich in spöttischen Bemerkungen erging wie: »Bald kommt *Noch mehr Engel* heraus und danach *Die Engel schlagen zurück*.« Es wird ihm zweifellos ein Schmunzeln entlocken, daß jetzt tatsächlich ein zweiter Teil erscheint.

Wohl hundertvierzig der Briefe waren von Menschen, die authentische Engelerfahrungen gemacht hatten, einige von ihnen sogar mehrere in ihrem Leben. Diese sind dann offenbar wahre Engelexperten. Insgesamt befanden sich in den über fünfhundert Briefen mehr als hundertfünfzig klare Engelerfahrungen. Davon waren sehr viele so ungewöhnlich und auch so lehrreich, daß ich es nicht verantworten wollte, nur eine Privatsammlung anzulegen.

Das sind die Gründe dafür, daß ich dann doch beschloß, ein zweites Buch zu schreiben. Es sind längst nicht alle dieser wunderbaren Erfahrungen in das Buch eingegangen; nicht etwa deshalb, weil ich etwas für ein drittes Buch zurückhalten wollte, sondern weil viele Erfahrungen Variationen eines bestimmten Themas sind. Ich habe mich deshalb sehr bemüht, Beispiele für verschiedene Themen anzuführen.

In den vergangenen Jahren habe ich mehrfach versucht, das ganze Material in eine lesbare Form zu bringen, aber es wollte mir nicht recht gelingen. Im Februar 1991 wurde ich jedoch gebeten, in der Sendung *Tijdsein* (»Zeitzeichen«) meinen Kommentar zu einem Engelerlebnis abzugeben, und während dieses Interviews wurde mir klar, wie ich das Buch schreiben könnte. Bis dahin hatte ich nämlich versucht, meine Briefschreiber mit ihren bewegenden Geschichten selbst zu Wort kommen zu lassen, aber das Ergebnis war nur Unordnung und Chaos. Es ist etwas völlig anderes, einen Brief in der Handschrift des Schreibers oder der Schreiberin zu lesen, als diesen Brief in einem Buch gedruckt zu sehen. Ein Großteil der Atmosphäre geht dann verloren, und ich konnte einfach keinen Weg finden, diese Stimmung wiederzugeben. Während der Sendung wurde mir jedoch plötzlich klar, daß ich das neue Buch zu einer Einheit formen konnte, indem ich die mir geschriebenen Geschichten mit meinen eigenen Worten wiedergab. Man arbeitet dann gewissermaßen wie ein Maler, der zwar die porträtierte Figur wirklichkeitsgetreu abbildet, aber daneben auch etwas von seiner eigenen Beziehung zu dem anderen erkennen läßt; weswegen ein Gemälde mehr ist als ein Foto.

Als mir erst einmal klar war, daß ich die Briefe so bearbeiten konnte wie ein Maler seine Leinwand, schrieb sich das Buch von selbst.

Womit könnte ich das jetzt vor Ihnen liegende Werk vergleichen?

Anfang 1991 gab es in der Nieuwe Kerk in Amsterdam eine Ausstellung mit venezianischen Kunstschätzen aus der San Marco Kirche. Die meisten der Kunstwerke waren seinerzeit von den Venezianern in Konstantinopel geraubt worden. Unter anderem waren Pokale, ganz aus Edelstein hergestellt, dabei, die am Fuß mit kleinen runden Emaillegemälden besetzt waren. Jedes Medaillon stellte einen christlichen Heiligen dar. Vom Fuß eines solchen Pokals schauten einen all die ernsten, asketischen Gesichter an, und es war unbegreiflich, wie der Künstler das auf Emaille hatte malen können.

Mit einem solchen Pokal möchte ich das vorliegende Buch vergleichen. Kleine, präzise Beschreibungen von tiefen religiösen Erfahrungen. Ein Pokal, dessen Inhalt mir in vielen Briefen überreicht wurde. Der Inhalt ist manchmal schwer verdaulich, und es ist besser, ihn in kleinen Schlucken zu genießen, damit man sich nicht übernimmt.

Ich habe natürlich alle Menschen, deren Geschichten ich verwendet habe, um die Zustimmung gebeten, sie veröffentlichen zu dürfen. Es sind allerdings ihre ganz persönlichen Erfahrungen, und deshalb fühle ich mich ein bißchen wie ein venezianischer Kaufmann, der Konstantinopel geplündert hat. Durch das Schreiben dieses Buches bin ich eine Art Kaufmann von Venedig geworden. Deshalb beschließe ich dieses Vorwort mit einer Überlegung, die in Shakespeares *Der Kaufmann von Venedig* vorkommt. In der letzten Szene dieser Komödie betrachtet Lorenzo das Himmelsgewölbe (er nennt es die Himmelsflur) und sagt, daß kein Himmelskörper zu klein ist, daß er in seiner Bewegung nicht wie ein Engel singt.

Lorenzo erweckt in uns die Vorstellung mächtiger Engelchöre, die zum Entzücken der ewig jugendlichen Cherubim singen. Er zaubert einen goldglänzenden Himmel voll himmlischer Musik vor unsere Augen und tritt dabei in die Fußstapfen des Buches Hiob.

In Kapitel 38 antwortet der Herr Hiob aus dem Wettersturm. Er spricht dabei unter anderem über die Erde und fragt Hiob:

14

»Worauf sind ihre Pfeiler eingesenkt,
oder wer hat ihren Eckstein gelegt,
als mich die Morgensterne miteinander lobten
und jauchzten alle Gottessöhne?«

Lorenzo beschließt seine Überlegung dann, indem er
sagt:
»So voller Harmonie sind ew'ge Geister.«
In dieser Zeit, in der die Menschen zu denken scheinen, daß es nichts Wichtigeres gibt als die Börsenkurse
oder die neuesten Fernsehprogramme, ist es gut, daran
erinnert zu werden, worum es bei diesem irdischen
Leben eigentlich geht: um die Erweckung der unsterblichen Seele und ihren Jubelgesang in der Harmonie
der Sphären.

Anmerkung
Zum Schutz der Privatsphäre habe ich dafür gesorgt,
daß die Menschen, die diese Engelerlebnisse hatten,
aus der Darstellung heraus nicht zu erkennen sind. Alle
haben allerdings persönlich Kontakt zu mir gehabt.
Ihre Namen sind mir bekannt und ebenso die Orte, an
denen sich das Erlebnis abspielte.
In den wenigen Fällen, bei denen dies nicht so ist,
werde ich das jeweils gesondert angeben.

1. Der Engel am Weg

Im Januar 1991 kursierte plötzlich eine merkwürdige Geschichte. Ein niederländischer Autofahrer soll an der Autobahn einen Anhalter mitgenommen haben. Als das Auto wieder in flotter Fahrt über die Straßen des Herrn sauste, fing der Anhalter plötzlich an, den Fahrer ernsthaft davor zu warnen, daß Jesus bald zurückkehren werde. Der Autofahrer schaute ein bißchen mitleidig zur Seite und stellte zu seinem nicht geringen Entsetzen fest, daß er alleine im Auto saß. Sein Anhalter schien sich in Luft aufgelöst zu haben. Völlig erschrocken hielt er daraufhin auf der Standspur an, wo er es schon bald mit einem Verkehrspolizisten zu tun bekam, der wissen wollte, warum er da stand. Der Polizist soll dem ziemlich erschütterten Mann dann weitergeholfen haben.

Der sogenannte »Engel auf der Autobahn« wurde in evangelischen Kreisen ein Erfolg. Es wurden von allen Seiten zahlreiche Vermutungen darüber angestellt, ein Pfarrer hielt eine Predigt über ihn, es erschienen Zeitschriftenartikel und sogar Rundfunk- und Fernsehberichte. Ein höherer Beamter der Verkehrspolizei setzte einen Aufruf ins Polizeiblatt mit der Bitte, der betreffende Polizist möge sich melden.

Das Merkwürdige ist, daß diese Geschichte nicht neu ist. Obwohl es so dargestellt wurde, als sei es »gerade passiert«, war diese Geschichte in Wahrheit schon viel älter. 1983 machte in Deutschland ein gleiches Gerücht die Runde:

Ein Autofahrer sieht an der Autobahn einen Anhalter stehen. Es ist ein junger Mann, bekleidet mit einer Jacke und Jeans, mit einem Rucksack auf dem Rücken. Im Auto sagt der junge Mann, daß er der Engel Gabriel sei und daß er gekommen sei, um den Weltuntergang zu verkünden. Auch dieser »Engel« verschwindet dann spurlos aus dem fahrenden Auto. Die Geschichte wurde in einer Regionalzeitung veröffentlicht und mir im Januar und April 1984 von zwei voneinander unabhängigen Quellen bestätigt.

Wir stellen nur kleine Unterschiede zwischen den beiden Geschichten fest. In Deutschland wird die Kleidung des Anhalters beschrieben, er nennt sich Gabriel und kündigt das Ende der Welt an.

In den Niederlanden sagt er nicht, daß er ein Engel, geschweige denn, daß er Gabriel sei. Seine Kleidung wird nicht beschrieben, er kündigt nicht das Ende der Welt, sondern Jesu Wiederkehr an – eine bemerkenswerte Mitteilung. Die Polizei wird hineingezogen, und es gibt schließlich noch einen militärisch dreinblickenden Wachtmeister, der sich im Fernsehen darüber ausläßt.

In beiden Versionen ist das Anhalten auf der Autobahn (also eine Verkehrsübertretung), eine Prophezeiung und das plötzliche Verschwinden enthalten.

Die Erzählungen stimmen noch in einem weiteren Punkt überein: sie können nicht verifiziert werden. Jeder, der die Geschichte erzählt, kennt sie vom Hörensagen. Niemand kennt jemanden, der direkt betroffen ist. Damit fällt diese ganze Geschichte in eine Kategorie, die in unserem Sprachgebiet als »Affen-Sandwich-Geschichte« bezeichnet wird. Für den Fall, daß der Leser eine derartige Geschichte nicht kennt:

»Meine Tante hat eine Haushaltshilfe, und deren Nichte hat ihr erzählt, daß in Amsterdam ein Metzger wohnt, der Brötchen mit Affenfleisch verkauft. Die

Geschichte ist wirklich wahr, denn neulich habe ich sie auch von einem Mann gehört, dessen Schwägerin sie selbst von dem Bäcker gehört hat, dessen ältester Sohn ein solches Affen-Sandwich gegessen hat.«

Jeder glaubt die Affen-Sandwich-Geschichte, aber niemand weiß genau, wem sie widerfahren ist und wo sie sich genau ereignet hat.

Die erste Erwähnung des »Engels an der Autobahn« fand ich in Ethel Portnoys Buch *Broodje Aap* (»Affen-Sandwich«), das sie 1979 veröffentlichte. Sie hatte den Bericht nicht nur ungefähr in dieser Zeit gehört, sondern ihn auch in dem Wochenblatt *Panorama* vom 15. Juli 1977 gelesen. Sie merkt dazu noch an, daß es eine moderne Version von etwas sei, das schon im Mittelalter herumerzählt wurde.

Dies alles macht es unwahrscheinlich, daß wir es 1991 mit einer brandneuen und wahren Geschichte zu tun haben, aber analysieren wir die Geschichte doch noch einmal etwas eingehender. Die erste Frage, die wir stellen können, ist diese:

Gab es, sei es 1991 in den Niederlanden, sei es 1983 in Deutschland, einen Engel, der an der Autobahn per Anhalter gefahren ist?

Das beste, was wir tun können, ist, diese Frage mit Hilfe von »Ockhams razor«, Ockhams Rasiermesser, zu lösen.

Der Philosoph William of Ockham (1285-1349) stellte ein Gesetz auf, demzufolge bei der Suche nach der Lösung eines Problems die naheliegendste meistens die richtige ist.

Mit anderen Worten: »Wenn der fünfjährige Jan mit keckem Gesichtsausdruck in der Küche steht und es sich herausstellt, daß die Keksdose leer ist, dann ist die Chance, daß er genascht hat, viel größer als die Chance, daß Jans eigene Geschichte stimmt: daß nämlich ein unheimlicher Mann in die Küche gekommen sei, in die Keksdose gegriffen habe und dann schnell verschwunden sei.« Auch wenn Jan bei der Behauptung bleibt, daß seine Geschichte stimmt, ist nach Ockhams Rasiermesser die zutreffende Lösung, daß Jan genascht hat.

Wenden wir Ockhams Rasiermesser auf den Engel an der Autobahn an, dann haben wir zwei Möglichkeiten:

1. Der Engel Gabriel, oder jedenfalls *ein* Engel, trampt an der Autobahn und jagt einem Autofahrer kalte Schauer über den Rücken.
2. Es ist eine Affen-Sandwich-Geschichte, der reichen Phantasie des menschlichen Geistes entsprungen und auf einen Nährboden gefallen, der fruchtbar genug war, diese Geschichte aufzunehmen.

Nach Ockhams Rasiermesser ist Möglichkeit zwei die richtige.

Analysieren Sie den Fall doch einmal. Warum kündigt ein Engel (nachdem er einen Autofahrer zu einer Verkehrsübertretung veranlaßt hat) das Ende der Welt oder die Wiederkehr Jesu an? Warum wählt der Engel jemanden aus, der mit der Geschichte nichts anzufangen weiß und der sich zu Tode erschreckt?

Gabriel ist für uns kein Unbekannter, wir wissen etwas über seinen Charakter. Er deutete dem Propheten Daniel die Vision vom Widder und vom Ziegenbock (Daniel 8), er erzählt Daniel von der Ankunft des Messias (Daniel 9), er kündigt Zacharias, dem Priester, die Geburt von Johannes dem Täufer an und kurz danach Maria die Ankunft von Jesus (Lukas 1).

Gabriel handelt jedes Mal auf eine solche Weise und an einem solchen Ort, daß seine Botschaft die größtmögliche Wirkung haben kann.

Der Engel an der Autobahn erweckt dagegen höchstens eine mit Sensation gepaarte Unruhe, der Effekt seines spektakulären Verschwindens ist nur Erschütterung.

Botschaften von Engeln zeichnen sich darüber hinaus durch große Genauigkeit aus. »Siehe, du wirst schwanger werden und einen Sohn gebären.« (Lukas 1, 31), oder: Weil du mir nicht geglaubt hast, wirst du stumm sein (Zusammenfassung von Lukas 1, 20), oder: »Euch ist heute der Heiland geboren« (Lukas 2, 11).

Die Botschaft des Engels an der Autobahn ist dagegen vage. Das Ende der Welt? Was meint er damit? Es sieht so aus, als ob der Autobahn-Engel Beziehungen zu den Zeugen Jehovas hat.

Die Wiederkehr Jesu? Hat Jesus nicht selbst gesagt, daß Er »wie ein Dieb in der Nacht« kommen wird und niemand die Zeit Seines Kommens kennt (Matthäus 24, 36 und 43)? Nehmen wir dagegen einmal an, daß wir es mit einem Gerücht zu tun haben, mit einer Geschichte, die aus einem noch unbekannten Grund umgeht, wie es so viele Gerüchte tun. Diese Lösung ist um vieles wahrscheinlicher, und ich denke, daß wir bei Engelerfahrungen immer eine gewisse Nüchternheit bewahren müssen. Wenn wir das tun, kommen die wahren Geschichten besser zum Vorschein. Fassen wir also zusammen: kein Engelbericht, sondern eine Affen-Sandwich-Geschichte. Man kann sich dann noch fragen, woher das Gerücht gekommen ist.

Das Zirkulieren des Gerüchts im Jahre 1983 kann ich nicht richtig beurteilen, aber die Monate Januar und Februar 1991 waren natürlich mit Unheilserwartungen belastet. Am 15. Januar begann der Luftkrieg gegen den irakischen Diktator Saddam Hussein, am 24. Februar der Landkrieg, der diese katastrophalen Folgen für die Umwelt haben sollte, auch wenn er dann überraschend schnell beendet war.

Saddams Name bedeutet im Arabischen »Ich konfrontiere«, aber im Hebräischen ist es der gleiche Name wie »Sodom«; das bedeutet »ein vernichtendes Flammenmeer«. Wenn wir uns an die Fotos der brennenden kuwaitischen Ölquellen erinnern, hat der Mann seinem Namen alle Ehre gemacht.

Dieser Mann, der die alte Stadt Babel wiederaufbaute, muß ganz einfach das Vorstellungsvermögen von Christen, Juden und Mohammedanern ansprechen. Uralte Erinnerungen in den unterbewußten Schichten der menschlichen Seele wurden von ihm aufgewühlt. Es schien sogar, als ob das alte babylonische Reich im Zweistromland wieder zum Leben erweckt wäre, und auf einem solchen Nährboden kann ein Gerücht wie das von dem Engel an der Autobahn schnell Flügel bekommen. Dort, wo wir in unseren mit Benzin gefütterten Autos auf den Autobahnen rasen, erscheint plötzlich ein Mitreisender, der das Ende der Welt verkündet.

Wir wurden mit Fernsehbildern von Milliarden von Litern Öl überhäuft, die nutzlos in den Persischen Golf strömten, und über weitere Milliarden von Litern Öl, die in dickem schwarzen Rauch aufgingen, und dann beschleicht uns das Gefühl: Werden wir bald kein Öl mehr haben? Hört unser Leben, so wie wir es kennen, auf? Viele Menschen befanden sich während des Golfkriegs in einer Weltuntergangsstimmung – und da, schwuppdiwupp, erschien der Engel, der den Weltuntergang ankündigte, die Wiederkehr Jesu wenigstens, die oft mit dem Untergang der uns bekannten Welt in Verbindung gebracht wird.

Ich betrachte den »Engel an der Autobahn« deshalb auch mehr als psychologische Projektion einer Weltuntergangsstimmung denn als Besuch eines himmlischen Botschafters.

Lassen Sie uns nicht vergessen, daß sich auch am Ende des ersten Jahrtausends ein Gefühl der Menschen

22

bemächtigte, daß die Welt zu Ende sei. Wir befinden uns jetzt am Ende des zweiten Jahrtausends nach Christus, und Gründe für eine Weltuntergangsstimmung gibt es heute mehr als damals.

Vielleicht sind viele Menschen über diese Sichtweise enttäuscht. In dieser Zeit, die doch sehr schwierig ist, besteht großer Bedarf an Trost und Hilfe aus mysteriösen anderen Welten. Menschen nehmen es einem manchmal übel, wenn man ihre Illusionen zerstört. Doch das ist dringend nötig, denn sonst könnten wir die echten Engelgeschichten nicht in ihrem Wert schätzen. Mit den wahren Engelberichten werden wir uns im Rest des Buches beschäftigen, und deshalb beginne ich sofort mit der Frage: Gibt es denn keine Engel auf unseren Straßen?

Na, und ob! Hören Sie sich das an:

(1)

Es ist ein schöner sonniger Maitag in Limburg im Jahr 1982. Ein hübsches junges Ehepaar mit einer anderthalbjährigen Tochter stellt das Auto neben einem gemütlichen Café am Rand einer vielbefahrenen Straße ab und setzt sich auf die Terrasse. Die Sonne scheint, sie sind ganz entspannt, der Kellner nimmt die Bestellung auf, und die kleine Anna springt umher. An dem Café rast pausenlos der Verkehr vorbei.

Wie leicht kommt es in entspannter Atmosphäre zu einem Moment der Unaufmerksamkeit. Plötzlich schrecken die Eltern hoch: »Wo ist Anna?« Sie schauen sich um und entdecken zu ihrem Entsetzen, daß die Kleine es geschafft hat, von der Terrasse herunterzuklettern, und nun geradewegs auf die stark befahrene Straße zuläuft. Es ist zu spät, um sie noch daran zu hindern. Dennoch springen die Eltern in Panik auf, der Vater rennt hinter dem Kind her, dicht gefolgt von der Mutter. Dann plötzlich, gerade bevor Anna auf die

Straße läuft, kommt ein sehr schönes, liebes blondes Mädchen von ungefähr vier Jahren angelaufen. Sie steht jetzt zwischen der Kleinen und der Straße, breitet ihre Ärmchen aus und hält Anna zurück. Gleich darauf hat der zu Tode erschrockene Vater seine Tochter erreicht, hebt sie hoch und sagt: »Du darfst niemals mehr von Papa und Mama weglaufen, hörst du?« Jetzt ist auch die Mutter angekommen, und sie bücken sich, um sich bei dem kleinen Mädchen, das ihr Kind gerettet hat, zu bedanken. Aber es ist kein kleines Mädchen mehr zu sehen. Vor ihnen die Straße, hinter ihnen die Treppe zur Terrasse, links und rechts Parkplätze und der Bürgersteig. Das Kind hatte unmöglich verschwinden können – aber es war, als hätte es sich in Luft aufgelöst.

Ein Jahr vor den Geschichten über den Engel Gabriel auf der Autobahn in Deutschland (1983) ereignete sich dieses wahre Wunder in aller Bescheidenheit und ganz im Verborgenen in Limburg (1982).

Ein Nepp-Engel, der auf der Straße Aufsehen erregte, und ein echter Engel, der bescheiden seine Rettungsarbeit verrichtete.

Wie rührend übrigens, daß der Schutzengel die Gestalt eines kleinen Mädchens annimmt. Ein Kleinkind wäre vor einem großen Mann vielleicht in Panik ausgewichen und hätte trotzdem noch unter ein Auto kommen können. Aber ein liebes kleines Mädchen ist für ein anderthalbjähriges Kind nur schön und interessant. Dort, wo Gott durch Seine Diener auftritt, zeichnet Er sich oft durch Bescheidenheit aus. Es ist kein Wunder, daß in unserer Zeit mit ihrer Massenmobilität Engelbegegnungen und Autos zusammen auftreten.

Hier folgt ein weiterer Fall, der sich im Januar 1982 in den Pyrenäen abspielte.

(2)

An dem Tag, an dem dieser Bericht beginnt, herrschte in den Bergen rauhes Wetter. Ein Sturm blies mit Orkanstärke, und es schneite so heftig, daß die Straßen schnell unpassierbar wurden. Ein Ehepaar mittleren Alters fuhr quer durch den Sturm in 1500 Meter Höhe auf der Straße von Prades nach Bourg-Madame. Die Straße war kurvenreich und schmal. Später sollten sie erfahren, daß sie sich im schlimmsten Sturm befanden, der dort seit sechzig Jahren gewütet hatte. Man stelle sich nur einmal die Situation vor: das wilde Schneetreiben, links eine steile Felswand, rechts eine tiefe Schlucht. Die Autoreifen griffen auf der rasch glatter werdenden Straße nicht mehr richtig, und Windstöße von hundertvierzig Stundenkilometern schüttelten den Wagen heftig. Der Fahrer beschloß, die Schneeketten aufzuziehen, und lenkte das Auto in Richtung auf einen zurückspringenden Teil in der Felswand. Leider mißglückte das Manöver, das Auto stand schließlich quer zur Straße. Als der Fahrer es noch einmal versuchte, rutschte das Auto und kam am Rand der Schlucht zum Stillstand. Jetzt war eine wirklich lebensbedrohliche Situation entstanden. Die Sicht war sehr schlecht, und es bestand die Gefahr, daß ein entgegenkommendes Auto unvermutet in sie hineinfahren könnte und sie dann beide in die Schlucht stürzten. Der Fahrer unternahm noch einen letzten Versuch wegzukommen, aber dabei wäre das Auto tatsächlich beinahe in die Schlucht gestürzt. Obwohl es bitterkalt war, brach ihm der Schweiß aus. Was sollte er machen? Es gab nirgendwo in der Nähe ein Haus, wo er Hilfe holen könnte. Er überlegte sich, daß er noch niemals in seinem Leben Schneeketten aufgezogen hatte, obwohl er sie dabei hatte. Sollte ihm das mitten in einem Schneesturm, der ihm völlig die Sicht nahm, am äußersten Rand einer Schlucht gelingen? Dann, völlig unerwartet, als ob er vom Himmel gefallen wäre, kam ein Mann herbeigelaufen. Er war ungefähr vierzig Jahre alt, einfach und ordentlich gekleidet, mit einem freundlichen Gesicht. Er sagte gar nichts, sondern schob das Auto mühelos von der Schlucht weg in die Einbuchtung in der Felswand auf der anderen Seite der Straße. Dann holte er, noch immer schweigend, die Schneeketten aus dem Kofferraum, legte sie im Handumdrehen um die Räder und wollte wieder weggehen. Der Autofahrer bedankte sich überschwenglich und wollte dem Mann eine Belohnung geben, aber der wehrte lächelnd ab. »Dann geben Sie das Geld halt jemand anderem«, sagte der Fahrer und drückte seinem Helfer eine Banknote in die Hand. Der Mann grüßte, drehte sich um, ging in die entgegengesetzte Richtung weg, aus der er gekommen war, und war sofort spurlos verschwunden.

Er war also offenbar nicht von einem eventuell etwas weiter geparkten Auto gekommen, denn sonst wäre er wohl in die Richtung zurückgegangen, aus der sie ihn hatten kommen sehen. Dann erst fiel ihnen das Merkwürdigste auf: Der Mann war durch den Schneesturm zu ihnen hergelaufen, hatte die Schneeketten montiert und war wieder weggegangen. Sie hatten das alles sehr genau gesehen, und doch hatte der Mann keine Schneeflocke abbekommen. Es war, als ob der Schnee für ihn nicht existierte. Das Ehepaar betrachtete noch die Einbuchtung im Felsen genauer: Sie erwies sich als Zufahrt zu einer kleinen Grotte, die ein wenig der Grotte in Lourdes ähnelte.

Mit Hilfe der Schneeketten erreichten sie nach einer anstrengenden Fahrt zwei Stunden später schließlich ein Dorf. Diese Menschen wohnen in Andorra, sie kommen manchmal noch an der Stelle vorbei und haben mir erzählt, daß sie jedesmal beglückt sind, wenn sie die kleine Zufahrt zur Grotte passieren.

26

Ist das ein Engel am Wegesrand?

Ja, wahrscheinlich schon. Das Ehepaar befand sich sicherlich in Lebensgefahr. Später fuhr Militär in die Berge, um überall nach steckengebliebenen Autofahrern zu suchen. Selbst wenn das Ehepaar nicht in die Schlucht gestürzt wäre, so hätten sie doch leicht erfrieren können. Der unbekannte »Mann« tauchte aus dem Nichts auf, weit entfernt von bewohntem Gebiet, brachte in wenigen Minuten eine fast hoffnungslose Situation in Ordnung und verschwand wieder im Nichts. Es schien – und das ist sehr wichtig –, als würde kein Schnee an ihm haften bleiben. Es war, als ob er teilweise in einer anderen Welt lebte, in der es nicht schneit. Er ließ ein klares und langandauerndes Glücksgefühl zurück.

Außerdem ist es merkwürdig, daß die Tatsache, daß kein Schnee auf ihn fiel, dem Ehepaar erst richtig klar wurde, als er weg war. Ein Kontakt mit dem Himmel bewirkt oft eine traumähnliche Veränderung des Bewußtseins, wodurch das, was uns sonst bizarr oder seltsam vorkommt, normal scheint oder nicht bemerkt wird. In unseren Träumen finden wir es auch nicht seltsam, daß wir fliegen können, während wir beim Aufwachen wissen, daß das unmöglich ist. Man kann in dieser Situation also deutlich von einem leicht veränderten Bewußtseinszustand sprechen.

Was ich hier aufgezählt habe, sind klassische Kennzeichen einer wahren Engelbegegnung. Die Geschichte steht in krassem Gegensatz zum »Engel an der Autobahn«. Dort hatten wir es mit etwas Gespenstischem, Unheilverkündendem zu tun, hier, in den Pyrenäen, mit einer herzerwärmenden, fast lichterfüllten Erfahrung. Die Welt, in der wir leben, ist seltsamer als wir denken, und die Grenzen zwischen dieser und anderen Welten sind nicht hermetisch geschlossen: Sie haben Lücken, die manchmal plötzlich sichtbar werden.

Ein Beispiel für die bemerkenswerten Lücken in der Trennmauer zur anderen Welt stellt die folgende, äußerst ungewöhnliche Geschichte dar. Würde ich die Frau, der sie passiert ist, nicht schon seit dreiunddreißig Jahren kennen und wissen, daß sie sehr vertrauenswürdig ist und niemals zu Halluzinationen oder Phantasiegeschichten neigt, dann hätte ich mich nicht getraut, das jetzt Folgende in dieses Buch aufzunehmen. Es ist nicht ganz eine Engelgeschichte, obwohl das, was ich Ihnen schildere, nicht ohne Engel stattfinden kann.

(3)

Als sich das Ereignis abspielte, war die Frau fünfzig und fuhr in ihrem kleinen Auto auf einer Hauptverkehrsstraße. Sie näherte sich mit beträchtlicher Geschwindigkeit einer Kreuzung. Es war mitten am Tag, nicht neblig, und die Sicht war gut.

Genau in dem Moment, als sie die Kreuzung passierte, raste von links ein großer Lastwagen auf sie zu, geradeaus über die Kreuzung hinweg. Es bestand keinerlei Möglichkeit, ihm auszuweichen, denn der Lastwagen fuhr genau auf die Seite ihres Autos zu. Dann geschah plötzlich etwas Unglaubliches. Der Lastwagen wurde durchsichtig, fuhr geräuschlos durch ihr Auto hindurch, erschien dann wieder in seiner ganzen Schwere an der anderen Seite ihres Autos und fuhr einfach weiter. Man könnte fast von einer Dematerialisation und einer Rematerialisation sprechen, aber was sind das anderes als Wörter, um das Unerklärliche erklärlich erscheinen zu lassen?

Es scheint alles zu seltsam, um wahr zu sein. Die Frau erzählte sofort ihren Kindern, was ihr passiert war, und alle waren sich darüber einig, daß ein Wunder geschehen war.

Aber diese Geschichte steht nicht alleine da.

Als mein Buch *Engel als Beschützer und Helfer des*

Menschen einige Monate im Handel war, wurde ich von einer Frau angerufen, die mich fragte, ob ich darüber etwas in einer Live-Sendung im Fernsehen erzählen wollte. Es war eine Sendung von Sonja Barend.

Dazu möchte ich vorausschicken, daß ich mich viele Jahre lang weigerte, einen Fernseher zu besitzen. Anfangs wollte ich keinen haben, weil ich die Programme für meine heranwachsenden Kinder nicht so geeignet fand (so daß sie dann heimlich woanders guckten), und später, weil mir der Apparat zu zeitraubend erschien. Sie wissen also vielleicht schon, was geschah: Als ich sechzig wurde, überreichten mir meine geliebten Kinder einen wunderschönen Farbfernseher als Geschenk, das mir seitdem zu ihrer unverhohlenen Schadenfreude viel Spaß bereitet. Das war jedoch der Grund, weshalb ich 1984 nicht die leiseste Ahnung hatte, wer Sonja Barend war (eine in den Niederlanden bekannte Fernseh-Moderatorin). Ich sagte der freundlichen Dame sofort, daß ich kommen würde, und rief am folgenden Tag meinen zweitältesten Sohn an, der ziemlich gut über das Fernsehprogramm informiert ist. »Hast du schon einmal von Sonja Barend gehört?« fragte ich ihn in aller Unschuld. Ein langanhaltendes Lachen war die Antwort, und dann sagte er: »Papa, sag mir nicht, daß du in ihrer Show auftrittst!« Ich mußte das natürlich zugeben und fragte, was daran so seltsam wäre. »Oh«, sagte er, »man sieht in ihrer Show oft Menschen, die sich in die Haare geraten. Sie inszeniert gerne heftige Streitereien. Sowas Verrücktes hast du, soweit ich weiß, noch nie gemacht. Ich werde es mir anschauen.«

So saß ich dann einige Wochen später bei Sonja am Tisch. Inzwischen hatte ich viel über sie gehört: wie gewieft, wie scharf sie war, wie sehr man sich in acht nehmen mußte. Als ich dann bei ihr saß, merkte ich nichts von alledem. Ich fand sie liebenswürdig.

29

Was man im Fernsehen sieht, ist völlig anders als das, was man in Wirklichkeit sieht. Das Fernsehen ist Meister darin, einem ein falsches Bild von jemandem zu vermitteln. Sonja hatte einige Menschen mit außergewöhnlichen Erfahrungen zusammengetrommelt und bat mich um einen Kommentar.

(4)

Einer dieser Menschen war ein Mann, der erzählte, wie er in dichtem Nebel auf einer zweispurigen Straße fuhr und gerade ein Auto überholte, als er plötzlich direkt vor sich Scheinwerfer auftauchen sah. Ein frontaler Zusammenstoß war unvermeidlich, doch auch in seinem Fall passierte etwas Unmögliches: Das entgegenkommende Auto wurde transparent und glitt geräuschlos durch ihn hindurch. Gleich darauf sah er die roten Rücklichter in seinem Spiegel verschwinden. Er war auf wunderbare Weise seinem sicheren Tod entkommen.

(5)

Ein dritter Bericht aus meinem Archiv betrifft einen Mann, der auf seinem Moped fast auf gleicher Höhe mit einem Lastwagen fuhr. An einer Abzweigung bog der Lastwagen plötzlich rechts ab, und der Mopedfahrer fuhr dem Lastwagen in vollem Tempo in die Seite. Das dachte er wenigstens, denn einen Moment später merkte er, daß er einfach in die gleiche Richtung weiterfuhr, in die er vorher gefahren war, und daß der Lastwagen zu seinem großen Erstaunen seinen Weg auf der Seitenstraße fortsetzte, als ob nichts geschehen wäre. Der einzige Beweis dafür, daß ein »Zusammenstoß« stattgefunden hatte, war seine Gepäcktasche. Sie war ein ganzes Stück weit fortgeschleudert worden. Das, was physikalisch gesehen unmöglich zu sein schien, nämlich, daß zwei feste Gegenstände denselben

Platz im Raum einnehmen, war eben doch geschehen! Ein Moped war quer durch einen Lastwagen hindurchgefahren.

Wir müssen also annehmen, daß wir es hier mit einer anderen Dimension zu tun haben, die plötzlich Raum gibt, wo normalerweise kein Raum sein kann. Denken Sie nur an das berühmte Beispiel der zweidimensionalen Wesen, die auf einer ebenen Fläche leben und für die die dritte Dimension die Welt des Wunders darstellt. Stellen Sie sich vor, daß der kleine Mann Peter, dessen Namen ich hier in Buchstaben hinschreibe, lebt und Sie ansieht. Er wird eingerahmt von den zwei Kameraden »Mann« und »dessen«, von denen er übrigens, weil er nicht um die Ecke gucken kann, nur den Buchstaben »n« zu seiner Rechten und den Buchstaben »d« zu seiner Linken sieht. Stellen Sie sich nun vor, Peter würde plötzlich aus dieser Seite herausspringen. In seiner Welt geht das nicht, denn die ist zweidimensional. Er würde dann plötzlich aus der Welt von »Mann« und »dessen« verschwinden, und er würde sich, selbst wenn er vor das Wort »Mann« oder hinter das Wort »dessen« zurückkäme, zurechtfinden können. Das wäre für »Mann« und »dessen« ein Wunder. So ungefähr stelle ich mir vor, werden die Menschen in den eben berichteten Geschichten gerettet, durch die vierte Dimension.

Eigentlich haben wir es dabei mit einem umgekehrten Engelgeschehen zu tun.

In einer Engelerfahrung beobachten wir oft, wie eine ziemlich bedrohliche Situation plötzlich durch eine aus dem Nichts auftauchende Gestalt überwunden wird. Bei den Beinahe-Zusammenstößen erscheint plötzlich ein heranrasendes Auto, das direkt vor dem Augenblick des vernichtenden Aufpralls kurz im Nichts verschwindet und wieder sichtbar wird, nachdem die gefährliche Stelle passiert ist. In den Engelgeschichten wird der Engel kurz sichtbar, um dann wieder zu verschwinden; in diesen Geschichten hingegen wird das Auto kurz unsichtbar, um dann wieder aufzutauchen.

Warum finden dann doch so viele frontale Zusammenstöße statt?

Warum laufen so viele Kleinkinder sehr wohl unter Autos? Warum stürzen dann doch Autofahrer in die Schlucht?

Ich vermute, daß in dieser dreidimensionalen Welt Katastrophen eigentlich das Normale sind. Dies ist eine Welt, in der schnell ein Unglück geschieht, wie die Zuschauer von »Notruf« bestätigen werden.

In dieser Sendung ist ständig das gleiche Muster zu beobachten. Es beginnt immer mehr oder weniger idyllisch mit einem netten jungen Pärchen in den Ferien oder einer Familie in einem freundlichen Haus oder einem jungen Mädchen allein in ihrem Zimmer, das ein Buch liest; und dann weiß man schon, was kommt. Ein plötzlicher Zusammenstoß auf der Straße, eine Stichflamme, ein Einbrecher mit Vergewaltigungsabsichten, und man ist ganz Auge und Ohr. Katastrophen und Krankheiten gehören zu dieser Welt, sie sind das Normale. Das Besondere ist, daß es Ausnahmen gibt. Es gibt Löcher im Gewebe der Schöpfung. Meistens sehen wir sie nicht, wir laufen an ihnen vorbei, aber unter bestimmten Bedingungen wird ein solches Loch auf einmal sichtbar. Dann zeigt sich, daß es ein Fenster oder eine Tür zur anderen Welt gibt.

Ist etwas Außergewöhnliches an diesen Menschen, denen diese besondere Erfahrung zuteil wird, oder ist das Zufall?

Es ist schwierig, dazu etwas zu sagen. Die Leute, die derartige Erlebnisse hatten, sind genau solche Menschen wie Sie und ich; mit der Einschränkung, daß sie nach diesem Erlebnis verändert sind. Sie werden niemals mehr dieselben sein, denn ihre geschlossene Welt ist eine offene Welt geworden; sie haben festgestellt, daß es in dem »wasserdichten« System Öffnungen gibt.

Ich kann nur vermuten, daß diejenigen, die das miterlebten, auf die eine oder andere Weise bereit dafür waren. Sie waren an einem Punkt in ihrem Leben angelangt, an dem sie genau den Anstoß erhielten, der ihr Leben veränderte.

Das erinnert an ein Prinzip, das wir aus dem Zen-Buddhismus kennen. Ein Zen-Schüler bekommt von seinem Lehrer eine Aufgabe gestellt. Das Problem besteht aus einem Satz, der nicht logisch zu lösen ist, wie: »Wie hört sich das Klatschen der einen Hand an?« Der Schüler meditiert monatelang über den Satz und kommt nicht zur Lösung. Dann erscheint er schließlich wieder bei seinem Meister, der ihm unerwartet eine kräftige Ohrfeige gibt, und mit einem Schlag verändert sich seine gesamte psychische Struktur. Er wird dann als »erleuchtet« bezeichnet. Die Karten seines Wesens sind neu gemischt, er ist ein anderer Mensch geworden, der die Welt aus einem völlig neuen Blickwinkel betrachtet. Äußerlich ist ihm nichts anzusehen, die Veränderung ist innerlich.

So denke ich, daß diejenigen, die unerwartet von einer Engelerfahrung erschüttert werden, vielleicht durch das Leben selbst genau an den Punkt gebracht worden sind, an den die Meditation den Zen-Schüler gebracht hat. Es ist eine Art kritische Ladung vorhanden, und dann kommt der eine gezielte Schlag, und der Mensch ist für immer verändert. Ich vermute also, daß eine Engelerfahrung für den Menschen, der sie macht, in dem Moment gerade »dran« ist.

In der uns umgebenden Natur kennen wir diese sprunghaften Übergänge auch. Zunächst ist da eine unscheinbare grüne Pflanze, und am nächsten Tag steht ein knallgelber Krokus in voller Blüte. Zuerst gibt es ein Nest mit Eiern, und plötzlich recken vier nackte Amseln die Schnäbel empor.

Eine der Künste des Lebens ist es, die Knotenpunkte, die sprunghaften Übergänge, zu erkennen. Tut man das nicht, fängt der Weg unbemerkt an abzuweichen. Der leichte Schlag mit dem Stock des Zen-Meisters ist im Moment des Übergangs notwendig.

Ouspensky und Nicoll sagen, daß das Leben eines Menschen und auch einer Gruppe von Menschen nach den Gesetzen der Tonleiter verläuft.

Da ist zunächst der Beginn, die Geburt eines Menschen oder einer Vereinigung oder einer Idee. Das ist der Grundton: C.

Dann ist da der Weg, der von hier aus begangen wird. Das Aufwachsen des Menschen oder das Propagieren der neuen Vereinigung oder das Verbreiten der Idee. Das ist der zweite Ton: D.

Im weiteren Verlauf erfährt man die Konsolidierung. Der Mensch bekommt das Leben allmählich in den Griff (Schulkindphase), die Vereinigung ist organisiert, die Idee kriegt eine feste Struktur.

Jeder weiß, wie das klingt: C ... D ... E ... Zwischen C und D liegt ein Intervall, ein »Ganzton«, zwischen D und E liegt das gleiche Intervall, alles verläuft regelmäßig.

Aber jetzt kommt der nächste Ton: F, und zwischen E und F ist ein Halbton, das ist ein kleineres Intervall. Es ist eine Art Knotenpunkt, eine Schwierigkeit.

Dies ist vielleicht schwer zu verstehen, und deshalb möchte ich darauf ein bißchen näher eingehen. In dem System von Ouspensky kommt folgender Gedankengang vor: Die Schöpfung verläuft von oben nach unten, und das geschieht in bestimmten Energiewellen. Die Energien sind entsprechend einer nach unten laufenden Tonleiter angeordnet: C-H-A-G-F-E-D-C.

34

Stellen Sie sich die Energie als einen Bach vor. Dort, wo zwischen zwei Tönen ein Ganzton liegt, fließt der Bach regelmäßig durch. Dort, wo ein Halbton liegt, tritt eine Verengung im Bachbett auf. Der Bach strömt plötzlich schneller und rauscht. Wir Menschen gehen in unserer Entwicklung den umgekehrten Weg. Wir fangen bei C an und arbeiten uns langsam hoch bis zum nächsten C. Jede wirkliche Entwicklung verläuft demnach gegen den Strom. Die besonders schwierigen Stellen sind dann die Stromschnellen. Will man dagegen anrudern, braucht man viel zusätzliche Energie. Es sind die Momente, an denen ein Mensch oder eine Gruppe von Menschen sich festfahren können.

Im Lebenslauf eines Menschen bricht dann die Pubertät an, in der Vereinigung ist durch einen selbstherrlichen Vorsitzenden eine Erstarrung eingetreten, oder die Theorie ist schließlich auf Ausnahmen gestoßen und scheint nicht so glatt zu funktionieren, wie man dachte. An diesem Punkt ist zusätzliche Aufmerksamkeit, zusätzliche Energie nötig. Der Heranwachsende ringt mit sich selbst und seinen Eltern; der Vorsitzende wird von zornigen Mitgliedern abgesetzt; die Theorie wird angepaßt oder verworfen. Hier kann aber auch etwas schiefgehen. Man verpaßt die Chance, die der Knotenpunkt bietet, und kommt vom Weg ab. Der Heranwachsende gerät an Drogen, die Vereinigung verläuft im Sande, die Idee wird zum Dogma.

Jeder kennt Beispiele: die idealistische Organisation, die immer mehr Geld für die Diners des Vorstands ausgibt; der Arzt, der als Idealist anfangs wild entschlossen ist, seinen Mitmenschen zu helfen, dann aber immer mehr Menschen in immer kürzerer Zeit behandelt, weil er seine Schulden abbezahlen muß; die Befreiung der geknechteten Arbeiter, die auf die Versklavung der ganzen Arbeiterschaft hinausläuft.

Ich habe den Eindruck, daß eine Engelerfahrung

genau in einer solchen Verengung stattfindet. Der Mensch, dem sie zustößt, ist sich meistens nicht der Tatsache bewußt, daß er an einem Knotenpunkt, dem Moment von E nach F steht. Und doch gibt es diesen Zwischenraum, der eine Verengung des Lebensraums darstellt, so wie ein Fluß sich in einer Schlucht verengt. Das Wasser fließt dann schneller, und genauso kann sich auch im Leben eine Stromschnelle zeigen. In einem solchen Zustand tritt die Engelerfahrung wie ein unerwartetes Lächeln aus dem Himmel auf. Anschließend wird der Lebensfluß wieder breiter, und alles ist anders geworden.

Der Ton G ist angebrochen, der im Italienischen »sol« heißt, und das bedeutet nicht umsonst »Sonne«. Es ist ein Glanz entstanden, der niemals mehr völlig verblassen wird. Dem Menschen und seiner Umgebung ist ein Zeichen gegeben, daß unser Weg nicht ziellos ist. Der Weg verläuft nach einem Plan, genauso wie der Prozeß des Wachsens und Blühens einer Pflanze planmäßig verläuft. Wir leben zwar hier auf der Erde, aber unser Ziel ist anderswo. Potentiell liegt in jedem Menschen ein neuer Mensch verborgen, und unser ganzes Leben – ob wir es nun wollen oder nicht – ist darauf ausgerichtet, diesen neuen Menschen an das Licht der Welt gelangen zu lassen. Der Mensch hier auf Erden ist eine Larve, eine Raupe, und sein Ziel ist es, einmal eine Libelle oder ein Schmetterling zu werden. Die Engelerfahrung zielt nicht nur darauf ab, jemandem in der Not zu helfen; die Erfahrung weist über sich selbst hinaus und ist vor allem dazu gedacht, dem Menschen bei seiner Metamorphose von der Raupe zum Schmetterling zu helfen.

Engel stellen kein himmlisches Rettungspersonal dar, das in Aktion tritt, um Autofahrer zu retten. Sie sind vielmehr Geburtshelfer, die dazu beitragen, die Wiedergeburt des Menschen zu bewerkstelligen.

Jesus sagt: » . . .Es sei denn, daß jemand von neuem geboren werde, so kann er das Reich Gottes nicht sehen« (Johannes 3, 3).

Dieser Text bezieht sich nicht auf Reinkarnation, wie manche zu denken scheinen. Er bezieht sich auf die innerliche Wiedergeburt, auf den neuen Menschen, der aus der alten Larve geboren werden muß.

Wenn eine Engelerfahrung nicht zur innerlichen Wiedergeburt des Menschen beiträgt, ist sie nicht sinnvoll. Darum ist der gespenstische Engel an der Autobahn sinnlos. Aber der Engel, der das Kleinkind rettete, gab den ersten Anstoß, den schillernden Schmetterlingen Gestalt zu geben, die sich einmal aus den Eltern des Kleinkinds und aus dem kleinen Mädchen selbst entfalten werden.

Vielleicht bekommt der Leser so langsam den Eindruck, daß alle Engel mit Autos zu tun haben.

Das trifft natürlich nicht zu. Es weist nur darauf hin, daß die Umgebung für ihr Auftreten nicht ländlich oder paradiesisch sein muß. Ich nehme Sie nun mit zu etwas so Alltäglichem wie einem Bahnhof mit einer Rolltreppe, die zu den Bahnsteigen führt.

(6)
1984 reist ein etwas älteres Ehepaar mit dem Zug. Sie fahren in Utrecht los und nehmen die Rolltreppe, die zum Bahnsteig führt. Zuerst betritt er die Treppe, dann sie. Dabei hat sie einen dieser typischen ärgerlichen Unfälle, von denen diese Welt voll ist. Sie bleibt mit ihrem Absatz irgendwo hängen und fällt nach hinten. Im gleichen Moment fühlt sie zwei kräftige Hände, die ihre Arme festhalten, und hört eine Stimme sagen: »Durchhalten! Durchhalten!« Ihr Mann, der sich zufällig umschaut, sieht einen großen Mann dicht hinter ihr stehen, der sie stützt. Oben angekommen dreht die Frau sich um, um sich bei ihrem Retter zu bedanken.

Es ist niemand zu sehen. Auch ihr Mann sieht ihn nicht mehr.

Ich mag diese Art Geschichten, weil es zwei Zeugen gibt. Etwas von der Wiedergeburt, die in einer Frau, der dies widerfährt, stattfindet, spiegelt sich in dem folgenden Gedicht. Es stand in demselben Brief, in dem mir das Rolltreppenerlebnis mitgeteilt wurde.

Die Ewigkeit bewegt mein Herz
und führt mich durch die Zeit
über die Grenzen in die Sphäre
Deiner Herrlichkeit.

Ich wandre, wie es Henoch tat,
ganz dicht an Eurer Seite,
durch meine Seele geht ein Trost,
das Leiden ist vorbei.

Eine ewige Jugend ist in mir,
ja, ich bin ein Königskind,
das im gleichen Schritt mit Ihm
den Weg nach oben find't.

Besser als viele Worte zeigt dieses Gedicht, was ich meine: Wir sehen einen Menschen aus einer geschlossenen in eine offene Welt hinübergehen.

Wenn wir etwas über den Himmel hören, blicken wir unwillkürlich nach oben, obwohl der Himmel der Engel sich natürlich nicht in einem räumlichen Sinn in der Höhe befindet. Deshalb erscheint es uns auch als gut und sinnvoll, wenn Engel im Hochgebirge auftreten. Man könnte beinahe sagen, daß sie dort eher hingehören als auf Straßen.

(7)
Die folgende Geschichte spielt in den Dolomiten. Die Erzählerin war mit ihrem Mann auf dreitausend Meter

Höhe beim Wandern. Sie waren zu einer Hütte gegangen, in der sie zu Mittag aßen. Um drei Uhr machten sie sich auf den Rückweg. Bis dahin war es ein strahlender Tag gewesen, aber ziemlich schnell verschwand die Sonne. Der Himmel wurde dunkelgrau. Bevor es ihnen richtig klar wurde, gingen sie auf einem vereisten Weg, der am Rande eines tiefen Abgrunds entlangführte. Sie waren sich anfangs nicht bewußt, in welcher Gefahr sie sich befanden, aber dann wurde der Weg plötzlich spiegelglatt, und zu allem Überfluß kriegte der Mann, der vor seiner Frau ging, einen Anfall von Höhenangst. In einem solchen Moment ist guter Rat teuer. Stehenbleiben? Was dann? Weitergehen? Aber stürzt man dann nicht ab?

Dann verschwand der Weg völlig, und es lag eine riesige Eisfläche vor ihnen, über die sie hinweg mußten, um zu der Seilbahn zu gelangen, die sie wieder ins Tal bringen sollte. Die Frau gab ihrem Mann die Hand, und sie betraten ganz vorsichtig die Eisfläche, den Blick direkt vor sich gerichtet, wobei sie den Abgrund im Auge behielten, von dem eine anziehende Wirkung auszugehen schien. Sie hatte große Angst und bat leise: »Gott, hilf uns bitte.« In dem Moment hörte sie hinter sich knirschende Schritte auf dem Eis. Das hat uns gerade noch gefehlt, dachte sie irritiert, daß wir jetzt auch noch von hinten gehetzt werden! Deshalb rief sie auf deutsch dem Nachfolgenden zu, daß er sich nicht von ihnen aufhalten lassen und vorbeigehen solle.

Da hörte sie hinter sich eine sanfte, eindringliche Stimme, die ebenfalls auf deutsch sagte: »Ich will Ihnen nur helfen.« Von der Stimme ging eine enorme Liebe und Ruhe aus, und die Frau antwortete sofort: »Oh, gerne, helfen Sie mir bitte!«

Dann fühlte sie zwei Hände, die sie an beiden Armen von hinten festhielten, und in kürzester Zeit hatten sie die gefährliche Eisfläche überquert. Es schien nicht länger als ein paar Sekunden gedauert zu haben. Die Hände ließen sie los, und sie sagte aus tiefstem Herzen: »Ich danke Ihnen!« Dann schaute sie sich um, und es war niemand zu sehen. Nur die völlige Leere der einsamen Berglandschaft. Das Komische ist, daß sie dieser Geschichte die Frage hinzufügte: »War das jetzt ein echter Engel?«

Es wurde deutsch gesprochen, obwohl das Ehepaar aus den Niederlanden war. Ich denke, daß wir es hier mit dem gleichen Phänomen zu tun haben, dem wir schon früher begegnet sind: Der Engel will nicht erschrecken. Für das kleine Kind wird er zum Kind, für diese Frau, die einen deutsch sprechenden Wanderer erwartete, ein deutsch sprechender Wanderer. Es war auch wichtig, daß sie sich keinesfalls erschreckte, denn eine plötzliche Bewegung hätte in diesem Moment für das Ehepaar verhängnisvoll werden können.

Vielleicht muß man es noch anders sagen. Vielleicht spricht ein Himmelsbewohner in unserem Kopf, und wir hören die Sprache, die wir erwarten. Wie dem auch sei, das Ehepaar war gerettet. Ich kenne die Frau gut, sie schaut noch immer etwas verwundert drein.

(8)
Es folgt jetzt noch so eine Berggeschichte. Die Frau eines amerikanischen Schriftstellers korrespondiert mit einer 90-jährigen Dame aus Süddeutschland. Und worüber? Über mein erstes Engelbuch – was mir als Schriftsteller natürlich schmeichelt. Die Amerikanerin schreibt, daß sie an Schutzengel glaubt und daß sie dazu auch Grund hätte. Sie wohnt in den Ozark Mountains, einem ziemlich wilden Berggebiet in Arkansas. Sie selbst hatte einen Fußweg an einem nicht zu tiefen Canyon angelegt, auf dem sie gerne einsame Wanderungen unternahm.

Eines Tages war die Amerikanerin wieder auf einer

ihrer einsamen Wanderungen, als sie irgendwo über einen Bach springen mußte, der quer über den Weg floß und neben ihr in den Canyon stürzte. Sie hatte es schon unzählige Male vorher getan, also sprang sie von einem Stein ab zur anderen Seite, aber dieses Mal rutschte sie aus, drehte sich wie ein Kreisel, verlor das Gleichgewicht und fiel hin. Sie sah in Sekundenschnelle vor sich, was dann geschehen würde: Auf einem tiefer gelegenen Absatz im Canyon würde sie auf einen Felsen stürzen, und sie wäre entweder tot oder wenigstens schwer verletzt. Außerdem war fraglich, ob man sie finden würde.

Kaum hatte sie dies jedoch überlegt, da spürte sie, daß sie durch die Luft schwebte wie der Samen eines verblühten Löwenzahns. Sie trieb in der Luft, wie man auf Wasser treiben kann. Sanft wie eine Feder wurde sie auf den Stein herabgelassen, von dem sie abgesprungen war. Eine unbeschreibliche Kraft hatte sie getragen. Es schien, als ob ein alter Psalmentext sich an ihr bewahrheitet hätte:

»Denn er hat seinen Engeln befohlen,
daß sie dich behüten auf allen deinen Wegen.
daß sie dich auf den Händen tragen
und du deinen Fuß nicht an einen Stein stoßest«
(Psalm 91, 11-12).

Die Frau faßte dies als eine Warnung auf, den Weg lieber nicht mehr zu gehen, was sie dann auch nicht tat. Leider habe ich die Adresse der Briefschreiberin nicht; ich habe sie deshalb nicht um Zustimmung zum Abdruck dieser Geschichte bitten können. Ich hoffe, sie nimmt es mir nicht übel, wenn sie sieht, daß ich ihr Erlebnis »verewigt« habe.

Jetzt will ich zu einem weiteren Teil dieses Kapitels übergehen.

Die folgende Geschichte ist aus einem Grund wichtig, auf den ich gleich eingehen werde.

(9)

In einem gemütlichen kleinen Dorf in der Nähe von Zutphen lebte ein alter Pastor. Von seinem Dorf aus führte ein schöner Wanderweg in die Stadt, und den nahm er immer, wenn er Geld von der Bank holen mußte. Da er von seiner Pension lebte, machte er das beinahe jede Woche. Seiner Frau war nicht wohl dabei, daß ihr alter Ehemann so unbeschützt mit all dem Geld nach Hause lief. Aber er liebte die Wanderung so sehr, daß er doch daran festhielt.

Eines guten Tages bekam er Besuch von einem Mann, der ihm erzählte, er sei zum Glauben bekehrt worden und wolle eine Sünde beichten. Dann erzählte er, er habe dem Pastor auf dem einsamen Weg aufgelauert, um ihn zu ermorden und so sein Geld zu rauben. Dann aber habe er sein Vorhaben nicht ausgeführt, weil der Prediger von zwei stämmigen Männern begleitet worden war.

Der Pastor war von dieser Geschichte zutiefst gerührt. Er war nämlich den ganzen Weg allein gegangen; nun begriff er, daß Gott Seine Engel geschickt hatte, um ihn zu beschützen.

Es war der Enkel des Pastors, der mir diese Geschichte schrieb.

Der Grund, warum ich sie in mein Buch aufgenommen habe, ist folgender:

Wir haben mehrere Male gesehen, wie zwei Augenzeugen *einen* Engel sahen. Hier haben wir es mit dem umgekehrten Fall zu tun, nämlich zwei Engel, die von *einem* Menschen gesehen wurden.

Das Auftreten der »zwei Engel« kommt wiederholt vor. Der »doppelte Engel« zieht sich wie ein roter Faden durch mein Archiv. In meinem ersten Buch habe ich ein Beispiel dafür in der Geschichte vom »seligen Breet« angeführt.

(10)

Eine der ersten Erzählungen dieser Art finden wir in dem Buch *In het uur van bezinning* (»In der Stunde der Besinnung«) von A. M. Lindeboom, der mitteilt, daß 1880 in Zaandam ein Pastor von zwei »Männern« beschützt wurde, als ihm eines Abends auf einem dunklen Weg ein paar Kerle Übles wollten. Der Pfarrer sah die Beschützer nicht, seine Widersacher jedoch sehr wohl; einer von ihnen hat das später dem Pfarrer erzählt.

(11)

Lindeboom nennt in einem weiteren Fall den Pfarrer Haitsma aus Vledderveen, den zwei leuchtende Gestalten vor Kerlen beschützt haben, die ihn ermorden wollten. Auch hier sahen nur die Widersacher die Gestalten, der Pfarrer sah nichts.

(12)

Die früheste Geschichte dieser Art wurde 1700 in Middelburg aufgezeichnet, wo ein Pfarrer Smytegelt betroffen war. Dies ist in den *Noord- und Zuidnederlandse Sagen* (»Nord- und südniederländische Sagen«), Willem Hofmann, Elsevier 1974, dargestellt. In meinem ersten Buch habe ich noch eine Geschichte mit zwei Engeln angeführt, die in Südafrika spielte. Darin wurde verhindert, daß ein Mann von Strauchdieben überfallen wurde.

(13)

In Drente predigte Pastor J. van Petegem so heftig gegen den Alkoholmißbrauch, daß der örtliche Wirtshausbesuch stark zurückging. Die Wirte beschlossen daraufhin, den Pfarrer zu beseitigen. Sie beobachteten ihn einige Zeit und stellten fest, daß er immer am gleichen Abend der Woche zu einer Versammlung in der Nachbarschaft ging. Er mußte dabei eine Brücke überqueren, die über ein Stück Moorland führte. Man beschloß, ihn in das Moor zu werfen, wenn er über die Brücke ging, und ihn dort ertrinken zu lassen.

Die Männer, die ihn ermorden sollten, konnten wegen der Beschützer, die der Pfarrer bei sich hatte, nichts ausrichten.

Sie waren allerdings keine reuigen Sünder, die ihr Vorhaben beichten gingen wie in anderen Geschichten. Völlig erbost suchten sie Pastor Petegem im Pfarrhaus auf und fragten ihn wütend: »Wer hat uns verraten? Du bist in den letzten Wochen an dem Abend immer alleine gegangen, und ausgerechnet, wenn wir dich aufs Kreuz legen wollen, gehen zwei Männer mit dir mit.«

Van Petegem hatte nichts bemerkt und begriff sofort, wer das gewesen war.

Abschließend – ich möchte nicht eintönig werden – noch diese Geschichte:

(14)
Es war einmal ein einfacher, gläubiger Mann, der viel Gutes tat. Er war eine Art Erfinder, denn er hatte eine Entdeckung auf dem Gebiet der Windmühlen gemacht. Dadurch kam er unerwartet zu einer Menge Geld, und das weckte den Neid seiner Konkurrenten. Eines Tages, als er von einer Kirchenratsversammlung zurückkam, lauerten ihm einige der Neider auf. Es war ein finsterer Abend, und sie wollten ihn in einen Graben werfen. Aber auch daraus wurde nichts, weil zwei stämmige Burschen mit ihm gingen. Später bekannten die Bösewichte, was sie vorgehabt hatten, und da sagte er: »Das müssen Engel gewesen sein, denn ich habe da gerade an Gott gedacht.«

44

Also achtmal eine ähnliche Geschichte, die zeitlich von 1700 bis heute und räumlich von Afrika bis zu den Niederlanden reicht.

Es ist wichtig, die acht Geschichten einmal miteinander zu vergleichen.

Das Muster ist deutlich:

1. Ein Pfarrer / frommer Mann / Prediger
2. droht, Opfer eines Mordanschlags zu werden
3. wegen seiner Predigten/frommen Taten/ Geld,
4. und ihm wird an einem finsteren Abend aufgelauert,
5. aber der Anschlag mißglückt,
6. denn zwei Männer/ leuchtende Gestalten / begleiten ihn,
7. die er selbst nicht sieht,
8. aber er kommt dahinter, weil seine Widersacher es ihm oder jemand anderem erzählen,
9. und er begreift, daß ihn Engel gerettet haben.

Eine Reihe von Dingen fällt auf. An Übereinstimmungen erkennen wir:

1. Die Abfolge der Ereignisse ist immer dieselbe, wie wir gerade dargelegt haben.
2. Die anzugreifende Person ist immer ein frommer Mann.
3. Der Überfall soll immer nachts stattfinden.
4. Es sind immer zwei Engel (auch wenn Pastor Lindeboom einen analogen Fall mit einem Engel anführt).
5. Es sind immer die Widersacher, die die Engel sehen.
6. Der Informant, obwohl oft ein sehr naher Angehöriger des Opfers (Enkelin oder Urenkelin), ist in keinem Fall das Opfer selbst (außer vielleicht in dem Fall von Breet, der es persönlich aufschrieb). Ich

selbst habe niemanden gesprochen, der diese Art Engelerfahrung selbst gemacht hat. Pastor Lindeboom dagegen wohl.

7. In allen Fällen wird das Opfer mit Namen und Wohnort genannt.

Schema siehe Seite 47.

Auffallende Züge – aber nicht bei allen auftretend – sind darüber hinaus:

a) Dreimal der Versuch zu ertränken, davon zweimal an einer Brücke.
b) Dreimal Menschen, die sich beruflich von dem frommen Mann bedroht fühlen.
c) Dreimal wird die Geschichte durch einen direkten Nachkommen erzählt.

Ist dies jetzt mit dem »Engel an der Autobahn« zu vergleichen?

Mit anderen Worten: haben wir es hier mit einer fast dreihundert Jahre alten Affen-Sandwich-Geschichte zu tun, die sich selbst vervielfältigt? Obwohl ich keinen direkten Augenzeugen gesprochen habe, meine ich doch, ganz klar »nein« sagen zu müssen.

In allen Fällen ist genau bekannt, wem es passiert ist und wo. Nummer vierzehn ist bezüglich des Ortes eine Ausnahme, aber meine Briefschreiberin vergaß, mir mitzuteilen, wo ihr Opa wohnte. Darüber hinaus sind mir die Informanten über die »doppelten Engel« in vier der acht Fälle persönlich bekannt.

Den hauptsächlichen Grund, weshalb ich denke, daß wir es nicht mit einer Affen-Sandwich-Geschichte zu tun haben, leite ich aus früheren Erfahrungen ab.

Es ist nämlich nichts genauer als eine gute Familiengeschichte. Ich komme selbst aus einer Familie, in der

Schematisch dargestellt:

Zeit	Ort	Opfer	Täter	Anzahl der Täter	Art des Anschlags	Zahl der Engel	Informant	bekannt durch
1700	Middelburg	Pastor Smytegeld	?	?	?	2	Hofman (Buch)	?
1880	Zaandam	Pfarrer	Räuber	?	?	2	Pastor Lindeboom	?
19. Jahrhundert	Afrika	Pfarrer	Räuber	2	in der Wildnis	2	Urenkelin	Wirt
19./20. Jahrhundert	Den Helder	Bäcker Breet	Halunken	2	Ertränken an der Brücke	2	Bekannter Familie	Breets Büchlein
19./20. Jahrhundert	Vledderveen	Haitsma, Evangelist	Trinker	2	Heidefläche	2	Pastor Lindeboom	Geständnis
19./20. Jahrhundert	Eefde	Pfarrer	Räuber	1	Heidefläche	2	Enkel	Geständnis
19. Jahrhundert	?	Erfinder	Konkurrenten	2 oder 3	Ertränken im Graben	2	Enkelin	Geständnis
20. Jahrhundert	Drente	Pastor Pethegem	Gastwirte	2 oder 3	Ertränken im Moor	2	Briefschreiberin	Geständnis

47

viele Geschichten über vergangene Generationen erzählt wurden, und wenn man sie nachprüfen kann, ergibt sich immer, daß sie stimmen. Es ist, als ob in Familiengeschichten eine alte Fähigkeit der Menschen am Leben geblieben ist, nämlich die der mündlichen Überlieferung, worauf unsere frühen Vorfahren vollständig angewiesen waren.

Wenn zwei Enkel und eine Urenkelin von Männern, die die doppelte Engelerfahrung gemacht haben, es mir persönlich, also aus ihrer Familientradition heraus beschreiben, dann ist die Chance, daß es auf Wahrheit beruht, meiner Meinung nach sicherlich neunundneunzig Prozent. Eine solche Geschichte ist nicht vom Himmel gefallen.

Wenn dies so ist, warum gleichen sich die Geschichten dann so?

Die Familien kennen sich nicht, ein Plagiat ist also ausgeschlossen.

Vielleicht gleichen sie sich deshalb so, weil sie eine allgemein gültige Wahrheit sichtbar machen.

Es geht mir jetzt nicht um die Tatsache, daß Schutzengel retten. Das geht nicht tief genug. Wir dürfen niemals vergessen, daß Engelerfahrungen nicht zu unserer normalen Realität gehören. Sie liegen näher an der Welt unserer Träume, der Nachtwelt, und deshalb haben sie neben ihrem konkreten Wert (in diesem Fall die Rettung) auch einen symbolischen.

Nehmen Sie die Tatsache, daß fast alle Überfälle nachts oder zumindest im Dunkeln hätten stattfinden sollen. Das verweist schon auf die andere Seite der Welt, die Seite, die wir nicht kennen, wenn wir hellwach sind. Menschen, die völlig in dieser äußeren Welt verankert sind, denken, daß sie alles selbst organisieren müssen. Der Mensch, der mit der anderen Seite verbunden ist, weiß es allerdings besser. Dieser Mensch braucht nicht fieberhaft zu organisieren, sondern kann in Vertrauen zu Gott aufsehen und erlebt dann oft Wunder. Die chinesischen Philosophen sprachen von »still sitzen und nichts tun«, womit nicht Faulsein gemeint war, sondern Verbundensein mit der stillen Seite des Daseins. In Psalm 127 wird dasselbe Prinzip ausgedrückt, wenn es heißt:

»Es ist umsonst, daß ihr früh aufsteht und hernach lange sitzet und esset euer Brot mit Sorgen - denn seinen Freunden gibt er es im Schlaf.«

Achten Sie einmal darauf, wie auffallend es in diesen acht Geschichten ist, daß der fromme Mann tatsächlich passiv ist. Er »denkt an Gott« oder »genießt den Spaziergang im Mondlicht über die Heide«. Breet kehrt zurück von einer mißglückten Barmherzigkeitsmission. All diesen Menschen in ihrer recht passiven Lebenseinstellung wird von aktiven listigen Räubern und anderem Gesindel aufgelauert. Dann sehen wir, wie sich das Wunder vollzieht: Der Gewalttätige kann nichts gegen den Gottverbundenen ausrichten, er unterliegt dem Gewaltlosen. Dies ist eine sehr alte Tatsache.

Die Gewalttäter denken, daß sich die Welt um sie dreht und daß sie es sind, die Geschichte machen. Das stimmt nicht. Die wirklichen Entscheidungen fallen durch das Verhalten des ruhigen, stillen, gewaltlosen Menschen. Eine Stadt wird von einem Feind umzingelt. Alles scheint hoffnungslos. Dann wird die Stadt befreit. War in der Stadt ein großes Heer? Nein; es wohnten dort zwei oder drei »Gerechte«, Menschen, die fast niemand kannte. Und doch wurde von ihnen und ihretwegen die Stadt gerettet.

Die stillen Gottverbundenen wissen nicht nur um diese Welt mit ihrem Lärm und ihrer Hektik, ihrer Gewalt und ihrer Berechnung. Sie kennen auch die andere Seite, in der *eine* gute Tat die Welt aus ihren Angeln hebt. Gerade weil sie das Wissen von der »anderen Seite« haben, kommen in diesen acht Geschichten immer kleine Brücken vor, und genau auf der Brücke, auf der das Unheil stattfinden soll, erscheint das Heil.

In diesen acht Geschichten spielt die Zahl Zwei eine wichtige Rolle. Zwei Angreifer, zwei Engel, eine Geschichte, die von jemandem überliefert wurde, der vor zwei Generationen gelebt hat, zwei Ufer miteinander verbunden. Diese Engelerfahrungen wollen uns über die Rettung hinaus eindringlich sagen: Vergiß die andere Seite nicht! In der Zeit, in der der Materialismus seine höchste Blütezeit zu feiern begann und die Vorstellung von der anderen Welt immer mehr verdüstert wurde, kamen diese Geschichten zu uns und sagten: diese *und* die andere Welt. Himmel *und* Erde. Vergiß keinen der beiden, sondern verbinde sie miteinander, so wie die Brücke die zwei Ufer verbindet.

Gehen wir noch etwas weiter auf die zwei Engel ein.

Es gibt eine alte jüdische Tradition, die besagt, daß der Mensch immer von zwei Engeln flankiert wird. Der rechte inspiriert zum Guten, und der linke zeichnet die Fehler des Menschen auf. Nicht, um ihn hinterher genüßlich zu bestrafen, sondern um ihn in Situationen zu bringen, in denen er seine Fehler wieder gutmachen kann.

Könnte es sein, daß das, was die Angreifer sehen, nicht zwei eilig herbeigetrommelte Engel sind, sondern daß ihre Augen kurz geöffnet wurden, so daß sie einen bei den Menschen häufig vorkommenden Zustand wahrnehmen konnten?

Ich weiß nicht, ob diese Hypothese stimmt, sie schlägt jedenfalls zwei Fliegen mit einer Klappe.

Der bedrohte Mensch wurde gerettet, und seine Angreifer wurden in vielen Fällen auf die rechte Bahn gebracht.

Der Gang der Dinge ist so bezeichnend für Gottes

Wege, daß ich den Pfarrer mit den zwei Engeln als einen unabänderlichen Teil des Engelgeschichtenmosaiks betrachte.

Es ist übrigens leicht, die Essenz zu übersehen:

Die Rettung ist nämlich so spektakulär, daß wir geneigt sind, nur an die Rettung des frommen Mannes zu denken. Die Essenz ist allerdings die Rettung des schlechten Mannes. Der Pfarrer hätte höchstens das Leben verloren, aber der schlechte Mann hätte einen nicht wiedergutzumachenden Schaden an seiner unsterblichen Seele nehmen können. Es geht hier nicht vorrangig um die Rettung des sterblichen Körpers, es geht um die Rettung unsterblicher Seelen. Deshalb müssen wir es so betrachten, daß der fromme Mann, oft ohne sich dessen bewußt zu sein, für den großen Erlösungsplan benutzt wird.

In den »doppelten Engelgeschichten« sehen wir zwei Geschichten gleichzeitig stattfinden:

1. Dem frommen Mann wird aufgelauert, und er wird vor dem Tod gerettet.
2. Der schlechte Mann kriegt einen Schock, bekennt seine Sünden und wird bekehrt.

Wenn ich die Bibel richtig verstanden habe, liegt der Nachdruck der Geschichte auf dem zweiten Teil. Es sind vor allem die Schurken, die gerettet werden. Später werden wir Ereignissen begegnen, die den bisher angeführten Erzählungen ähneln, aber der fromme Mann mit dem doppelten Engel ist etwas so Besonderes, daß er in diesem Buch einen Ehrenplatz haben muß. Er erinnert uns an den großen Plan für diese Welt: Erlösung.

Ich kann mir sehr gut vorstellen, daß sich ein Mensch des zwanzigsten Jahrhunderts ein wenig unwohl fühlt angesichts meiner Annahme, die Engel, die von den Schurken gesehen werden, seien immer bei uns. Man stellt sich dann vielleicht vor, zwei Gestalten schlichen ständig auf eine etwas unheimliche Weise um uns herum.

Vielleicht haben Sie in einer Kathedrale hoch über sich einmal die Darstellung eines gewaltigen Auges gesehen, das Sie anschaut. Das ist Gottes allsehendes Auge. Ich finde das Gefühl, das einem dieses Auge vermittelt, nicht nur angenehm. Wir Menschen des zwanzigsten Jahrhunderts wollen alles ganz alleine machen und nicht den Eindruck erhalten, daß einem ständig ein Kiebitz über die Schulter guckt. Stellen Sie sich vor, Sie wären sich ständig zweier Wesen links und rechts von sich bewußt. Was würden Sie tun? Was würden Sie nicht tun? Würde das Wissen darum uns behindern oder helfen? Würden wir in unser Schnekkenhaus kriechen, oder würden unsere Flügel besser wachsen? Ich stelle diese Dinge absichtlich etwas absurd dar, weil ich glaube, daß solche Gedanken schnell aufkommen.

Es gibt nämlich noch einen weiteren Aspekt der doppelten Engelgeschichte, der Aufmerksamkeit verdient: Dreimal stammt eine Erzählung von einer älteren Generation. Zweimal wurde sie mir von einem Enkel, einmal von einer Urenkelin der betreffenden Person erzählt. Ich habe bereits gesagt, daß gerade diese Tatsache sehr stark für die Wahrheit der Geschichte spricht, aber darin liegt auch ein symbolischer Wert. Wer sind unsere Großeltern? Sie spielen eine völlig andere Rolle als unsere Eltern. Unsere Eltern führen uns in diese Welt. Sie sorgen dafür, daß wir hier so gut wie möglich zurecht kommen. Sie repräsentieren die Tagseite unseres Daseins.

Unsere Großeltern verbinden uns nicht nur mit der Vergangenheit unserer Familien, sondern mit der Vergangenheit der gesamten Menschheit. Mama hört die

Hausaufgaben ab, Oma erzählt Märchen. Papa lehrt Fähigkeiten, Opa (wenn es gut geht) Weisheit. Im Alten Testament wird von jemandem, der stirbt, gesagt, daß er bei »seinen Vorfahren (Völkern) versammelt wird«. Damit ist kein großer jüdischer Friedhof gemeint, sondern eine Rückkehr zur Einheit des Lebens, die in diesem irdischen Leben auseinandergefallen ist.

Es stimmt hoffnungsvoll, daß die Erzählung vom doppelten Engel über den Großvater zu uns kommt; das hilft uns, den Engeln den rechten Platz zuzuweisen. Schauen Sie nur einen kleinen Jungen an, der mit seinem Großvater spazierengeht: der Junge noch nahe am Himmel, von dem er gerade erst gekommen ist, der Großvater schon wieder nahe dem Himmel, weil er nicht mehr lange hier sein wird. Sie freuen sich aneinander, denn sie fühlen sich über den Himmel verwandt.

So sollte die Haltung sein, wenn wir über die doppelten Engel nachdenken. Sie bilden die Sprossen einer Leiter zum Himmel, vertraut wie Oma und Opa, sicher, freundlich und unaufdringlich. Der doppelte Engel bietet uns doppelte Sicherheit, daß Gott es gut mit uns meint.

Die zwei Engel müssen uns genauso vertraut sein wie unsere zwei Augen. Wir fühlen uns doch auch nicht beobachtet, wenn unsere zwei Augen immer mitgucken. Sie sorgen gerade dafür, daß wir sehen. Die zwei Engel sind nicht so nahe wie unsere Ohren. Ist es nicht herrlich, daß diese zwei unbegreiflich fein abgestimmten Organe mithören? Manchmal fängt ein Ohr an zu sausen, wodurch man erst darauf aufmerksam wird, was für ein Segen es ist, daß unsere Ohren meistens still sind. So still und bescheiden sind auch die zwei Engel, die Gott uns mit auf den Weg gibt.

Seien wir froh über das, was diese Erzählungen uns lehren: daß besser für uns gesorgt wird, als wir uns in unseren kühnsten Träumen vorgestellt haben.

2. Engel zur See und in der Luft

W. W. Jacobs, der treffliche Erzähler vom Anfang dieses Jahrhunderts, legt seine humoristischen Geschichten oft ländlichen Gestalten in den Mund: einem alten Mann, der in einem Dorfkrug um ein Bier bettelt, oder einem Nachtwächter mit Hühneraugen an einer Schiffsanlegestelle. Von letztgenanntem, der unzählige Geschichten über Seeleute kennt, stammt der folgende Ausspruch: »Jeder ist abergläubisch ... Aberglaube: alles schön und gut, bis zu einem gewissen Grad, aber, wie es halt so ist, manche Menschen übertreiben natürlich. Bei ihnen ist eine Schraube locker.«

Anschließend erzählt er dann die Geschichte von zwei Seeleuten, die einen feierlichen Eid geschworen haben, daß der erste, der stirbt, den anderen aufsuchen werde, um zu beweisen, daß es ein Jenseits gibt. Eines Tages besucht der eine Seemann tatsächlich den anderen, mitten in der Nacht, mit nassem Seegras auf seinem Kopf, und erzählt ihm, er sei ertrunken. Der andere erschrickt sich zu Tode und wird gezwungen, der Witwe des ertrunkenen Seemanns viel Geld zu bezahlen. Es ist klar, daß dies keine Erscheinung aus der anderen Welt, sondern Schwindel ist, obwohl der betrogene Seemann niemals dahinterkommt.

Ich kann mir vorstellen, daß man nach der Lektüre der Engelgeschichten, die ich in dieses Buch aufgenommen habe, zu sagen geneigt ist: »Glaubst du alles, was dir erzählt wird? Ist das nicht etwas naiv von dir?«

Das ist eine ernstzunehmende und schwierige Frage.

Wenn zwei oder mehr Menschen an einer Engel-erfahrung beteiligt sind, ist die Glaubwürdigkeit grö-ßer, als bei nur einem Menschen. Nicht, weil man dem einen Menschen weniger trauen kann, sondern weil zwei Zeugen einen Sachverhalt bestätigen. *Ein* Zeuge ist in der Tat *ein* Zeuge zu wenig. So können wir auch eher glauben, daß die Geschichte von der Frau auf der Rolltreppe (S. 37) wahr ist – weil ihr Mann sie bestä-tigte –, als die Geschichte der Frau, durch die der entmaterialisierte Lieferwagen hindurch fuhr – weil sie alleine war. Das ist Pech für sie, denn sie ist eine durch-aus vertrauenswürdige Frau, aber es fehlt etwas in ihrer Geschichte: Wir haben leider keinen Bericht von dem Fahrer des anderen Fahrzeugs vorliegen.

In den Fällen, die von nur einer Person berichtet werden, wird diese Schwierigkeit bestehen bleiben. Während der Hochkonjunktur der Autobahn-Engel-gerüchte wurde ich vom KRO-Radio (Katolieke Radio Omroep = Katholischer Rundfunk) angerufen und ge-fragt, ob ich meinen Kommentar zu diesem Phänomen in einer Live-Sendung abgeben wollte. Es wurde mir dann eine interessante Frage gestellt:

»Sind Engel wissenschaftlich zu beweisen?« Was ist ein wissenschaftlicher Beweis? Wir haben in der Wissenschaft gegenwärtig Vereinbarungen, die fest-legen, was als wissenschaftlicher Beweis gilt und was nicht.

Eine dieser Vereinbarungen lautet, daß etwas nur dann genau erforscht und bewiesen werden kann, wenn es wiederholbar ist. Wenn ich hundert Mal beobachte, daß Wasser unter null Grad Celsius gefriert, dann kann ich die wissenschaftliche These aufstellen, daß der Ge-frierpunkt von Wasser bei null Grad liegt. Jeder, der das probieren möchte, wird zu dem gleichen Gefrier-punkt kommen, es sei denn, in dem Wasser sind viele Salze aufgelöst, dann sinkt der Gefrierpunkt.

Bei einem Engel ist es nun so, daß man ihn schwerlich bitten kann, am Tag darauf noch einmal wiederzukommen, weil man ihn wissenschaftlich beweisen möchte. Wegen der Beschränkungen, die wir uns für das auferlegt haben, was wir einen wissenschaftlichen Beweis nennen, ist in unserem Jahrhundert ein Engel wissenschaftlich also nicht zu beweisen. Wenn wir dagegen vereinbaren könnten, daß für Engelerfahrungen andere Kriterien gelten als diejenigen, die wir für unsere materielle Welt benutzen, dann könnten wir wohl dahin kommen, mit an Sicherheit grenzender Wahrscheinlichkeit anzunehmen, daß Engel existieren und in unser Leben eingreifen können.

Dieses Kapitel habe ich mit dem Nachtwächter am Kai eingeleitet, weil jetzt die Seeleute an der Reihe sind. Während der bereits erwähnten Sendung bei Sonja Barend wurde von einem Seemann eine herrliche Geschichte erzählt. Fernsehbilder sind flüchtig und rasch vergessen, darum will ich seine erstaunliche Geschichte festhalten.

(15)
Ein Schiff, voll beladen mit Holz, kämpft sich durch einen Sturm. Die Wellen rollen von Steuerbord her an und verschwinden unter dem heftig schlingernden Schiff hindurch nach Backbord. Dort, auf der linken Seite des Schiffs, steht ein Seemann. Hinter ihm befindet sich eine große Ladung Holz. Plötzlich kommt eine enorme Welle heran, das Schiff bekommt Schlagseite, das Holz kommt in Bewegung, stürzt mit donnerndem Getöse ins Meer und schleift dabei den armen Seemann mit. Er befindet sich plötzlich unter Wasser mit einer ganzen Ladung Holz über sich und weiß, daß seine letzte Stunde geschlagen hat. Dann sieht er unvermittelt ein großes helles Licht, und beim Schein dieses Lichts kann er deutlich seine Familie zu

Hause sehen. Danach wird er von einer Riesenkraft unter dem Holz hervorgezogen und für einen Teil der Besatzung deutlich sichtbar auf die Backbordseite des inzwischen wieder gerade liegenden Schiffs gesetzt.

Stellen Sie sich die Situation vor: Er lag auf der Leeseite im Wasser, das heißt, daß die Wellen vom Schiff wegrollten. Es konnte also keine Welle gewesen sein, die ihn zurückhob. Nein, gegen den Wind und gegen die rasch wegrollenden Wellen wurde er aufs Deck zurückbefördert.

Es ist schade, daß nicht noch ein anderes Besatzungsmitglied des Schiffs in der Sendung war, um seine Geschichte zu bestätigen; aber ich denke, es wäre nicht schwierig, einen zu finden. Wieder erinnere ich an die mögliche Frage des Skeptikers: Glaubst du alles, was Menschen dir erzählen? Gleich gehe ich näher auf die Frage ein, aber zuerst kommt noch eine Seemannsgeschichte.

(16)

Ein Zweiter Steuermann auf einem Frachtschiff der Holland-Amerika-Linie schrieb mir, daß er das Folgende erlebt habe. 1936 waren sie gerade im Begriff, aus Philadelphia abzureisen. Es war schon Nacht, und er wollte noch eben kontrollieren, ob mit der Ladung alles in Ordnung war. Er hatte vergessen, seine Taschenlampe mitzunehmen, aber angesichts der Tatsache, daß er den Weg im Schlaf kannte, ging er nicht mehr in seine Kabine zurück, um sie zu holen. Zuerst ging er durch einen dunklen Raum zum sogenannten Spardeck, direkt unter dem Oberdeck gelegen. Dazu mußte er im Stockdunklen eine Treppe hinuntergehen, und beim Losgehen überlegte er sich, daß er bald mit Hilfe von ein paar Streichhölzern genug sehen könnte. Auf dem Spardeck angekommen, ging der Seemann auf eine stählerne Leiter zu, über die er zu den tiefergelegenen Decks nach unten gelangen konnte. Die stählerne Leiter befand sich dicht hinter einer für gewöhnlich geschlossenen Luke. In dem Moment, in dem er dachte, dort angekommen zu sein, wollte er seinen Fuß auf die Luke setzen und streckte seine Hand aus, um nach der Leiter zu greifen; aber er trat ins Leere, fiel vornüber nach unten, und erkannte zu seinem Entsetzen, daß die Luke offenstand und daß er wahrscheinlich zu Tode stürzen würde. Der Abgrund, der sich unter ihm auftat, war nämlich neun Meter tief. Während der Steuermann nach unten fiel und eines seiner Beine an der Kante der offenstehenden Luke entlangschrammte, sah er plötzlich eine Gestalt. Sie war völlig weiß gekleidet, als ob sie einen weißen Overall anhätte, der ihr bis über die Füße reichte. Obwohl es noch immer stockdunkel war, konnte der Seemann die Gestalt deutlich erkennen. Anstelle von Augen und Mund waren nur dunkle Streifen zu sehen.

Er dachte mit einem Mal: Dies ist ein Schutzengel, ein Abgesandter Gottes, und schloß ehrerbietig die Augen. Als er sie wieder öffnete, war die Gestalt verschwunden, und er merkte, daß er auf der Leiter stand. Von dem Tag an hat er oft denken müssen: Warum hat Gott mich gerettet? Warum wurde ich geschont? Was will Gott von mir?

Diese Geschichte ist für Menschen, die Beweise suchen, problematisch, weil sie aus dem Mund *eines* Mannes kommt. Auf der anderen Seite gibt er so genaue Details über die Decks – mehr als ich hier aufgeschrieben habe – und den Ort, an dem die Erfahrung stattfand, daß man gewissermaßen dabei steht und zuschaut.

Nur ein Zeuge, das schon, aber eine Geschichte, die so echt klingt, wie wir es uns nur wünschen können. So nennt der Berichterstatter zum Beispiel das Detail von den bedeckten Füßen, etwas, das in Engelbegegnungen ziemlich oft vorkommt. Außerdem beschreibt er das Gesicht des Engels. Bei einer erdachten Geschichte sollte man mehr erwarten als diese vage Andeutung von Augen und Mund, die als ein Streifen zu sehen waren. Schließlich noch ein sehr überzeugender Gesichtspunkt: Der Mann schrieb mir dies 1985, also neunundvierzig Jahre, nachdem er die Erfahrung gemacht hatte.

Die Kombination von einer Erinnerung, die fast ein halbes Jahrhundert glasklar bewahrt wurde, mit der nüchternen Detailbeschreibung ist kennzeichnend für ein wahres Erlebnis. Es ist wichtig, an dieser Stelle etwas näher auf die Briefe, die ich bekommen habe, einzugehen.

Als ich meine Engelumfrage machte, stellte ich meinen Patienten nach Beendigung der Konsultation überraschend die Frage, ob sie schon einmal einen Engel gesehen hätten. Aus ihren spontanen Reaktionen und ihren Erzählungen entstand damals mein erstes Engelbuch. Es ist natürlich etwas ganz anderes, wenn später Menschen kommen, die einem, durch dieses Buch veranlaßt, Briefe mit Erlebnissen schicken. Es fehlt ihnen die Spontaneität, und die Geschichten könnten leichter ausgeschmückt, verändert oder sogar ausgedacht sein. Der Wert der mir zugeschickten Geschichten könnte daher in den Augen von skeptischen Menschen etwas geringer sein als der von den Erfahrungen, die auf meine unerwartete Frage in der Sprechstunde hin zu Tage kamen.

Die Briefe, auf die ich mit dicken roten Buchstaben »Echte Engel« geschrieben habe, sind deshalb ziemlich kritisch von mir ausgewählt. Ich habe nur solche Briefe in die Auswahl aufgenommen, in denen die Engelerfahrungen in beinahe sachlichem Ton erzählt wurden, in denen die Geschichte in sich schlüssig war und die Details stimmten, soweit ich das überprüfen konnte. Außerdem habe ich nur Briefe aufgenommen, aus denen hervorging, daß die Erfahrung spontan aufgetreten war. Mit spontan meine ich: nicht nach einer Meditationsübung, unter Drogen oder in Hypnose.

Trotz der strengen Auswahl habe ich doch mehr als einhundertfünfzig echte Engelgeschichten übrig behalten, die alle Kennzeichen des »Wahren« enthalten. Sie stimmen genau mit dem überein, was ich im Laufe der Zeit als Engelerfahrung kennengelernt habe. Oft ereigneten sie sich in gefährlichen Situationen oder in seelischer Bedrängnis. In der Mehrzahl der Fälle gab es ein plötzliches Erscheinen und Verschwinden. In vielen Fällen erkannte man erst hinterher, was man miterlebt hatte. Erst im Rückblick auf die Erfahrung wurde einem auf einmal klar, wie ungewöhnlich sie war. Schließlich ging aus den Briefen auch hervor – genauso wie ich das in der Sprechstunde gehört hatte –, daß die Menschen oft jahrelang darüber geschwiegen hatten, sogar ihrer nächsten Umgebung gegenüber. Warum habe ich nun solch ein Vertrauen in die Briefe, die die Menschen mir schrieben? Ich werde versuchen, das zu erklären.

Wenn jemand lange einen Beruf ausübt, tritt schließlich eine Art professionelles Gefühl auf. Ein alter Zimmermann wird sofort eine gute Holzsorte erkennen, indem er kurz darüberstreicht.

Ich habe einmal in einer Kommission mit einem alten Bilanzprüfer zusammengearbeitet, der untrüglich spürte, wenn irgendwo mit Geld gemauschelt worden war. Niemand hatte darauf geachtet, aber er bestand darauf, herauszufinden, was es mit einer bestimmten Rechnung auf sich hatte. Er hatte hundert Prozent recht! Woher der Mann das wußte? Er hatte in all den Jahren einen Instinkt für irreführende Zahlen entwickelt.

Mein Vater, ein Staatsanwalt, roch geradezu, ob jemand schuldig war. »Der Kerl ist der Mörder«, sagte er entschieden. »Woher weißt du das, Papa?«, fragte ich dann. Er konnte es nicht genau erklären, aber er hatte immer recht.

Ich selbst habe auf meinem Fachgebiet einen Instinkt entwickeln müssen, um herauszufinden, ob jemand die Wahrheit sagt. Das ist für einen Arzt sehr wichtig. Man kann jemandem nur dann helfen, wenn man so viele Informationen wie möglich hat, aber viele Menschen verschweigen einem das Wichtigste. Nicht in böser Absicht, sondern aus Scham oder Angst. Ich werde das an einem Beispiel verdeutlichen.

Ich erinnere mich an eine Frau, die mit einem großen Ekzem zu mir kam. Sie war schon anderthalb Jahre lang bei einem Hautarzt in Behandlung, und sie war auch schon ein halbes Jahr bei einem Psychiater in Therapie, weil es sie so belastete.

Ich fragte sie, ob sich, kurz bevor sie das Ekzem gekriegt hatte, etwas ereignet habe, aber sie verneinte dies. Ich nahm jedoch einen Blick ihrer Augen wahr, der mir den Eindruck vermittelte, sie erzähle mir nicht alles. Auf mein Drängen, ob nicht doch etwas passiert sei, sagte sie: »Mein ältester Sohn kam zum Militär.« Dann schwieg sie. Ich fragte, ob das für sie etwas Besonderes bedeutete, und sie wurde sehr erregt. Dann erzählte sie mir folgendes:

1940 war sie von ihrem Verlobten schwanger geworden, und sie wollten bald heiraten. Dann brach der Krieg aus, und ihr Verlobter fiel an der Grebbe-Linie, an der das niederländische Heer eine schwere Schlacht gegen die vorrückenden deutschen Truppen führte. Die Frau bekam einen Sohn, und kurz darauf begegnete sie dem Mann, mit dem sie jetzt noch verheiratet ist und mit dem sie auch Kinder hat. Es ist eine gute Ehe.

Als ihr ältester Sohn zum ersten Mal in seiner Uniform auf Urlaub nach Hause kam, ähnelte er so täuschend ihrem gefallenen Verlobten, daß sie einen Schock bekam. Sie erkannte nämlich plötzlich, daß ihre Liebe für ihren ersten Mann nicht vergangen war, sondern daß sie ihn noch immer liebte, und geriet in einen schweren Gewissenskonflikt hinsichtlich ihres heutigen Mannes. Sie war durcheinander und fühlte sich schuldig. Ich erklärte ihr, daß ihre Gefühle zu ihrem ersten Mann ganz normal seien und es sogar gut sei, daß sie dieses Gefühl noch hätte. Sie war enorm erleichtert darüber, es endlich jemandem erzählt zu haben, und daß sie nicht dabei war, ihrem jetzigen Mann etwas Schlimmes anzutun.

Dann fragte ich: »Sie sind schon ein halbes Jahr bei dem Psychiater, warum haben Sie ihm das nie erzählt?« »Ach, Herr Doktor«, antwortete sie, »er ist Psychiater vom Marine-Hospital, und als ich seine Uniformjacke an der Tür hängen sah, da konnte ich es nicht sagen.«

Von derart merkwürdigen Details hängt es ab, ob ein Patient einem erzählt, worum es geht, oder nicht. Ihr Ekzem war übrigens binnen vierzehn Tagen verheilt.

Ich habe also aufgrund der »Warenkenntnis«, die ich im Laufe der Jahre erworben habe, Vertrauen in meine Briefe.

Leute, die einen bewußt zum Narren halten, sind äußerst selten. Wie ich gerade erklärt habe, halten Menschen, aus welchen Gründen auch immer, ziemlich oft Tatsachen zurück, aber wirkliche Phantasiegeschichten erzählt fast niemand.

Ich finde also meine einhundertfünfzig sorgfältig ausgesuchten Engelerlebnisse recht zuverlässig und deshalb gut genug, um eine Auswahl daraus in dieses Buch aufzunehmen.

Wenn wir bei der Seefahrt Engeln begegnen, wie sieht es dann in der Luft- und Raumfahrt aus . . .?

Oder: Wenn wir auf dem Wasser Engel sehen, wieviel eher können wir dann in der Luft mit ihnen rechnen!

Die Luft ist übrigens per Definition etwas anderes als der Himmel, der nicht über uns liegt, sondern »um die Ecke«. Dennoch besagt es etwas, daß wir für den blauen Himmel und Gottes Himmel dasselbe Wort verwenden: Es besteht eine bestimmte Verwandtschaft zwischen diesen beiden. Begeben wir uns also als gute Bürger des zwanzigsten Jahrhunderts in die Luft. Es geht derzeit in den Niederlanden ein seltsames Foto um, das so zustande gekommen sein soll:

(17)
Eine Dame aus Chicago reiste im Juli 1984 mit dem Flugzeug nach Texas. Der Flug dauert einige Stunden. Weit unten sieht man lange die Windungen des riesigen Flusses Mississippi. Während der Reise brach ein enormes Unwetter los, das Flugzeug schüttelte und stampfte.

Vom Flugzeug aus betrachtet erlebt man ein Unwetter völlig anders als vom Erdboden aus. Hier auf der Erde sieht man einen blaugrauen Himmel mit ab und zu herabzuckenden Blitzen, aber von einem Flugzeug aus scheint es, als ob die Wolkenmassen von innen her mit einem starken weißen Licht angestrahlt werden. Es ist ein phantastischer Anblick, an einer hoch aufgetürmten Wolkenmasse entlangzufliegen, die von innen bizarr bis in alle Einzelheiten erleuchtet wird. Aber die Gefahr, daß ein Flugzeug dabei abstürzen kann, ist keine Einbildung. Die Passagiere standen deshalb auch Todesängste aus, das Flugzeug wurde durchgeschüttelt, und viele Menschen fingen laut an zu beten.

Die Dame aus Chicago, die am Fenster saß, hatte offenbar stählerne Nerven, denn sie fand das Schauspiel draußen so faszinierend, daß sie ein Foto davon machte.

Glücklicherweise verlief die Reise gut. Alle kamen unversehrt in Texas an. Als das Foto später entwickelt wurde, entdeckte die Dame allerdings etwas Seltsames. Da draußen war die riesige Gestalt von jemandem zu sehen, der in weiß gekleidet war. Er glich am ehesten einem Mann mit einer weißen Kutte, die von einem dunklen Gürtel zusammengehalten wurde. Die zwei Arme steckten in weiten Ärmeln, und oberhalb des etwas dunkler gefärbten Halses war vage der Kopf zu sehen. Um die Gestalt herum wirbelte eine Wolke. Gestalt plus Wolke hoben sich deutlich gegen einen tintenschwarzen Hintergrund ab.

Bevor ich weiter über das Foto spreche, will ich Ihnen erzählen, daß es mit der Geschichte etwas Seltsames auf sich hat. Nach einem ebenso zuverlässig erscheinenden Bericht fand der Vorfall über dem Meer zwischen Australien und Neuseeland statt. Die Geschichte soll von der Dame, die das Foto machte, dem Pfarrer Powson erzählt worden sein. Ein Detail fehlt in der vorhergehenden Version, nämlich, daß die Frau während des schrecklichen Unwetters ihre Nachbarin fragte, ob sie Christin sei. Als sie das bestätigte, beteten die Frauen zusammen darum, daß der Sturm von Jesus beruhigt werde, genauso wie Er das auf dem See Genezareth getan hat. Nach dem Gebet entstand das Foto.

Wir haben es jetzt also mit der merkwürdigen Situation zu tun, daß es *ein* Foto gibt – und daran brauchen wir nicht zu zweifeln, denn ich habe es vor mir liegen –, daß aber zwei Versionen der Geschichte existieren. Man könnte die zwei Varianten die »sachliche« und die »christliche« nennen. Das ist nun eins der ziemlich irritierenden Dinge, auf die man in himmlischen Angelegenheiten stößt. Sie sind nicht immer logisch.

Man hat zum Beispiel *ein* Leben des Herrn, aber vier verschiedene Evangelisten geben ihre eigenen Versionen davon. Die Versionen widersprechen sich nicht

64

einmal so sehr (wenngleich manchmal schon), vielmehr unterstützen, vervollständigen sie sich gegenseitig. Ich vergleiche das immer mit einem riesigen Baum. Vier Menschen, die in den vier Himmelsrichtungen aufgestellt sind, werden von dem Baum vier verschiedene Beschreibungen liefern.

Ist es möglich, einen Engel zu fotografieren? Das Foto sieht echt aus, aber ich bin kein Experte. Könnte das sein? Wenn wir einen Engel sehen können, warum sollte er dann nicht auch auf einem Film festgehalten werden können? Aber warum sah die Frau nichts, als sie das Foto machte?

Es hat etwas Erschütterndes – ein Engel auf einem Foto. Ist das nicht profan? Vielleicht sitzt tief in uns allen – wenn auch tief verborgen – die Angst davor, sich so etwas vorzustellen. Sagt das zweite Gebot nicht deutlich, daß wir uns kein Bild machen sollen, weder von dem, was oben im Himmel, noch von dem, was unten auf der Erde, noch von dem, was in den Wassern unter der Erde ist? Können wir dann einfach so einen Schnappschuß von einem Engel machen?

Hier muß ich der Frau zu Hilfe kommen. Sie bemerkte erst später, daß ein Engel darauf abgebildet war; beim Entwickeln des Films kam er zum Vorschein.

Wenn es tatsächlich ein Engel gewesen ist, dann, denke ich, ist dies ein Beispiel dafür, daß sie im Himmel einen ausgeprägten Sinn für Humor haben; dann könnte ein solches Foto ein Augenzwinkern unseres Lieben Herrn sein.

(18)
Fotos können merkwürdige Resultate hervorbringen. Ich besitze ein anderes Foto, das eine Frau vom östlichen Horizont gemacht hat, kurz bevor am 25. Dezember 1989 die Sonne aufging. Man sieht schon das Glühen des Horizonts, hier und dort scharf gezeichnete

Silhouetten von Pappeln und in der Ferne einen Kirchturm.

Über dem Kirchturm ist deutlich eine Engelsgestalt zu erkennen. Die Frau, die das Bild machte, bemerkte es erst später.

Ist dies das Foto von einem echten Engel? Könnte es sein, daß die Gemeinde während des Frühgottesdienstes etwas über Engel hörte und daß das Gedankenbild sich in die Luft projizierte?

Was ich hier sage, ist nicht so abwegig, wie es klingt. De la Warr hat mit seiner merkwürdigen »black box« normales Wasser und Weihwasser fotografiert. Sein Apparat, der einen feineren Teil der stofflichen Welt auf die Platte bannte als das rein Materielle, das wir sehen können, zeigte ein deutliches Kreuz im Weihwasser. Es stellte sich heraus, daß der Priester, der das Wasser segnete, dabei immer an das Kreuz dachte.

Diese Welt ist viel komplizierter als wir denken, und unsere Gedanken können unsere Umgebung stark beeinflussen. Ich weiß also nicht, warum der Engel auf dem Foto abgebildet ist, aber beeindruckend ist es schon.

Leider hatten wir etwas weniger Glück mit dem Ereignis in dem russischen Raumschiff »Saljut sieben«. Wladimir Solowjow, Oleg Atkow und Leonid Kisim sollen am einhundertfünfundfünfzigsten Tag ihres Langzeitfluges »sieben riesenhafte Gestalten mit menschlichem Äußeren und Flügeln so groß wie Jumbojets, umgeben von einem nebligen Heiligenschein« gesehen haben. »Sie hatten runde Gesichter und lachten engelhaft.« So amerikanische Presseberichte, zitiert in *Paranormaal* (»Paranormal«) vom Juni 1986.

Was sagen Sie dazu? Meines Erachtens ist dies eine eindeutige Affen-Sandwich-Geschichte. Die bestens ausgebildeten Astronauten hätten doch wenigstens sofort ein Bild machen müssen. Oder gefiel das der Flugleitung nicht? Engel gibt es nicht, also darf man sie auch nicht fotografieren. Nein, ich glaube, dies klingt sehr nach einer Affen-Sandwich-Geschichte. Diese Geschichte zirkuliert übrigens noch auf eine andere Weise.

Vor mir liegt ein amerikanischer Zeitungsbericht. Als große Schlagzeile steht da: »Weltraumteleskop fotografiert Engel.«

Hier folgt der Bericht: »Wissenschaftler haben nun einen erstaunlichen Beweis, daß es den Himmel gibt, denn das aufsehenerregende Hubble-Teleskop hat Bilder von echten lebenden Engeln zur Erde gefunkt. Prominente Astronomen sagen, daß die von einem Computer erstellten Fotos von den Engeln nicht der Öffentlichkeit zugänglich gemacht werden, und zwar aus Angst, daß eine weltweite Panik entstehen könnte. Aber von Leuten, die die Fotos inspiziert haben, verlautet, daß es die wichtigsten wissenschaftlichen Informationen sind, die jemals gesammelt wurden.

Die Engel haben eine helle orange Farbe, verlautet aus NASA-Kreisen. Die Wissenschaftler dachten zuerst, sie hätten ein neues Sternen-Cluster entdeckt, weil die Farben so hell und kräftig waren. Aber Minuten später war klar, daß sie lebensgroße Gestalten anschauten. Einem Geheimbericht zufolge war der Flug einer Gruppe von sieben Engeln auf Fotos zu sehen, die von dem drei Milliarden Jahre alten Sternen-Cluster NGC 3532 gemacht wurden.«

Affen-Sandwich? Ja, zweifellos.

In dem Bericht steht auch, die Engel hätten »runde und friedliche Gesichter und eine Spannweite wie ein Flugzeug gehabt und seien von einem Heiligenschein umgeben gewesen.« Es ist unverkennbar dieselbe Geschichte wie die der russischen Astronauten, aber in einer anderen Verpackung.

Eine Zeitungsente also, aber warum? Das Seltsame

an dieser Geschichte ist nämlich, daß sie zirkuliert. Auch wenn es in die Kategorie »Engel an der Autobahn« fällt, warum bringt der menschliche Geist so etwas hervor?

Der erste russische Astronaut sagte, er sei zwar im Himmel gewesen, sei dort aber Gott nicht begegnet. Sind die Weltraum-Engel eine Art naive Rache für diese Bemerkung? Wie schön wäre es, wenn es stimmte, und die drei Astronauten nach ihrer Rückkehr zur Erde dem ersten Raumfahrer hätten sagen können: »Nein, Gott haben wir nicht gesehen, aber einige Engel.«

Ein Engel von einem Flugzeug aus fotografiert, sieben riesige Engel aus einem Raumfahrzeug gesichtet und mit dem Hubble-Teleskop fotografiert – wo soll das hinführen? Wir haben sogar den Himmel in unser materialistisches Weltbild einverleibt.

Das Mysterium muß »wissenschaftlich bewiesen« und auf den Film gebannt werden, die Engel müssen »Flügel wie Jumbojets« haben.

Die Elfenwelt früherer Zeiten ist in ein mechanistisches Märchen verwandelt, in dem die Pferde, auf denen die Elfen ritten, durch »fliegende Untertassen« ersetzt sind, die Elfen selbst »Ufonauten« genannt werden und eindrucksvoll klingende Namen tragen, die andeuten, daß sie aus einem fernen Sternensystem zu uns gekommen sind, anstatt einfach Oberon oder Puck zu heißen.

Manchmal graut mir vor dieser Zeit, die ihr Gefühl für das Mysterium verloren hat und alles, was zum Mysteriösen hin tendiert, sofort in eine technische Vorstellung zu pressen versucht. Darum lasse ich diese teils humoristischen teils tragischen Geschichten sehr gerne hinter mir und teile Ihnen das Erlebnis einer Frau mit, die ungefähr vierzig Jahre alt war, als sie mir schrieb.

(19)

Bis zu ihrem fünfunddreißigsten Lebensjahr hatte sie ein Leben geführt, in dem materialistische Werte ihr Handeln bestimmten. Sie war ernsthaft von einem Virus infiziert, der in den siebziger Jahren dieses Jahrhunderts viele Menschen geistig krank machte. Der Virus hieß die »Gott-ist-tot-Theorie«. Offenbar war sie jedoch dabei, von ihrem Raupenstadium ins Schmetterlingstadium überzugehen, und erfuhr auf ihrem Weg viel Kummer. Langsam veränderte sich ihre rücksichtslose Einstellung, und ungefähr um die berühmte »Mitte des Lebens« herum fand sie Gott in ihrem Leben wieder. In dem Moment, in dem das passierte, stieg in ihr eine Erinnerung auf, die sie im Alter von sieben Jahren verloren hatte.

Die Erinnerung ging in die Zeit zurück, als sie drei war. Manche Menschen finden das seltsam, aber es ist sehr wohl möglich: Es gibt Menschen, die sich an Dinge aus dieser Zeit erinnern können.

Die Frau erzählt, sie habe im Bett gelegen und schon geschlafen, als sie plötzlich wach wurde, weil ihr Name zweimal gerufen wurde.

Dies ist ein wahrhaft biblisches Vorgehen. Als Abraham seinen Sohn Isaak opfern soll und dieser schon gefesselt bereit liegt, ruft ihn der Engel des Herrn zu sich und sagt: »Abraham, Abraham!« (Genesis 22, 11).

Wenn Samuel von Gott gerufen wird, dann lautet das: »Samuel, Samuel!« (1. Samuel 3, 10).

Der doppelte Ruf ist ein Kennzeichen für die Wahrheit. Diese Frau berichtet, daß ein Mann neben ihrem Bett stand. Sie wußte nicht, ob er jung war oder mittleren Alters. Sein Gesicht war glatt, aber nicht jung, seine Haare lockig und grau. Er trug ein hellgraues Gewand mit weiten Ärmeln aus einem Stoff, den das Mädchen später als Leinen kennenlernen sollte. Er stand rechts neben ihrem Bett, aber sah sie nicht an. Sie folgte der Richtung seines Blickes, und auf einmal befand sie sich *in* einem Sternenhimmel. Ein silbernes Band, so dick wie das Seil, auf dem sie im Zirkus tanzen, lief rechts von ihr schräg nach oben. Der Mann nahm sie auf seine Schultern und lief auf dem Seil nach oben; wo es zu Ende war, wußte sie nicht.

Soweit der Bericht.

Diese Erzählung bestätigt bestimmte Hinweise darauf, daß der Mensch nachts seinen Körper verläßt und von Engeln in andere Sphären gebracht wird. Das silberne Seil kommt in der Bibel vor (Prediger 12, 6), wenn erzählt wird, daß es beim Tode losgemacht wird. Genauso wie die Nabelschnur uns mit dem Körper der Mutter verbindet, so verbindet die Silberschnur unseren sterblichen Teil, unseren Körper, mit unserem unsterblichen Teil, unserer Seele.

Was dieses Mädchen sah, ist eine Realität, die jedem Kind nachts begegnet. Ob es auch jedem Erwachsenen passiert, bezweifle ich. Ich glaube nicht, daß jeder nachts nach oben getragen wird. Der Bestimmungsort hängt ab vom Leben am Tage.

Es fällt übrigens auf, daß der Weg über das Seil nach oben führt, als sie sich im Sternenhimmel befindet. Dies ist vielsagend und zugleich auch eine Antwort auf die unechten Engel der Astronauten.

Der Sternenhimmel, den wir sehen, gehört zum materiellen Kosmos, und den sollte man deshalb auch noch »Erde« im Sinne der Genesis nennen dürfen (»Am Anfang schuf Gott Himmel und Erde«). Erst hinter dem Sternenhimmel fängt Gottes Himmel an. Ich meine nicht, daß er weiter entfernt ist als der Sternenhimmel, in dem Sinne wie etwa hundert Trillionen Lichtjahre weiter entfernt sind als eine Milliarde Lichtjahre. Es ist in dem Sinne des »völlig anderen« gemeint. Der erste russische Astronaut hatte recht, als er sagte, daß er Gott nirgends gesehen habe. Er befand sich innerlich an der falschen Stelle. Zwar schwebte er über der Erde im Weltraum, in Wirklichkeit war er aber noch immer auf der »Erde«, und das wäre er auch gewesen, wenn er zu einem Stern im Sternbild Schwan geflogen wäre.

Ich muß jetzt ein Geständnis ablegen.

Zur besseren Lesbarkeit habe ich den Brief dieser Frau etwas verändert. In Wirklichkeit beschreibt sie das, was ich *hintereinander* dargestellt habe, als ob es Szenen wären, die alle gleichzeitig abliefen. Genauso wie der Mann neben ihrem Bett zeitlos war, so war auch das Erlebnis zeitlos. Der doppelte Ruf ihres Namens spiegelte sich in der Einheit von Vergangenheit und Zukunft, in einem zeitlosen Jetzt, wider.

Eine derartige Geschichte klingt gut. Sie steht besser da als alle Engelfotos zusammen, gerade weil sie ungreifbarer und subjektiver ist. Es ist mehr von dem Mysterium darin enthalten geblieben, wie sich das für eine echte Engelerfahrung gehört.

Es ist wichtig, das Leben dieser Frau, so wie sie es aufgeschrieben hat, noch etwas eingehender zu betrachten.

Man kann es deutlich in drei Phasen einteilen.

1. Vom dritten bis zum siebten Lebensjahr ist sie ein Kind mit tiefem religiösen Bewußtsein. Als Kind fühlt sie sich auch innerlich sehr stark.
2. Es folgt ein Zustand von Chaos und Sich-verloren-fühlen vom siebten bis zum fünfunddreißigsten Lebensjahr (die sogenannte Lebensmitte). In dieser Zeit ist die große zentrale Erinnerung an den Engel, der sie mitnahm, die die frühe Jugend in helles Licht getaucht hatte, völlig verschwunden.
3. Nach einer leidvollen Übergangsphase erfährt sie ein beinahe mystisches Gefühl der Einheit mit Gott. Aber wo die kindliche Verbundenheit noch

selbstverständlich war, ist diese jetzt bewußt, wie durch ein Feuer geläutert. Und sie stellt sie jeden Tag aufs neue vor Entscheidungen.

Die Frau schließt ihren Brief mit den Worten: »Findet die Auster Gefallen an ihrer eigenen Perle? Es ist die Sonne, die ihr Glanz verleiht.« Das ist ein brillianter Schluß. Perlen sind aus einem Stückchen Leid in der Auster entstanden. Sie sind die kostbaren Tränen des Meeres. Leid ist sinnvoll, wenn der Mensch lernt, nicht in Verzweiflung »warum«, sondern im Vertrauen »wozu« zu rufen. Dies ist nämlich die richtige Übersetzung von Jesu Worten am Kreuz. »Mein Gott, mein Gott, *wozu* hast du mich verlassen?« »Warum« blickt zurück, »wozu« führt in die Zukunft und kann sogar dem schwersten Leiden Sinn geben.

Man kann sich fragen: Wozu *zuerst* die große Erfahrung und danach eine Periode von Verirrung.

Die Juden geben eine sehr typische Antwort darauf. Sie sagen, wenn die Verbannung nicht wäre, könnte der Mensch die Freude des Nachhausekommens nicht genießen.

Das Nachhausekommen ist eine solche Freude, daß sich die vorangegangene Verbannung gelohnt hat.

Wenn man sich diese Geschichte genau ansieht, dann erscheint es, als ob Gott diese Frau zunächst ordentlich festbindet, so wie ein Bergsteiger angeseilt ist, und dann die Reise antreten läßt, wohl wissend, daß, wenn sie fällt, der Sturz vielleicht tief sein kann, aber nicht tödlich.

Psalm 145, 14 lautet: »Der Herr hält alle, die da fallen.« Mit anderen Worten: erst wird der Haltepunkt gut befestigt, genauso wie ein Bergsteiger seinen Haken in den Felsen schlägt, und dann erst macht sich der Mensch auf seinen Weg, so daß ihn, wenn er fällt, die Rettungsleine hält.

Gerade weil auf die Engelerfahrungen eine Zeit der Finsternis folgt, bevor das Licht wieder durchbricht, gehört die Geschichte dieser Frau zu den wahren Engelerfahrungen. Hätte der Engel süß gelächelt wie bei den Astronauten, woraufhin sie dann noch lange und glücklich gelebt hätte, dann wäre ihr Brief von mir nicht mit der roten Aufschrift »Echte Engel« versehen worden.

3. Engel im und ums Haus

Im folgenden Kapitel kommen eine Anzahl verschiedener Dinge zur Sprache. Ein wichtiger Teil unserer Zeit spielt sich in unserem Haus ab. Wir werden dort geboren. Wir schlafen dort. Wir wachsen als Kinder darin auf. Hier nehmen wir unsere Mahlzeiten ein und genießen unsere Freizeit. Hier erleben wir Freude und Liebe, durchleben unsere Krankheiten und unsere Verzweiflungen. Schließlich sterben wir in unserem Haus, wenigstens wenn wir das Glück haben, dem Krankenhaus zu entgehen.

Mit dem Wort »zu Hause« verbinden wir deshalb etwas ganz Besonderes, das mit nichts anderem zu vergleichen ist. Es kommt nicht von ungefähr, daß zum Himmel Auffahren oft mit Nachhausekommen verglichen wird. Deshalb ist es kein Wunder, daß viele Engelgeschichten sich im Haus oder in seiner Nähe abspielen. Engel bleiben gerne in einem guten Haus. »Gastfrei zu sein vergeßt nicht; denn dadurch haben einige ohne ihr Wissen Engel beherbergt« (Hebräer 13, 2).

Nun folgen zuerst einige Beispiele von Engeln, die jemandem »einfach so« begegnet sind. Man hat das Gefühl, daß sie sich in dem Haus, in dem sie sind, wohlfühlen und sich dann eben kurz sehen lassen.

Engel, die »einfach so« erscheinen

(20)
Stellen Sie sich einen schönen Sommermorgen vor.
Diese Geschichte ereignete sich kurz vor Sonnenaufgang. Eine Frau schlief in ihrem Schlafzimmer, ein
Fenster nach Osten stand offen. Plötzlich wurde sie
von einem Geräusch geweckt, das so klang, als würde
eine Eierschale zerbrechen; sie bekam den Eindruck,
jemand sei anwesend. Sie öffnete die Augen und sah auf
der Fensterbank eine menschliche Gestalt mit hochge-
zogenen Knien sitzen. Die Gestalt war mit einem wallenden Gewand bekleidet, das die Füße bedeckte. Die
Frau sah dieses Wesen dunkel gegen den schnell heller
werdenden östlichen Himmel. Es hatte zwei Flügel, die
sich gegen den Hintergrund weiß abhoben. Bemerkenswert war, daß von den Flügeln einzelne weiße
Saiten herabhingen. Es wurde sogar eine Saite ange-
schlagen, und ein Ton erklang.

Sofort kam eine unbeschreibliche Freude in ihr auf.
Die Freude blieb nicht gleich, sondern nahm schnell
zu, bis sie fast unerträglich wurde. Die Frau verglich
das mit Schmerzen, die auch die Grenzen des Erträgli-
chen überschreiten und unerträglich werden können.
Sie hatte jetzt das Gefühl, daß sie zerspringen müßte,
wenn die Freude noch größer würde, und sagte innerlich zu sich selbst: »Nein!« Freude erfüllte sie bis in
den letzten Winkel ihres Wesens und nahm so vollständig von ihr Besitz, daß sie sich buchstäblich mit
Händen und Füßen am Dasein festklammern mußte.

Sie wußte nicht, ob sie sich eine Sekunde oder eine
halbe Stunde in dem Zustand befunden hatte, aber mit
dem ersten Sonnenstrahl war alles verschwunden,
schneller, als wenn etwas weggeblasen wird.

Eine lustige Folge dieser Erfahrung war, daß ihr
Mann ein paar Tage später erstaunt zu ihr sagte: »Was

guckst du denn die ganze Zeit so verliebt, was ist mit dir los?«

Darauf konnte sie nicht antworten. Sie hätte doch wohl kaum sagen können: »Ja, ich habe mich in einen Engel verliebt!« Dann hätte er sofort den Arzt gerufen. Sie hatte diese Geschichte niemandem erzählt, bis sie mein Buch über Engel gelesen und beschlossen hatte, mir zu schreiben. Engel werden oft mit Harfen abgebildet, aber in diesem Fall scheint es, als ob der Engel selbst ein Musikinstrument gewesen sei. Die zerbrechende Eierschale ist sehr aufschlußreich. Die sichtbare Schöpfung wird manchmal auch mit einem Ei verglichen. Innerhalb der Schale ist alles, was wir mit unseren Sinnen wahrnehmen, von der kleinsten Ameise bis zu dem unvorstellbar großen Milchstraßensystem. Die Schale ist die Grenze, die Gott an den Anfang der Schöpfung gestellt hat. Dank dieser Grenze gibt er uns die Chance, uns in Freiheit zu entwickeln.

Außerhalb des Eis ist die andere Welt, sind die Himmel von Gott und den Himmelbewohnern. Noch einmal – ich sagte es bereits –, sie sind nicht weiter weg als das Milchstraßensystem, aber von uns durch eine unsichtbare Wand getrennt. Kam der Engel nun »einfach so«?

Vor diesem Erlebnis geschah etwas sehr Bemerkenswertes. Zwei Jahre vorher war die Frau in Rom. Während der Besichtigung einer Kirche stand sie zufällig neben einer Reisegruppe aus Indien. Als der Führer gerade etwas erklärte, winkte ihr ein etwa sechsjähriger Junge zu. Sie beugte sich zu ihm hinunter, und er legte seine beiden Händchen auf ihre Stirn, sagte etwas und sah sie dabei ernst an.

Sie fragte seinen Vater, was er gesagt hätte, und der antwortete auf Englisch: »Er betet für Ihr Glück.« Auf ihre verwunderte Frage, weshalb er das gerade für sie

76

täte, gab der Vater keine Antwort, sondern wandte sich seiner Frau zu und sagte etwas in ihrer eigenen Sprache zu ihr. Die Mutter des Kindes machte daraufhin eine tiefe Verbeugung vor ihr. Dann nahm der Vater das Kind hoch, und die Familie ging weg; aber solange der kleine Junge sie sehen konnte, hielt er seine Hände segnend nach ihr ausgestreckt.

Sie selbst stellt eine Verbindung her zwischen dem Jungen, der für sie Glück erbat, und der Engelerfahrung zwei Jahre später. Wie schön es ist, von einem Kind gesegnet zu werden! Sehen ihre Engel im Himmel nicht allezeit das Angesicht des Vaters im Himmel? (Matthäus 18, 10).

Das Besondere an dem Brief dieser Frau ist, daß sie ausführlich beschreibt, wie die Engelerfahrung sich in ihrem weiteren Leben ausgewirkt hat. »Von der Zeit an«, schreibt sie, »ist mein Leben in zwei Teile zerrissen.« Sie ist es leid, Besuche zu machen, weil sie das alberne Geschwätz nicht mehr ertragen kann. Sie empfindet den Umgang mit Menschen meistens als leer und hört gewissermaßen mit ihrem geistigen Ohr die »Dinge hinter den Dingen«.

Sehr lustig ist ihre Aussage: »Wenn ich das Geschwätz der Menschen höre, dann denke ich, daß der Lärm eines Spatzenschwarms in einem Gebüsch mehr Sinn hat.« Ja, für denjenigen, für den die Eierschale bricht, kann das Leben nie mehr dasselbe sein. Es wäre sehr interessant, von viel mehr Menschen zu erfahren, wie sich die Engelerfahrung schließlich bei ihnen ausgewirkt hat. Es geht nicht um die Erscheinung als solche, sondern um das, was in der menschlichen Seele erweckt wird. Ich werde am Ende dieses Buches den ersten Versuch einer solchen Auswertung unternehmen. Aus verschiedenen Gründen ist auch das folgende Ereignis der Mühe wert, mitgeteilt zu werden.

(21)

Eine Frau mittleren Alters wurde eines Morgens zu der
für sie üblichen Zeit wach, und zu ihrem großen Erstaunen schwebte ein Engel über ihrem Bett. Sie war so
verwundert, daß sie immer wieder ausrief: »Ein Engel,
ein echter Engel, mein Schutzengel!« Sie beschreibt
diese Erscheinung sehr genau: Er war zwischen 1,70
und 1,80 Meter groß und hatte blondes Haar, das –
obwohl er in der Horizontalen schwebte – nicht vor
sein Gesicht fiel. Er trug ein langes, weißes Gewand,
das auch seine Füße bedeckte und das keine scharfe
Begrenzung aufwies, mehr jedoch, als das bei Wolken
der Fall ist, die auch keinen scharfen Rand haben. Er
hatte eine prachtvolle, hellblaue, circa zwanzig Zenti-
meter breite Schärpe um und hielt die Arme über der
Brust gekreuzt. Als die Frau ihm direkt ins Gesicht
schauen wollte, wandte er seinen Kopf etwas von ihr
ab. Nach etwa zehn Minuten machte er eine kleine
Bewegung mit seinem Ellenbogen und war verschwunden; aber im Schlafzimmer blieb ein herrlicher Rosenduft zurück, der sich viele Stunden hielt. Die Frau war
von einem tiefen Glücksgefühl erfüllt. In dieser Geschichte müssen Sie einigen Dingen besondere Aufmerksamkeit schenken.

– Der Engel hatte bedeckte Füße.
  Dies ist charakteristisch für viele Engelberichte. In
  Jesaja 6, 2 haben die Seraphim bedeckte Füße.
– Die Beobachtung der Frau, daß der Engel in der
  Horizontalen schwebte, sein Haar aber nicht vor
  sein Gesicht fiel.
  In der Welt der Engel gilt unsere Schwerkraft nicht.
– Die himmelblaue Schärpe: In Exodus 28 wird die
  Priesterkleidung beschrieben. Der normale Priester
  trug ein völlig weißes Gewand, aber sein Gürtel war
  dreifarbig, und eine der Farben war himmelblau.

78

Der Engel war also fast so angezogen wie ein gewöhnlicher Priester aus dem Alten Testament. Der Hohepriester war anders gekleidet. Er trug zum Beispiel einen himmelblauen Mantel, am Saum mit goldenen Glöckchen und Granatäpfeln verziert. Vielleicht zeigt die Kleidung dieses Engels, daß wir es mit einem »normalen« Engel zu tun haben, der niedrigsten Stufe auf der Leiter der neun Hierarchien.

– Sehr typisch ist schließlich der zurückgebliebene Rosenduft. Diesem Faktum begegnen wir des öfteren nach einer Engelerfahrung.

(22)
Die dritte Geschichte ist von einer Frau, die zwei Wochen, bevor sie mir schrieb, in ihrem Garten arbeitete. Es war der 29. August 1988 um halb fünf Uhr nachmittags, und die Sonne schien hell.

Plötzlich hatte sie das Gefühl, jemand stehe hinter ihr. Sie schaute sich um und sah jemanden ungefähr einen Meter von sich entfernt stehen. Sie wurde sofort vollkommen von dem eindringlichen Blick dieser Erscheinung in Beschlag genommen. Die Gestalt war in eine Art glänzendes weißes Gewand gekleidet und war sehr groß. Die Frau wußte nicht, wie lange dieser Moment angedauert hatte, aber plötzlich war die Gestalt weg. Sie sah jedoch noch eine ganze Zeit lang, wohin sie auch schaute, diese außergewöhnlichen Augen vor sich.

Auch dies letzte ist ein Kennzeichen, das für die Echtheit der Erfahrung spricht. Einem Kollegen von mir ist bei einer Wanderung in einer Schneelandschaft dasselbe passiert, und er sagte nicht viel mehr als: »Dieser Blick . . . dieser Blick . . .!«

(23)

Eine achtundachtzigjährige Frau schreibt mir folgende
Geschichte: In der Nacht vom 2. auf den 3. Januar 1989
schlief sie ruhig, bis sie plötzlich hellwach wurde. Sie
schaute verwundert hoch, drehte ihren Kopf nach
rechts, wo sich ihr Badezimmer befindet, und sah dort
einen jungen, ungefähr fünfundzwanzigjährigen Mann
stehen. Er stand nicht weiter als etwa einen Meter von
ihrem Bett entfernt. Sein Gesicht war auffallend schön,
und er war hellblau gekleidet. Sein Haar war dunkel
und kurz. Er sagte nichts, machte aber mit seiner Hand
eine beruhigende Bewegung. Das Zimmer war in sehr
schönes, strahlend weißes Licht getaucht. (»Nicht gelb
wie mein eigenes Licht.« schreibt sie dazu.) Von diesem Licht ging ein großer Frieden aus. Es dauerte
ungefähr drei bis vier Minuten, und dann waren das
Licht und der junge Mann auf einmal weg. Die Frau
war ganz sicher hellwach und träumte nicht.

In diesem Jahrhundert der Jugendverherrlichung
sind wir – im Gegensatz zu früheren, von mehr Bildung
zeugenden Jahrhunderten – nicht mehr geneigt, alte
Menschen ernst zu nehmen. So 'ne komische Alte,
nachts allein . . .

Darum füge ich dieser Geschichte eine rührende
Bestätigung bei, zum Beweis, daß wir es mit einem
wahren Ereignis zu tun haben. Am Sonntag nach dieser
Erfahrung wurde die Briefschreiberin achtundachtzig
und bekam von ihrer Tochter ein Buch geschenkt. Es
war ein Buch der Herrnhuter mit einem passenden
Text für jeden Tag des Jahres. Als ihre Tochter weg war,
schlug sie den Text für den dritten Januar auf und las:
»Der Herr wird Euch seinen Engel schicken und Euch
den Weg ebnen.« In großer Einfachheit fügte sie
hinzu: »Was soll das jetzt bedeuten? Ich bin doch nur
ein gewöhnlicher Mensch.« Die Folge dieser Erfahrung für ihr Leben ist, daß sie seitdem ein herrliches

Glücksgefühl empfindet und daß ihr Glaube gefestigt ist. Sie hat trotz ihrer etwas steifen rechten Hand diese schöne Geschichte mühsam für mich zu Papier gebracht, und ich bin ihr dankbar dafür. Vielleicht war sie ein gewöhnlicher Mensch, aber als sie mir die Geschichte schrieb, war sie das nicht mehr. Am Ende ihres Lebens begann der Schmetterling aus dem Kokon zu kriechen. Im Himmel gibt es keine gewöhnlichen Menschen, nur besondere, genauso wie für Eltern, die mehrere Kinder haben, jedes Kind in ihren Augen einzigartig und besonders ist.

Der genau auf das Ereignis vom dritten Januar passende Bibeltext ist für einen Skeptiker natürlich kein Beweis. »Das sagt noch gar nichts«, wird seine Meinung sein. Wir müssen bedenken, daß es zwei Arten von Beweisen gibt. Die eine ist der naturwissenschaftliche Beweis. Dieser Beweis beruht auf Versuchsanordnung, Wiederholbarkeit und statistischer Wahrscheinlichkeit.

Es gibt jedoch noch eine andere Art von Beweis. Sie beruht auf dem, was wir für gewöhnlich Zufall nennen. Zwei Menschen treffen sich genau im richtigen Moment. Jemand steigt durch einen »Zufall« gerade nicht in das Flugzeug, das verunglückt. Ein eigenartiger Traum liefert die Lösung für ein Problem. Dies beweist, daß es im Leben so etwas wie Führung gibt und daß Gott doch nicht den Überblick verloren hat. Aber diese Art von Beweisen akzeptieren nur diejenigen, die Augen haben, um wirklich zu sehen.

Übrigens ist nicht alles Friede, Freude, Eierkuchen. Dieses Leben wurde in der Zeit, bevor die große Unterhaltungsindustrie zuschlug, oft ein Jammertal genannt, und hinter der Glitzerfassade der wirbelnden TV-Shows ist es das immer noch. Darum sprechen wir im folgenden Abschnitt über

Engel als Tröster

Einer der Namen des Heiligen Geistes ist »der Tröster«. Oft haben Engel mit Trost zu tun. 1968 passierte
folgendes:

(24)
Stellen Sie sich eine kalte Novembernacht mit Nieselregen vor. In der Ferne schlägt eine Kirchturmuhr die
Mitternachtsstunde, und eine Frau, die den Spätdienst
in einem großen Hotel gemacht hat, begibt sich durch
die dunklen Straßen einer Stadt im Süden der Niederlande auf den Heimweg.

Unterwegs kommt sie an einem Wirtshaus vorbei
und sieht dort das Moped ihres Mannes stehen. Sie
schaut durchs Fenster hinein und sieht ihren angetrun-
kenen Ehemann dort stehen. Er ist damit beschäftigt,
eine ziemlich aufgetakelte Dame zu umarmen. Wut-
entbrannt läuft sie hinein, tritt ihrem Ehemann und
der Dame vor das Schienbein und geht wieder hinaus.

Es klingt wie eine Tragikomödie, aber das liegt daran, daß wir die Geschichte aus der Distanz betrachten.
Wenn man sich vorstellt, daß die Frau die Mutter einer
Familie ist, die den ganzen Tag hart gearbeitet hat und
ihren Mann dann so vorfindet, sieht die Sache anders
aus. Dann wird es verständlich, daß sie, als sie im
Nieselregen weiter durch die dunkle Stadt ging, immer
trauriger wurde. Sie überlegte sich, daß sie von ihrem
Mann stets nur Grobheiten zu erdulden hatte und daß
er ihre Söhne gegen sie aufgehetzt hatte. Sie überlegte
sich, daß ihr Leben sich eigentlich nicht mehr lohnte.
Mitten auf einer einsamen Brücke über einer Gracht
blieb sie stehen und starrte traurig in das schwarze
Wasser unter sich. Sie nahm von allem Abschied und
sah ihr ganzes Leben an sich vorüberziehen. Aber
gerade, als sie springen wollte, stand da plötzlich

ein Mann. Es war eine markante Gestalt, 1,80 m groß, mit breiten Schultern und weißem, lockigem Haar. Sie konnte sein Gesicht nicht genau erkennen, weil es im Schatten blieb. Er war wie ein Priester gekleidet und trug ein Kreuz auf seinem Revers. Der Mann sprach sie an, aber sie sagte: »Hauen Sie bloß ab, oder ich schreie.« Er dachte jedoch nicht daran, wegzugehen und redete weiter auf sie ein. Er fragte sie, ob sie Kinder hätte, und sie fing an, ihm von ihren Jungen zu erzählen und wie sie hießen. Dann sagte der Mann etwas Sonderbares: »Ich weiß von Ihrem Kummer, aber denken Sie daran, daß Sie in erster Linie Mutter sind. Keine einzige Mutter hat das Recht, ihre Kinder vorsätzlich ohne Mutter zurückzulassen.« Sie versuchte jetzt zum ersten Mal, ihn richtig anzusehen, aber sein Gesicht war immer noch im Schatten. Wohl sah sie, daß er freundlich lachte, und dann sagte er: »Kommen Sie, ich begleite Sie noch ein wenig, durchs Licht.«

Ganz langsam verließen die beiden die Brücke, und als sie ein Stück gegangen waren, kamen sie zum Bahnhof. »So«, sagte der Mann. »Nun sind sie im Licht.« Und er machte Anstalten fortzugehen. »Darf ich Ihren Namen wissen«, fragte sie. »Ich will Ihnen noch einmal schreiben.« Er lachte nur und sagte: »Was tut ein Name zur Sache?« Dann verabschiedete er sich.

Sie ging nach rechts, er nach links auf den verlassenen Bahnhofsplatz. Nach zwei Schritten drehte sie sich noch einmal um, und der Mann war spurlos verschwunden. Er hatte sich in Luft aufgelöst. Die Ehe dieser Frau ging auseinander, aber sie selbst ist tief von der Gewißheit durchdrungen, daß Gott Liebe ist. Ich weiß nicht, ob Sie es bemerkt haben, aber in dieser Geschichte können wir eine interessante biblische Parallele sehen.

In Richter 13 lesen wir von einem Mann, Manoach

genannt, dessen Frau unfruchtbar ist. Dann erscheint ihr der Engel des Herrn. Er kündigt ihr die Geburt eines ganz besonderen Sohnes an, der Israel aus der Hand der Philister befreien soll. Das wird dann später der Richter Simson. Auch Manoach begegnet dem Engel und fragt: »Wie heißt du? Denn wir wollen dich ehren, wenn nun eintrifft, was du gesagt hast« (Richter 13, 17).

Der Engel antwortet: »Warum fragst du nach meinem Namen, der doch geheimnisvoll ist!« Engel Gottes haben zwar Namen, die meistens auf »el« auslauten, aber diese Beispiele zeigen, daß sie diese manchmal geheimhalten. Wollen sie auf diese Weise verhindern, daß die Verehrung, die ihrem König zukommt, auf sie übergeht?

Vielleicht fragt jemand: »Warum sah der Engel auf der Brücke wie ein römisch-katholischer Priester aus?« Die Erklärung scheint mir auf der Hand zu liegen. Genauso wie ein Engel einem Kind oft in Kindergestalt erscheint, um es zu beruhigen, so erschien er dieser gläubigen katholischen Frau als älterer Priester. Der Zweck einer solchen Begegnung ist Trost, und dazu mußte er sie erst beruhigen. Gott kleidet Seine Diener deshalb in passende Kleider, denn er geht äußerst vorsichtig mit Seinen Kindern um.

Engelgeschichten folgen, wie wir bereits früher sahen, bestimmten Mustern, und auch die gerade beschriebene Geschichte steht nicht alleine.

(25)
Eine verheiratete Frau, Mutter von drei Kindern, bekommt einen Anfall tiefer Verzweiflung. Depressionen sind gang und gäbe in unserer Zeit, die materiell betrachtet so wohlhabend ist, die aber den Menschen oft ein Gefühl der Sinnlosigkeit gibt.

Die Frau stieg eines Abends in Hausschuhen in

84

einen Zug nach Rotterdam. Dort angekommen ging
sie in einer Art Dämmerzustand zum Hafen und
schaute eine Zeitlang über die Maas. Sie spürte das
Verlangen in sich aufsteigen, zur gegenüberliegenden
Seite zu schwimmen und auf diese Weise praktisch
russisches Roulette zu spielen. Denn sie vereinbarte
folgendes mit sich selbst:

Würde sie ankommen, dann sollte sie weiterleben,
würde sie ertrinken, war es auch gut.

Plötzlich, ohne daß sie ihn auf der verlassenen Kaimauer hatte herankommen sehen, stand ein junger
Mann neben ihr, der sich mit seiner Hand durch die
Haare fuhr und sagte: »Das machen wir bestimmt
nicht. Komm, wir gehen einen Kaffee trinken.«

In der Nähe war eine Verladestelle für Container,
und daneben stand eine Imbißbude, die noch auf hatte.
Sie trank zwei Tassen Kaffee, und der Mann sagte zu
ihr: »Du wohnst in Den Haag, und dahin gehst du jetzt
zurück, Brigitte, das wird das Beste sein!«

Woher wußte der Mann das alles? Sie hatte ihm
weder ihren Namen noch ihren Wohnort genannt.

Sie verabschiedete sich von ihm und fuhr nach
Hause.

Später ging die Frau noch einmal an diese Stelle
zurück, die sich unauslöschlich in ihr Gedächtnis eingegraben hatte. Seltsamerweise war weit und breit
keine Imbißbude zu sehen. Sie fragte Hafenarbeiter,
wo die Imbißbude geblieben sei, aber die sahen sie
nur verwundert an und sagten, dort sei niemals eine
gewesen.

Kann ein Besucher aus dem Himmel eine komplette
Imbißbude aufbauen und dort mit seinem Schützling
Kaffee trinken gehen?

Warum nicht? Alles, was wir sehen, ist dadurch entstanden, daß der Schöpfer seine Gedanken aussprach.
Gott braucht nur an eine Imbißbude zu denken, und

schon steht sie da, und er braucht nur den Gedanken an eine Imbißbude wegzuwischen, und die Imbißbude ist weg, als ob sie dort nie gewesen wäre.

Die Schöpfung ist viel flexibler als wir, die wir alles festlegen wollen, denken. Gott hat nicht nur in der Vergangenheit die Welt erschaffen, er erschafft ständig Neues. Ich hoffe, daß ich mit dieser Bemerkung niemanden vor den Kopf stoße, aber ich habe da keinen geringeren als den Propheten Jesaja auf meiner Seite, der sagt: »Von nun an lasse ich dich Neues hören und Verborgenes, das du nicht wußtest. Jetzt ist es geschaffen und nicht vorzeiten, und vorher hast du nicht davon gehört ...« (Jesaja 48, 6-7).

Gott lebt nicht in einem zeitlichen Nacheinander, sondern in einem ewigen Jetzt, in dem sowohl Seine sechs Schöpfungsphasen als auch Sein Ruhetag ewig gegenwärtig sind. Nur für uns existiert die Aufeinanderfolge der Augenblicke.

Aus den beiden oben angeführten Geschichten erkennen wir, daß Engel außer als Botschafter und Retter auch als Tröster auftreten können, und wir brauchen nicht lange nach der biblischen Parallele zu suchen. In Genesis 21 sind Hagar, Abrahams zweite Frau, und Ismael, ihr Sohn, Stammvater der Araber, vom Verdursten bedroht, nachdem sie in die Wüste geschickt worden sind.

Hagar hat ihren Sohn ein Stückchen entfernt niedergelegt, weil sie das Leiden des Kindes nicht länger mit ansehen kann, und weint; Ismael weint auch. Dann kommt ein Engel aus dem Himmel, der voller Mitgefühl zu ihr spricht: »Was ist dir, Hagar? Fürchte dich nicht!« Erst tritt der Engel als Tröster in Erscheinung, danach gibt er ihr weitere Instruktionen und zeigt ihr eine Quelle.

Eine sehr schöne Geschichte von einer großen Tröstung ist auch die folgende:

(26)

Eine Frau hat ihre Mutter verloren, als sie erst anderthalb Jahre alt war. Man denkt manchmal, daß so etwas keine Folgen habe, wenn nur eine gute Ersatzmutter gefunden wird, schließlich erinnert man sich doch nicht mehr an sein zweites Lebensjahr?

So ist es aber nicht.

Ich habe miterlebt, daß Ewachsene plötzlich tiefe Trauer empfanden, die auf den Verlust eines oder beider Elternteile in ihrem ersten oder zweiten Lebensjahr zurückzuführen war. Sie waren also in einem Alter zu Waisen geworden, an das wir uns normalerweise nicht erinnern.

Die Frau, von der ich jetzt berichten werde, wuchs mit einem tiefen seelischen Schmerz in ihrem Herzen auf, und weil dieser Kummer in einer Zeit entstanden war, in der sie noch nicht sprechen konnte, konnte sie ihn nicht formulieren. Dieser Schmerz überschattete ihr ganzes Leben und nahm darüber hinaus noch ständig zu, weil nichts da war, was die Zunahme verhindert hätte. Nur bewußt durchlebter Kummer hat eine Möglichkeit, integriert zu werden.

Als sie zwanzig war, saß sie am ersten Weihnachtstag in einer Kirche mit schönen Fenstern in Glasmalerei, und wie so oft in ihrem Leben überkam sie dieses tiefe Gefühl von Heimweh. Es kam ihr sogar vor, als ob es stärker sei als sonst.

Da geschah etwas Sonderbares. Durch eines der bemalten Fenster kam ein großer Engel mit ausgebreiteten Flügeln auf sie zu. Der Engel hatte das Gesicht ihrer Mutter, so wie sie es von Fotos kannte. Dann passierte etwas, was die junge Frau nicht beschreiben konnte, weil es dafür keine irdischen Wörter gibt. Es war eine Art zärtliches Umfangen ihres ganzen Wesens. Es war, als ob sie im Himmel wäre. Der Engel verschwand wieder, aber seit dieser Zeit hat die Frau nie wieder Heimweh gehabt. Eine der rührendsten Passagen in ihrem Brief ist: »Ich bin ein ziemlich nüchterner Mensch. Es ist wirklich passiert!«

Sie stellt damit das Ereignis mitten in ihr tägliches Leben und macht es genauso wirklich wie die Begegnung mit einem Geliebten. Ich werde keine Spekulationen darüber anstellen, ob ihre Mutter ein Engel geworden ist oder ob der Engel das Gesicht ihrer Mutter angenommen hat. Das muß jeder selbst entscheiden.

Das Wichtigste ist, daß das Leben dieser Frau mit einem Schlag heil wurde.

Himmlischer Trost ist so wichtig, daß ich noch weitere Beispiele anführen möchte. Ich hoffe, viele bekümmerte Menschen werden dadurch gestärkt. Bedenken Sie auch, daß stets Trost zu uns herabfließt, auch wenn man keine Engel sieht.

(27)

Im Jahre 1952 besuchte in Deutschland im Bundesland Hessen eine junge zweiundzwanzigjährige Frau eine Bibelschule. Sie wollte Unterricht nehmen, damit sie zu Hause in ihrer Kirche besser mithelfen konnte. So wie es in ganz Europa geschah und noch geschieht, war auch diese Schule vom »wissenschaftlichen Bazillus« befallen. Das ist eine der besten Methoden, die erfunden wurden, um junge Leute von ihrem Glauben abzubringen. Unter anderem ging man an viele Fragen mit Hilfe der Bücher von Bultmann heran.

Über Pfingsten fuhren alle nach Hause Sie aber, die aus Niedersachsen kam, hatte kein Geld für die Reise.

Ihr Vater war im Krieg gefallen, und ihre Mutter war mit ihr – der ältesten Tochter – und ihren sechs Geschwistern vor der heranrückenden russischen Armee nach Westen geflüchtet. Es herrschte also große Not in ihrer Familie; nun saß sie mutterseelenallein in der leeren Bibelschule. Sie fühlte sich sehr verlassen und unglücklich. Am Samstag vor Pfingsten steigerte sich ihre bedrückte Stimmung zur Verzweiflung. Sie begann heftig daran zu zweifeln, ob sie wohl für ihren Beruf als Helferin bei der Kirchenarbeit taugen würde. Das Studium fiel ihr zwar leicht, aber sie hatte das deutliche Gefühl, daß das Wesentliche in den Lehrbüchern fehlte. Sie war plötzlich so durcheinander, daß sie nicht einmal mehr wußte, was Pfingsten bedeutete. Mit Schrecken malte sie sich aus, wie hilflos sie wäre, wenn Kinder oder junge Menschen sie nach der Bedeutung des Pfingstfestes fragen sollten.

An dem Abend bat die junge Frau inständig darum, die Bedeutung des Pfingstfestes zu verstehen. Sie hoffte, vielleicht Pfingstsonntag in der Kirche eine Predigt zu hören, die ihr eine Antwort geben könnte. Am Pfingstmorgen erwachte sie sehr früh. Da sah sie links am Fußende ihres Bettes einen prächtigen großen Engel. Er sah aus, als ob er völlig aus durchsichtigem Gold wäre. Er stand ganz still da mit in sich gekehrtem Blick und strahlte tiefen Frieden und unbeschreibliche Erhabenheit aus. Die Wände und die Decke des Schlafzimmers waren keine Hindernisse für ihn. Sein Kopf und sein Rücken reichten durch die Mauern hindurch.

Die Frau erschrak so fürchterlich, daß sie die Augen schloß. Als sie noch einmal vorsichtig durch die Lider spähte, stand der Engel noch genauso da. Schnell zog sie die Decke über ihren Kopf und dachte: »Mit meinem Verstand ist etwas nicht in Ordnung.« Dann schaute sie noch einmal vorsichtig über den Rand der Decke und sah, daß der Engel anfing zu verblassen und durchsichtig zu werden, so wie wenn langsam ein Licht ausgeht.

Sie fühlte sich völlig durcheinander und versuchte, sich selbst einzureden, es sei nur eine Sinnestäuschung gewesen. Ihr Herz sagte ihr aber deutlich, daß eine Täuschung nicht in der Lage wäre, sie so tief zu berühren.

Sie hat es niemals gewagt, jemandem aus der Bibelschule auch nur ein Wort davon zu sagen, weil sie davon überzeugt war, man werde sie für religiös überspannt halten, und daß in dieser Zeit, in der Bultmann großen Einfluß hatte, niemand Engel ernstnehmen würde. Es hat mehr als zwanzig Jahre gedauert, bis sie mit jemandem darüber reden konnte.

Ich kann diese vor Schreck unter die Decke flüchtende Frau so gut verstehen und finde sie so ergreifend, daß ich ihre Geschichte unbedingt in dieses Buch aufnehmen mußte.

Besonders auf zwei Dinge möchte ich hinweisen:

1. Das Gebet um ein Verstehen des Pfingstfestes, das derart erhört wird, daß sie keine wissenschaftliche Belehrung bekommt, sondern eine Erfahrung, die sie innerlich völlig aufwühlt.
2. Das Ringen zwischen ihrem Kopf (du bist verrückt) und ihrem Herzen (dies ist echt), bei dem glücklicherweise das Herz siegte.

» . . .nun hat mein Auge dich gesehen . . .«

Die Erscheinung des Engels war die Erklärung des Pfingstfests, nämlich ein Durchbruch des Himmels zu dieser finsteren Erde.

Wir wissen, daß Engel eine Rolle bei einem innerlichen Ringen im Gebet spielen können. Ein gutes Beispiel dafür im Christentum finden wir in Gethsemane, kurz bevor Jesus gefangen genommen wird. In großer Not betet er:

»Vater, willst Du, so nimm diesen Kelch von mir; doch nicht mein, sondern Dein Wille geschehe! Es erschien ihm aber ein Engel vom Himmel und stärkte ihn« (Lukas 22, 42-43).

90

Die folgende Geschichte spielt auch in Deutschland.

(28)
Die Frau, die dies erzählt, war damals siebenunddrei-
ßig Jahre alt. Im Jahre 1962 sollte sie nach langem
Warten zum ersten Mal in ihrer Ehe mit ihrem Mann
und ihren vier Kindern eine eigene Wohnung beziehen.

Die Familie freute sich wie verrückt, aber ziemlich
bald begann ihr Mann zu kränkeln. Dann kam der
schwere Tag, an dem sie vom Arzt erfuhr, daß ihr Mann
eine unheilbare Krankheit hatte. Sie fiel in tiefe Verzweiflung.

Als in der Nacht alle schliefen, stand sie auf, kniete
nieder und begann, inständig für das Überleben ihres
Mannes zu beten.

»Nein, nein«, rief sie leise aus. »Warum muß
dies geschehen, Vater im Himmel, laß dies nicht geschehen . . .«

Je länger sie betete, desto mehr kam sie zu der Einsicht, daß sie zu Gottes Wille ohne Vorbehalt »ja«
sagen mußte, selbst wenn beschlossen war, daß ihr
Mann sterben sollte. Diese Einsicht machte sie noch
trauriger, und sie setzte sich völlig niedergeschlagen an
den Tisch, den Kopf gesenkt, die Hände vorm Gesicht
und voller Angst. »Ja« sagen zum Verlust ihres Mannes? War das der Sinn der Sache?

Sie kämpfte mit dem Gedanken und konnte ihn
nicht akzeptieren. Sie war noch nicht soweit.

Völlig alleine saß sie da in tiefster Nacht.

Dann schaute sie auf und sah eine helle Gestalt vor
sich stehen. Sie dachte, es sei Jesus. Die Gestalt reichte
ihr die Hand und sagte: »Hab doch Vertrauen!«

Als die Frau es wagte, die ausgestreckte Hand zu
ergreifen, begann zusätzlich zu dem normalen Licht
ein unbeschreiblich helles Licht den Raum zu erfüllen,

das sie völlig einhüllte und ihr die Kraft gab, voll tiefer innerer Freude »ja«, bewußt »ja« zu dem zu sagen, was da kommen sollte. »Ja, Dein Wille geschehe«, sagte sie in tiefer Überzeugung.

Sie war unbeschreiblich erleichtert. Die Nacht war inzwischen vorüber, und sie begann in einer Art heiterer Ergebenheit, den Frühstückstisch festlich zu decken, als ob es ein Weihnachtsmorgen wäre.

Sie war so verändert, daß ihr Mann sie morgens fragte, was mit ihr los sei. Es war ihr nicht möglich, über das Ereignis zu sprechen, und sie sagte deshalb: »Du weißt, daß du heute ins Krankenhaus mußt, und deine Mutter kommt nachher, um bei uns zu sein. Ich will alles etwas festlich für sie machen, damit sie nicht zu traurig ist, weil du im Krankenhaus liegst.«

Dies war keine Notlüge. Eines der Dinge, mit denen die Frau in der Nacht in ihrem Gebet gerungen hatte, war die Frage, wie sie ihrer Schwiegermutter erzählen sollte, daß für ihren Sohn keine Hoffnung mehr bestand. Sie wußte jetzt, daß sie das nicht in einer Stimmung von Trauer, sondern von feierlicher Freude tun würde. Freude beim Sterben? Wenn ein guter Mensch stirbt, ist das, als ob jemand befördert würde. Von hier aus können wir das nicht so sehen, aber diese Frau hatte es in ihrer nächtlichen Erfahrung begriffen.

Es gibt eine Art himmlisches Prinzip, das bestimmt, daß wir empfangen, was wir anderen geben.

(29)

Das Folgende ist ein deutliches Beispiel für dieses Prinzip, bei dem auch der sanfte Druck eines Engels eine Rolle spielte: Ein mir sehr nahestehender Familienangehöriger hatte in einer ausländischen Stadt einen schweren Unfall. Er ist in seiner eigenen, ihm bekannten Umgebung ein wichtiger und geschätzter Mann, aber in dieser Stadt war er unbekannt, wurde von der Straße aufgehoben und lag dann in einem überfüllten und verdreckten Saal mit schlechter Versorgung. Er hatte große Schmerzen, war einsam und fing allmählich an zu verzweifeln, weil er nicht wußte, wie das alles weitergehen sollte.

Da wandte er sich in einem inständigen Gebet an Gott.

Eine Zeitlang verbrachte er mit seinem Schöpfer.

Nach dem Gebet schaute er still vor sich hin, als überraschend sein Arm ergriffen und sanft zu dem neben ihm liegenden todkranken Mann geführt wurde. Der Mann befand sich in noch größerer Not als er selbst. Obwohl niemand zu sehen war, der seinen Arm und seine Hand führte, wurde ihm zu verstehen gegeben, daß er den Nachbarn berühren und festhalten sollte. Auf diese Weise tröstete er den armen Kerl und vergaß gleichzeitig sich und sein Leid. Indem er dem anderen half, wurde beiden geholfen.

Dasselbe Prinzip himmlischer Ökonomie ist bei Menschen am Werk, die treu »den Zehnten« ihrer Einkünfte spenden (wie auch immer es in der Praxis gehandhabt wird) und merken, daß sie immer genug haben, um ihre Bedürfnisse zu befriedigen.

Ich habe übrigens einen amerikanischen Prediger erlebt, der das Prinzip umdrehte und so etwas sagte wie: »Willst du zu mehr Geld kommen, dann gib mir deinen Zehnten. Dann wird es genauso sein, als ob du Geld gesät hättest, und du wirst reichlich ernten.«

Das bedeutet Gutes tun, um selbst davon zu profitieren, und ein Mensch, der das tut, faltet seine Schmetterlingsflügel wieder zusammen, verpuppt sich und wird wieder zur Raupe. Das klingt schaurig, aber das gibt es auch. So ist das Prinzip jedoch sicher nicht gemeint.

Engel und Heilung

Rettung, Trost, Botschaften, Stärkung für das Kommende, all dies sind Taten, die mit Engeln verbunden werden. Oft findet es im Verborgenen statt: im Wohnzimmer, im Schlafzimmer oder im Garten, und selbst die nächste Umgebung hat nichts davon gemerkt.

Der Aspekt der Engelbegegnungen, den ich jetzt behandeln will, ist die Heilung. Ich tue das mit einer gewissen Scheu, denn die Literatur über Heilung durch Gottes Berührung ist groß. Dabei denke ich zum Beispiel an die Bücher von Kathryn Kuhlmann. Die Heilung durch den Heiligen Geist ist eines der wunderbarsten Ereignisse in der Medizin. Ich will hier einen Aspekt der himmlischen Heilungen hervorheben, nämlich die Fälle, bei denen Engel deutlich beteiligt waren. Ich hoffe, daß ich mich klar ausdrücke: Eine Heilung, bei der ein Engel zu sehen oder beteiligt ist, ist immer eine Heilung durch den Heiligen Geist. Der Engel ist eine Manifestation der Kraft Gottes, um unsere Krankheiten zu heilen, wenn das im Schöpfungsplan vorgesehen ist. Die Heilung kann auch direkt erfolgen, ohne daß wir Engel sehen. Nicht immer wird ein Gebet um Genesung erhört, wie wir bei der Frau sahen, die ihr neues Haus bezogen hatte, kurz bevor ihr Mann eine tödliche Krankheit bekam. Das ist bitter für denjenigen, der betet, und in vielen Fällen nicht zu begreifen. Jetzt werde ich dagegen eine Anzahl Beispiele anführen, bei denen die Menschen auf wunderbare Weise gesund wurden. Der erste Fall ist von doppeltem Interesse. Wir werden nicht nur eine Heilung beobachten, sondern auch Bekanntschaft mit einem bestimmten Schema machen, das in Engelbegegnungen häufiger vorkommt. Ich möchte es das Phänomen des »Engels in der Tür« nennen.

(30)

Was ich jetzt erzählen werde, spielt im Jahre 1970.

Es betrifft eine Frau von gerade vierzig Jahren, Mutter von drei Kindern. Sie ist zu früh in die Wechseljahre gekommen und fühlt sich elend. Sie ist körperlich krank, aber das schlimmste ist ihre tiefe Depression. Eigentlich wäre es ihr am liebsten, wenn das Leben vorbei wäre; aber da waren ja noch ihre drei Kinder, und der Gedanke an sie hielt sie zurück. Eines Nachts, als sie wach im Bett lag, überkam sie der Wunsch zu sterben so heftig, daß sie hoffte, noch diese Nacht sterben zu können. Doch plötzlich, völlig unerwartet, kam ein starker Wille in ihr auf, doch am Leben zu bleiben. Sie begann inständig zu beten, daß sie wieder gesund werden möge. Da lag sie also im Stockfinstern und betete mit Herz und Seele. Dann ging die Zimmertür einen Spaltbreit weit auf, und in der Öffnung stand eine riesige, leuchtende Gestalt. Sie kam mit ihrem Kopf bis an die Oberkante der Türöffnung. Während die Frau in größtem Erstaunen diese Gestalt ansah, strömten tiefe Ruhe und ein unbeschreiblicher Frieden in ihre Seele. Wie lang das dauerte, weiß sie nicht, aber als es vorbei war, schlief sie ein.

Am nächsten Morgen hatte sie das Gefühl, daß ihr Leben völlig verändert war, und in wenigen Wochen war sie körperlich und geistig vollständig gesund. Niemals ist seitdem der Wunsch zu sterben wieder in ihr aufgekommen.

(31)

Um dem Leser einen weiteren Eindruck von derartigen Erlebnissen zu vermitteln, folgt hier noch ein Beispiel. Es betrifft eine siebenundzwanzigjährige deutsche Frau, verheiratet und Mutter von zwei Kindern. Das Ereignis spielte sich im Jahre 1960 ab.

Sie litt bereits einige Zeit an einer schweren Depression. Ob es sich hier um eine postnatale Depression handelte, geht aus dem Brief nicht hervor, aber nach den Symptomen zu urteilen, vermute ich es. Die meisten Menschen haben sicher von dieser ernsten Erkrankung gehört, die Frauen, die gerade entbunden haben, bekommen können und die in ihrer schwersten Form eine Gefahr für die Mutter und das Kind darstellen kann. Manchmal schlägt die Erkrankung erst einige Wochen nach der Geburt zu, aber sie kann auch akut auftreten. So geschah es einem Kollegen von mir, daß die Krankheit ausbrach, als er gerade dabei war, die Nabelschnur des Kindes abzubinden. Die Kindsmutter war plötzlich verwirrt und wurde so aggressiv, daß sie ihm die Brille von der Nase schlug.

Die deutsche Frau, von der ich erzähle, fühlte sich – wie sie selbst sagt – »total versteinert«. Sie fühlte sich vollkommen einsam und verlassen, so wie sich nur ein Patient mit einer tiefen Depression fühlen kann.

In der Zeit, in der das folgende Ereignis sich abspielte, lag ihr Mann im Krankenhaus und wartete auf eine Operation. Eines Tages ging sie ihn besuchen, öffnete die Tür zu seinem Zimmer und sah dicht vor sich in der Türöffnung einen gewaltigen Engel stehen, der sie mit unbeschreiblicher Intensität und Aufmerksamkeit anschaute. Seine Ausstrahlung war so überwältigend, daß sie das Gefühl bekam, ein schweres Gewicht drücke sie nieder, so daß sie sich fast gezwungen fühlte, niederzuknien. Sie widersetzte sich dem jedoch und blieb stehen. Dann löste sich die Erscheinung auf, und sie sah ihren Mann im Bett liegen, neben ihm am Bett die Anästhesistin, die die bevorstehende Operation mit ihm durchsprach. Die Frau war verwirrt und erschrocken und merkte sofort, daß die anderen nichts gesehen hatten. Wochenlang war sie aufgrund dieses Ereignisses fast sprachlos und behielt diese Geschichte dann vierundzwanzig Jahre für sich.

Bevor ich weiter von ihr berichte, will ich kurz anmerken, daß Depressionen wie die ihre nicht mit Halluzinationen einhergehen. Die Frau war nicht auf der Stelle geheilt; die Engelbegegnung war aber der Wendepunkt, und sie konnte sehr deutlich erkennen, daß das Erlebnis genau in den Genesungsprozeß ihrer bereits lang anhaltenden Depression paßte.

Wir sehen damit erneut die bemerkenswerte Verflechtung der Engelbegegnung mit dem Weg, den der Mensch in seinem Leben zurücklegt. Die »Versteinerung«, über die diese Frau spricht – eigentlich ein besserer Ausdruck als unser Wort »Depression« – war möglicherweise das Verpuppungsstadium ihrer Seele. Die Begegnung mit dem Engel stellte dann den Augenblick dar, in dem der Kokon aufzubrechen begann und der Schmetterling gerade im Begriff war, herauszukriechen. Der Engel verursachte durch seine enorme Ausstrahlung einen Riß in ihrem Kokon. In den darauffolgenden Monaten kamen dann allmählich die noch feuchten, ungeschickten, aber echten Flügel ihrer Seele zum Vorschein.

Beachten Sie übrigens, daß der Engel nichts »tat«. Er stand nur da und schaute. Er war wie der Zen-Meister, der genau im richtigen Moment den Stoß gibt, durch den das steinerne Gefängnis aufbricht. Dies sind nur zwei der vielen Beispiele, die ich anführen könnte, in denen ein Engel durch eine halb geöffnete Tür gesehen wird. Die konkrete Tür zum (Schlaf)Zimmer dient als Symbol für die geheimnisvolle Tür zur anderen Welt, über die Johannes in dem Buch Offenbarung schreibt:

»Danach sah ich, und siehe, eine Tür war aufgetan im Himmel« (Offenbarung 4, 1).

Zwischen dieser und den mehr geistlichen Welten befinden sich Maschen im Netz. Durch die Maschen hindurch findet ein lebhafter Austausch statt. Meistens merken wir das nicht, aber ab und zu wird es auf einmal sichtbar, und wir werden von der Schönheit und Erhabenheit überwältigt, die hinter der Schwelle liegen.

(32)

Das dritte Beispiel für eine erstaunliche Genesung handelt von einer Frau, die bereits jahrelang von den schrecklichsten Alpträumen geplagt wurde. Jeder, der daran einmal gelitten hat, weiß, wie schlimm das sein kann. Lähmende Angst, die Unmöglichkeit zu entkommen, kalter Schweiß, Herzklopfen . . . Viele Menschen, die im Krieg entsetzliche Erfahrungen gemacht haben, werden sie nie mehr los.

Diese Frau wurde eines Nachts von Rufen geweckt. Sie schaute sich im Zimmer um und sah links am Bett jemanden stehen. Sie erschrak und weckte ihren Mann, der aber nichts sah. Obwohl es im Zimmer dunkel war, sah sie gut. Sie beschrieb diese Erscheinung so:

Er war sehr groß und schön, vor allem seine wunderschön geformten Hände fielen ihr auf. Er hatte einen purpurnen Mantel an und eine Schärpe in Orange, Violett und Rosa über der Brust. Er trug eine merkwürdige Kopfbedeckung. Sie war dreieckig und tiefblau. Der Engel strahlte eine andächtige Ruhe aus, die den Schrecken der Frau völlig verschwinden ließ.

Dann begann er zu ihr zu sprechen, aber ohne Worte. Sie wußte einfach, was er sagte. Das fand sie sehr merkwürdig. Er erzählte ihr, daß er über sie wachte und sie nie mehr Angst zu haben brauchte, weil die Dämonen nicht wiederkommen würden.

Daraufhin sagte er: »Schlaf jetzt«, und sofort fiel die Frau in Schlaf, wie es ein kleines Kind tun kann. Als sie mir schrieb, lag dies alles fünf Jahre zurück, die Alpträume waren nie mehr aufgetreten.

Es gibt in diesem Brief einige Besonderheiten, die hervorgehoben werden sollen.

98

Da ist zuerst die Tatsache, daß die Briefschreiberin konsequent das Wort »Alpträume« in Anführungszeichen setzt. Es ist, als ob sie anzeigen möchte, daß es damit mehr auf sich habe.

Einige Male habe ich in meinem Sprechzimmer Klagen über alptraumartige Phänomene angehört, die sich bei näherem Hinsehen doch als etwas anderes erwiesen.

Ich denke an Widerstandskämpfer aus meiner Praxis, die im Krieg Menschen liquidieren mußten und die nachts von ihren Opfern angegriffen wurden.

Ich denke an ein Mädchen mit einem spiritistischen Hintergrund, das nachts von einem schwarzen Mann sexuell mißbraucht wurde. Es glich zwar einem Alptraum, aber als jemand bei ihr wachte, hörte der Wächter mitten in der Nacht Fußstapfen die Treppe hochkommen. Die Zimmertür öffnete sich sehr langsam, und das, obwohl niemand im Haus war außer diesem Mädchen und demjenigen, der wachte.

Ich erwähne nur diese wenigen von zahlreichen vergleichbaren Fällen. Wir haben es da nicht mit echten Alpträumen zu tun, sondern mit Formen von Besessenheit. Bei diesen Menschen geht ab und zu, aus welchen Gründen auch immer, die Tür zur Unterwelt auf, und da schlüpfen dann Dämonen hindurch. Es existieren nicht nur Engel, Dämonen gibt es leider auch.

Der Engel, der diese Frau von ihren »Alpträumen« heilte, stellte deshalb die richtige Diagnose. Er verschwendete keine Zeit damit, über Alpträume zu reden, sondern stellte sachlich fest, daß es Dämonen waren, und versiegelte dann die Tür zur Unterwelt.

Wodurch bei ihr die Kellerluke zur Unterwelt einen Spalt breit geöffnet war, weiß ich nicht. Spiritismus in der Familie kann die Ursache sein, dadurch entsteht eine schwache Stelle in der Seele. Aber auch ein schwerer Schock, wie ein Bombeneinschlag oder ein unerwarteter tiefer Sturz, kann zu einem solchen Riß in der Seele führen.

Das zweite, was ich analysieren möchte, betrifft die Kleidung des Engels. Ich kann in diesem Buch nicht näher darauf eingehen, aber einige Engelerscheinungen sehen nicht umsonst so schön herausgeputzt aus. In unserer Zeit finden wir feierliche Kleidung ein bißchen lächerlich, kindisch. Es ist die Zeit des Overall, des schlecht sitzenden Anzugs, der Freizeitkleidung, der Sportkleidung. Das sagt übrigens nichts über den Menschen, der diese Kleidung trägt. »Kleider machen Leute« ist ein törichtes Sprichwort. Man sollte besser sagen, daß Kleider einen Menschen bedecken und oft auch verbergen.

In den himmlischen Gefilden dagegen weist jedes Kleidungsstück auf eine bestimmte Eigenschaft hin. Friedrich Weinreb hat dem einmal einen ganzen Kurs gewidmet, in dem er erzählte, wie das, was in der Bibel als Priesterkleidung beschrieben wird, in Wirklichkeit mit Eigenschaften zu tun hat, die der Mensch in diesem Leben entwickelte.

Die dreifarbige Schärpe, die der oben erwähnte Engel trug, ist auch bei der Priesterkleidung – wenn auch in etwas anderen Farben – bekannt. Aus der genauen Farbbeschreibung der Bekleidung des Engels können wir also Schlüsse auf seinen Charakter ziehen.

Ich werde mich hier auf die Farben beschränken.

Ein purpurner Mantel. Purpur ist . . . Violett und Rot.

Schärpe in Orange, Rosa und Violett . . .

Dreispitz in Indigo. Indigo ist . . . sehr intensives blau.

Wenn wir das nebeneinander aufzählen, sehen wir, daß eine deutliche Tendenz der Farben nach blau vorhanden ist, die blaue Seite des Spektrums dominiert.

Blau ist die Farbe des Erzengels Raphael, des Engels,

100

dessen Name besagt: »Gott heilt«. Wir wissen also dank dieser kleinen Analyse, daß der Engel zu Raphael gehörte, vielleicht Raphael selbst war.

Bei den oben genannten Heilungen reichte allein die Anwesenheit des Engels aus, um dem Patienten über den Berg zu helfen. Der Engel tat fast nichts, er war.

Im folgenden Beispiel verhält sich die Sache etwas komplizierter.

In meinem Engelarchiv habe ich mehrere Briefe von Menschen, die in ihrem Leben mehrmals Engeln begegnet sind. Offensichtlich steht bei ihnen die Tür zur höheren Welt ständig einen Spalt breit offen. Sie sind der Menschheitsgeschichte bekannt. Von Abraham wird zum Beispiel in einigen jüdischen Geschichten erzählt, daß Engelbesuche bei ihm vielfältig vorkamen.

(33)
Von der Frau, um die es jetzt geht, werde ich einen Vorfall mitteilen, der sich im Jahre 1983 ereignete. Sie wurde damals an der rechten Niere operiert. Während der Operation empfand sie eine starke Beklemmung. Es darf nicht passieren, aber bei einer Narkose geht auch einmal etwas schief. Als die Beklemmung am schlimmsten war, landete sie in einem dunklen Tunnel, in dem allerlei schreckliche Geräusche erklangen. Am Ende sah sie ein sehr schönes grünes Licht.

Lassen Sie mich hier kurz einflechten, daß dies eine sehr klare »Todesnähe-Erfahrung« ist, wie sie gegenwärtig ausführlich in der Literatur beschrieben wird. Man lese zum Beispiel die Bücher von Raymond Moody.

Als sie bei dem Licht angekommen war, sah sie ein menschliches Gesicht. Sie sagt nur, daß es ein Gesicht mit schwarzem Haar war. Dann hörte sie eine männliche Stimme sagen:

»Hör gut zu. Du bist sehr krank, schwerer als die

101

Ärzte annehmen. Merke dir gut, was ich dir jetzt sagen werde. Trinke jedes Mal viel kaltes Wasser, wenn du große Schmerzen hast. Denk daran, trinke sehr, sehr viel. Es wird zwei Jahre dauern, bis du wieder die alte bist. Du sollst daraus lernen, denn du mußt wissen, was Kranksein bedeutet. Geh jetzt durch den Tunnel zurück. Ich passe auf dich auf. Es ist noch nicht Zeit. Geh hin und fürchte dich nicht.«

Sofort gehorchte sie der Stimme.

Sie ging durch den Tunnel zurück – das ging dieses Mal sehr schnell – und hörte den Arzt ausrufen: »Gott sei Dank. Sie hat es geschafft. Weiter Sauerstoff geben! Das darf nicht noch einmal passieren.«

Offensichtlich wäre die Patientin fast bei der Operation gestorben.

Das Ereignis hatte für die Frau eine eigenartige Auswirkung. Wenn sie bekümmert ist, sieht sie in der Scheibe eines Fensters die Reflexion zweier Gestalten mit hoch erhobenen Flügeln auf ihrem Rücken. Ihre Gesichter sind sehr lieb, aber sie kann nicht erkennen, ob es Männer oder Frauen sind. Sie haben lange Haare und sind von strahlendem Licht umgeben. Sie geben der Frau ein Gefühl von großer Freude. Dadurch fühlt sie sich niemals allein oder hilflos, denn sie weiß, daß sie immer unterstützt wird.

Zwei Aspekte dieser Geschichte möchte ich besonders hervorheben.

1. Die Frau wurde nicht auf der Stelle geheilt. Das wäre möglich gewesen, aber es geschah nicht, weil sie etwas lernen sollte. Sie bekam einen sehr guten und einfachen Rat, der aus der Naturheilkunde zu stammen scheint, nämlich wegen ihrer Nieren viel Wasser zu trinken. Das ist für einen Arzt angenehm zu hören, denn es ist eine Art Anerkennung für sein Fach.

Aus der Bibel sind einige Beispiele von Heilungen bekannt, die zwei Aspekte enthalten: den Wunderaspekt und das Medizinische. (Wobei man bedenken muß, daß auch jede Heilung durch die Medizin letztlich ein Wunder ist.)

Im Alten Testament lesen wir über König Hiskia, der im Sterben liegt und um Heilung betet. Der Prophet Jesaja verkündet ihm, daß er noch fünfzehn Jahre zu leben habe. Das ist das Wunder. Dann läßt Jesaja einen Brei aus Feigen auf das gefährliche Geschwür legen, und der König genest. Das ist der medizinische Aspekt (2. Könige 20).

Im Neuen Testament finden wir die Geschichte von einem Mann, der blind geboren ist. Jesus spuckt auf die Erde, macht einen Brei aus Speichel und Staub, streicht ihn dem Mann auf die Augen und trägt ihm anschließend auf, sich in der Quelle Siloah zu waschen.

Die Heilung eines Blindgeborenen ist ein Wunder, und doch führt Jesus einige Handlungen aus, die man medizinisch erklären könnte. Wieder diese zwei Aspekte (Johannes 9).

Die Lehre daraus ist meines Erachtens, daß jede medizinische Behandlung eines Segens bedarf, weil jede wirkliche Heilung aus dem Himmel kommt. Ich denke dabei nicht an die vielen Pseudoheilungen, die wir in unserem Jahrhundert erfunden haben. Wir sind Symptom-Unterdrücker geworden, wodurch die eine Krankheit noch nicht behoben ist und die nächste schon auftritt.

2. In der oben erwähnten Geschichte ist die Spiegelung in der Scheibe sehr aufschlußreich.

Vom Teufel wird behauptet, er habe kein Spiegelbild. Würde man sich mit dem Teufel zusammen vor einen Spiegel stellen, dann sähe man nur sich selbst.

In diesem Fall passiert das Umgekehrte: Die Frau steht vor einer Scheibe und sieht nicht sich selbst, sondern zwei Engel. Sind es ihre eigenen Engel, die sich kurz sehen lassen, die an der rechten und linken Seite?

Engel und Dämonen sind einander entgegengesetzte Kräfte. Bedenken Sie dabei, daß der Teufel *nicht* Gottes Gegenspieler ist, das würde ihm eine zu starke Stellung einräumen. Er ist der Gegenspieler des Erzengels Michael. Der Herr Selbst hat keine Gegenspieler.

Es ist auffallend, wie abwechslungsreich Engelerfahrungen sind. Einerseits gleichen sie sich, andererseits hat jede Erfahrung etwas Eigenes, das bei den anderen fehlt, und so kann jede Erfahrung uns etwas Neues lehren.

Das folgende Beispiel einer Heilung gleicht dem vorigen, weil es auch die zwei Aspekte enthält, ist aber darüber hinaus doch wieder völlig anders.

(34)

Eine deutsche Frau bekam im Jahre 1946 einen Sohn. Die Lebensbedingungen waren damals in Deutschland miserabel. Hunger, Verzweiflung, Chaos, Wohnungsnot, Armut, kurz, es war keine ideale Zeit, um ein Kind zu kriegen. Die Frau bekam eine starke Brustdrüsenentzündung, eine sehr schmerzvolle Erkrankung. Meistens sind diese Entzündungen gut in den Griff zu bekommen, aber in ihrem Fall bildeten sich Abzesse, und die Krankheit, die mit häufigem Fieber verbunden war, zog sich über Monate hin, so daß sie nicht in der Lage war, selbst für ihr Baby zu sorgen. Auch psychisch war sie in dieser Zeit sehr belastet.

Als es so aussah, als ob es nicht besser werden wollte, ließ sie den Mut nicht sinken, sondern begann – wie sie sagt –, »den Herrn über Leben und Tod zu preisen und ihn um Hilfe zu bitten«.

Eines Nachts, als der Schmerz und das Fieber wieder besonders heftig waren und sie kein Auge zumachen konnte, passierte es in der Morgendämmerung, daß plötzlich einige Engel vor ihrem Bett standen, nicht mehr als drei Meter von ihr entfernt. Der mittlere von ihnen trug eine prächtige goldene Schale. Sein Gewand schien aus hellglänzendem Gold zu bestehen und leuchtete so stark, daß sie ihre Augen bedecken mußte.

Sie war von diesem Erlebnis überwältigt, aber zugleich getröstet. Direkt nach diesem Ereignis schickte eine Freundin eine Heilpraktikerin zu ihr. Die Freundin gehörte der gleichen Kirche an wie sie und hatte während ihrer Krankheit starken Anteil genommen. Die Heilpraktikerin gab der Frau Schwefel als homöopathisches Präparat (Sulfur D6), das sie stündlich einnehmen sollte. Nach einer Woche waren alle Beschwerden verschwunden, und sie konnte endlich ihr Kind selbst versorgen.

Auf den ersten Blick besteht kein Zusammenhang zwischen dem Engel mit dem goldenen Schal und dem richtigen Mittel, das die Heilpraktikerin verordnete, aber die Frau selbst stellt sehr wohl einen Zusammenhang her. Es war, als ob der Engel die Medizin, die sie kurz darauf bekam, gesegnet hätte.

Es gibt eine Redensart, die lautet: »Patienten werden dir vom Himmel geschickt. Wenn sie nicht gesund werden, war die Überweisung falsch.« Sie sehen es: erst das Wunder, dann die medizinische Behandlung. Es ist mir eine große Genugtuung, daß der Himmel hier ein homöopathisches Mittel segnete, und zwar aus folgendem Grund:

Es macht im Augenblick in den Niederlanden eine neue Art von Affen-Sandwich-Geschichte die Runde, wenn auch weniger naiv als die von dem Engel auf der

Autobahn. Ich möchte sie lieber »Schlangen-Sandwich«-Geschichte nennen. Sie besagt, daß Homöopathie für Christen verboten sei, weil diese Heilkunde nicht von Gott, sondern vom Teufel komme.

Früher bevorzugten viele Christen die homöopathischen Mittel, aber nun werden sie aufgefordert, sich nicht auf diese »okkulte« Heilmethode einzulassen und zur guten, bewährten orthodoxen Behandlungsmethode mit ihren sicheren und Gott wohlgefälligen Mitteln wie Tranquilizern, Antibabypillen, Schlaftabletten und anderen Heilbringern zurückzukehren.

Ich hoffe, daß die obenstehende Geschichte den Zweiflern helfen wird, ihren gesunden Menschenverstand wiederzuerlangen und der Homöopathie wieder ihr Vertrauen zu schenken.

Erscheinen Engel immer in den traditionellen weißen Kleidern, mit oder ohne Schärpen, mit oder ohne Flügel? Oder – wenn dem nicht so ist – erscheinen sie als Menschen in der Kleidung unserer Zeit, so wie wir es einige Male in den Geschichten sahen, so daß wir erst hinterher sagen: Das war ein Engel?

Sind das die zwei Weisen, in denen sie uns erscheinen, und gibt es keine andere Möglichkeit?

Wie bereits gesagt vermute ich, daß die Erscheinungsweise nicht von dem Menschen zu trennen ist, der die Erfahrung macht. So kann ich mir gut vorstellen, daß ein Engel für einen Chinesen schrägstehende Augen hat und daß er für einen Sambier schwarz ist. Zur Illustration der großen Variationsbreite, die wir bei den Erscheinungsformen erwarten dürfen, führe ich hier ein Beispiel für eine dritte Möglichkeit an.

(35)
Es ereignete sich im Jahre 1978 und betrifft eine Frau mit einer schweren Depression. Sie war verheiratet und hatte Kinder, von denen das jüngste acht Jahre alt

106

war. Sie befand sich in einem Zustand tiefer Verzweiflung, und ihre Gedanken waren verwirrt.

Wie gewöhnlich bei schweren Depressionen hatte sie ziemliche Schlafprobleme, die sie mit Tabletten zu bekämpfen versuchte. Dieser Zustand dauerte bereits acht Jahre, und es war keine Besserung in Sicht. Die Schlaftabletten halfen immer weniger.

Eines Abends, als alle anderen bereits schliefen und sie noch alleine wachlag, geriet sie in eine Krise. Sie kam zu dem Schluß, daß ein Weiterleben sinnlos sei, und wollte – wie sie sagte – bei Gott anklopfen und das Leben wieder zurückgeben. Sie fand, daß sie nichts aus ihrem Leben gemacht hatte. Dazu möchte ich gleich anmerken, daß dieses Gefühl zu einer Depression gehört und meist überhaupt nicht der Wirklichkeit entspricht.

Die Frau hatte zwar professionelle Hilfe gesucht, aber die hatte nichts genützt, weil sie keinen Kontakt zu den Helfern bekommen konnte. Sie lag da in der Einsamkeit der Nacht und überlegte, daß es für ihren Mann gut wäre, wenn er sie los wäre; sie meinte, ihre älteren Kinder seien nun groß genug, um gut zurechtzukommen. Nur um das jüngste machte sie sich Sorgen.

So bereitete sie fast rational ihren Tod vor. Die Verwirrung war einer tödlichen Logik gewichen. Plötzlich war links über ihr etwas, das sie eine »Anwesenheit« nannte. Diese sah aus wie ein dunkler Kreis, der ohne Worte zu ihr zu sprechen anfing; sie antwortete ebenfalls wortlos. Es war der intensivste Kontakt, den sie jemals in ihrem Leben erfahren hatte. Das Gespräch drehte sich um Trost, Sicherheit und das Ausdrücken ihrer entsetzlichen Ratlosigkeit. Es lag etwas Verheißungsvolles in dieser Begegnung.

Danach war es ihr, als ob sie zugedeckt würde, und den Rest der Nacht schlief sie herrlich und tief.

Am folgenden Tag nahm sie sich vor, niemals mehr ihren eigenen Tod in die Hand zu nehmen.

Dies war gewiß eine Begegnung mit dem Himmel. War es ein Engel?

War es der Herr der Schöpfung selbst?

Wir sehen hier wieder die auffallende Tatsache, daß es nicht so sehr um das Gespräch ging, sondern daß der direkte Kontakt den zentralen heilenden Faktor darstellte.

Die Hilfe – so schreibt die Frau – schenkte ihr den festen Glauben, daß wir in unserem Leben nicht alleine sind, sondern daß wir mit großer Liebe und Aufmerksamkeit begleitet werden.

Der Schmetterling war aus dem Kokon geschlüpft. Nicht, daß damit alle Schwierigkeiten beseitigt waren, aber für die folgenden Jahre hatte sie Unterstützung gefunden, die sie nie mehr im Stich lassen sollte.

Es ist bemerkenswert, daß sich unmittelbar nach ihrer Genesung ihr Mann psychisch stark angegriffen fühlte und mehr als zwei Jahre brauchte, um wieder auf die Füße zu kommen. Hatte er in all den Jahren, in denen seine Frau krank war, so unvorstellbar viel leisten müssen, daß er jetzt zusammenbrach, oder war es etwas anderes? Ich weiß nicht, ob es hier zutrifft, aber ich will doch noch eine andere Möglichkeit erwägen.

Das Übergehen einer Krankheit von einem Familienmitglied zu einem anderen habe ich nämlich wiederholt beobachtet. Im Fall der soeben erwähnten Frau könnte es auch sein, daß sie jahrelang ein ungelöstes Problem ihres Mannes auf sich genommen hatte, übrigens völlig unbewußt. Es kann passieren, daß jemand *bewußt* das Problem von jemand anderem übernimmt, aber das ist äußerst selten.

Als diese Frau endlich die Möglichkeit sah, mit himmlischer Hilfe ihre Depression von sich abzuschütteln, könnte die Depression dahin gegangen sein, wo sie ursprünglich hergekommen war, nämlich zu ihrem Mann.

Frauen tendieren eher dazu, etwas von ihrem Mann zu übernehmen als umgekehrt, aber es kann sich manchmal auch anders verhalten. Authentisch ist die Geschichte von einem Mann, der einen heftigen Hexenschuß hatte. Weder der Hausarzt noch ein Spezialist konnten die Ursache finden. Dann sagten Freunde, er solle doch einmal zu einem Chiropraktiker gehen.

Das tat er, und seine Frau begleitete ihn. Der Therapeut konnte jedoch nichts finden, und die Frau fragte: »Was machen Sie eigentlich genau?«

»Sehen Sie«, sagte der Mann und deutete auf ihren Rücken, »manchmal sitzt ein Wirbel schief, und dann kann ein Hexenschuß entstehen. Bei Ihrem Mann . . .« Plötzlich unterbrach er sich und sagte: »Ihr Mann hat nichts an seinem Rücken, aber wissen Sie, daß bei ihnen etwas falsch sitzt? Darf ich Sie vielleicht einrenken, denn damit kriegen Sie sicher Probleme!«

»Oh«, sagte die Frau, »ich bin vor einem halben Jahr die Treppe hinuntergefallen, kann es davon kommen? Ich habe übrigens überhaupt keine Beschwerden!«

»Das kann gut sein«, sagte der Chiropraktiker. »Nach einem Sturz kommt das oft vor.«

Dann bearbeitete er die Lendenwirbel der Frau, und genau in dem Moment, in dem der schiefsitzende Wirbel mit einem Ruck auf seinen Platz zurücksprang, rief der Ehemann laut: »Au!« und war danach von seinem Hexenschuß geheilt.

Mann und Frau sind oft eine größere Einheit, als man sich klar macht, und der Ausdruck in der Genesis, daß sie »ein Fleisch« seien, trifft oft wortwörtlich zu.

Bei der Frau mit dem Kreis sahen wir, daß kein Kontakt zwischen einem Menschen und einem »zeremoniellen« Engel hergestellt wurde, sondern zwischen einem Menschen und einem Himmelsbewohner, der sich als mathematische Figur, als ein Kreis manifestierte.

Das war in ihrem Zustand wahrscheinlich am sinnvollsten, denn manchmal sind Patienten mit einer Depression psychisch so reduziert, daß nicht viel mehr als ein Punkt von ihnen übriggeblieben ist. Der Kreis ist dann genau das Symbol, das solch einem Menschen helfen kann, sich wieder auszudehnen und im Leben Weite und Vollständigkeit wiederzufinden.

Engel und der Tod

Das Letzte, was in einem Haus passiert, ist das Sterben.

Wo sollten wir Engel eher erwarten als gerade auf der Schwelle zur nächsten Welt?

Zuerst eine Geschichte, die zwar keine echte Engelgeschichte ist, die aber von einer solchen Schwellenerfahrung erzählt, einem »Loch im Netz«, durch das ein Austausch stattfindet.

(36)
Manchen Menschen wird ein so unvorstellbar großes Maß an Leid aufgeladen, daß man durchaus das Gefühl bekommt, die Sache sei ungleich verteilt. Die Frau, um die es geht, ist bei einer Mutter aufgewachsen, von der sie niemals geliebt wurde. Der Grund ist einfach: sie hätte ein Junge sein sollen.

Ein Kind, das ohne Liebe aufwächst, nimmt soviel Kummer und Unsicherheit in sich auf, daß es ein ganzes Leben genug daran hat. Als ob das nicht schon gereicht hätte, bekam sie eines Tages auch noch eine schwere Infektion, woraufhin sie in einen Rollstuhl mußte.

Sie war damals schon verheiratet, aber auch in der

Ehe hatte sie viele Unannehmlichkeiten zu ertragen. Ihre Mutter verliebte sich in ihren Mann, was natürlich zu enormen Spannungen führte. Zum Schluß lief ihr der Mann davon, weil er ihre Behinderung nicht mehr ertragen konnte.

Schließlich lag ihre Mutter im Sterben. Sie saß am Sterbebett ihrer Mutter und hielt deren Hand.

Ich denke, daß die Frau bis zum Schluß noch die Illusion hegte, ihre Mutter würde wenigstens ein letztes Mal sagen: »Kind, ich hab dich lieb.«

Die Mutter öffnete tatsächlich, kurz bevor sie starb, die Augen, schaute ihre Tochter voller Haß an und sagte vor dem letzten Atemzug noch ein Wort: »Miststück!«

Das ist nur ein kleiner Ausschnitt dessen, was diese Frau zu erdulden hatte. Den Rest werde ich Ihnen ersparen.

Aus folgendem Grund habe ich diese Geschichte in das Buch aufgenommen: Die Mutter starb 1957, und ungefähr zwanzig Jahre später erschien sie ihrer Tochter plötzlich in einer Vision. Sie bat um Vergebung und sagte: »Ist es sehr schlimm, was ich getan habe? Wenn du vergibst, sage dann nicht, ach, es war nicht so schlimm, denn es ist so schwer, um Vergebung zu bitten, auch sich selbst.«

Diese Frau hat damals das einzig Richtige getan. Sie sagte: »Es ist entsetzlich, was du getan hast, aber ich vergebe dir. Wie könnte ich sonst jemals selbst um Vergebung bitten.«

C. S. Lewis hat den Satz aus dem Vaterunser: »Vergib uns unsere Schuld, wie auch wir vergeben unsern Schuldigern« sorgfältig analysiert.

Erstens betont er, daß Vergebung von einer Bedingung abhängt, nämlich davon, wie wir anderen vergeben. Und dann fragt er auf einmal: »Was ist Vergebung?«

Er sagt dazu: »Vergebung ist das Vergeben dessen, für das es keine Entschuldigung gibt.«

Es ist auffallend, daß die Mutter dieser Frau deutlich Angst davor hat, ihre Tochter würde versuchen, Entschuldigungen für ihr Verhalten vorzubringen. Es ist, als ob ihr klar war, daß sie von ihrer Vergangenheit nur befreit werden kann, wenn klargestellt wird, daß es für ihr Verhalten keine Entschuldigung gibt. Nur dann kann sie wirklich erlöst werden und frei sein.

Das Schöne ist, daß die Tochter dies intuitiv begreift und das Verhalten ihrer Mutter nicht unter den Teppich zu kehren versucht, sondern den einzig richtigen Standpunkt einnimmt – im Lichte der Ewigkeit betrachtet –, nämlich daß sie sich scheußlich verhalten hat und daß sie ihr trotzdem vergeben will.

Damit bekommt diese Geschichte gewissermaßen den Stempel der Wahrheit aufgedrückt. Es ist keine Sache, die sich nur in der Seele der Tochter abspielt.

Hier stehen sich zwei Menschen gegenüber, einer, der noch lebt, und einer, der hier nicht mehr ist. Durch die Maschen des Netzes stellen die beiden Kontakt zueinander her und beenden ein ungelöstes Problem. Beide gehen geläutert daraus hervor.

Die Bibel warnt ernsthaft davor, über ein Medium Kontakt mit den Toten zu suchen. Das Mosaische Recht äußert sich hierzu sehr deutlich, und als Saul das Gesetz übertritt und Kontakt mit dem Medium von En-Dor sucht, kostet es ihn das Leben (1. Samuel 28).

Die spontane Kontaktaufnahme mit einem Verstorbenen wird jedoch nirgends verboten. Man denke in diesem Zusammenhang an das Ereignis mit Moses und Elia während der Verherrlichung auf dem Berg (Matthäus 17).

Es gibt eine scharfe Grenze zwischen dem verbotenen Anrufen eines Toten und dem spontanen Kontakt mit einem Toten, und das ist auch verständlich.

Das spontane Treffen eines Verstorbenen wird als Gnade aus dem Himmel gebilligt, das eigenmächtige Eindringen, um ein Geheimnis zu erfahren, bevor die Zeit reif dafür ist, wird verurteilt.

In unserem täglichen Leben verhält es sich ja genauso.

Wir spielen diese Situationen fortwährend durch, besonders während unserer Feste. Wir überraschen gerne, zum Beispiel mit der Zusammenstellung einer Festmahlzeit oder mit dem Inhalt eines Nikolaus- oder Weihnachtsgeschenkes. Was wird in dem großen Päckchen sein?

Warum machen wir das so? Weil wir wissen, daß die Offenbarung eines Geheimnisses im richtigen Moment die größtmögliche Freude schenkt. Wir sollten es dem lieben Gott gönnen, daß Er Dinge für uns zurückhält, die Er uns dann zu seiner Zeit als große Überraschung zeigt. Es geht dabei immer um die Verwandlung unserer Seele, nicht um eine Art himmlischen Wohlfahrtsstaat. Wenn das so wäre, wären wir so blasiert, daß wir vor Langeweile sterben würden.

Wir werden uns jetzt einige Geschichten anschauen, in denen Engel am Sterbebett erscheinen.

(37)
Eine Frau liegt in einem kleinen Zimmer in einem Krankenhaus.

Sie ist zweiundsiebzig, und zwei ihrer Kinder, Bruder und Schwester, sitzen an ihrem Bett, denn sie liegt im Sterben. Der Sohn sitzt ruhig da und liest, die Tochter betrachtet ihre Mutter, so wie wir es mit einem geliebten Menschen machen, der bald nicht mehr da sein wird. Die Patientin liegt unbeweglich im Bett, die Augen geschlossen.

Plötzlich sieht die Tochter, wie ein Engel schwungvoll ins Zimmer schwebt. Er kam weder durch ein

Fenster noch durch die Tür, sondern löste sich in ungefähr drei Metern Höhe von der Wand. Am Bett der sterbenden Frau angekommen, kniet er sich auf einem Knie daneben. Die Tochter sieht, wie ihre Mutter die Augen öffnet. Engel und Mutter sehen sich an, und die alte Frau sagt: »Ja.«

Dann löst sich der Engel in Luft auf.

Seine Gegenwart war sehr ergreifend und vermittelte der Tochter ein sicheres Gefühl. Auch schien ihr der Vorfall überhaupt nicht seltsam, eher selbstverständlich.

Am folgenden Tag starb die Mutter. So stirbt ein guter Mensch. Es müssen nicht immer die unmittelbaren Verwandten sein, die diese Dinge sehen.

(38)

Im Juni 1983 lag eine Frau in einem kleinen Krankensaal im Haarlemer Krankenhaus. Sie mußte sich einer Gallensteinoperation unterziehen, aber vorher sollten noch einige Untersuchungen durchgeführt werden. Darum durfte sie übers Wochenende nach Hause, worauf sie sich natürlich freute. Sie war am Freitagmorgen, dem Tag, an dem sie fort durfte, sehr früh wach. Plötzlich sah sie schräg gegenüber oberhalb des Bettes einer kranken Zimmergenossin einen großen Engel schweben. Sie fragte das Mädchen, das neben ihr lag, ob sie das auch sehe, aber dem war nicht so. Der Engel schwebte weiterhin über dem Bett, und als die Familie der Patientin sie um zehn Uhr abholen kam, sah die Erzählerin ihn immer noch. Sie verabschiedete sich dann sehr bewußt von der Frau, denn sie war überzeugt, daß sie ihre Mitpatientin nicht lebend wiedersehen würde. Tatsächlich starb diese am Sonntagmorgen.

Es wird auch an dieser Geschichte wieder deutlich, daß Engel nicht jedem sichtbar sind. Manchmal sehen zwei oder mehr Menschen dasselbe, aber meistens sieht es nur einer, und auch, wenn noch jemand anders anwesend ist, sieht der es nicht zwangsläufig. Daran kann man deutlich erkennen, daß eine solche Erscheinung, obgleich sie mit einem Sterbenden zu tun hat, auch für denjenigen von persönlicher Bedeutung sein muß, der sie sieht. Wer einen Engel sieht, ist immer intensiv beteiligt, es ist sogar Absicht, daß er die Erfahrung macht. Bei himmlischen Angelegenheiten gibt es keine unverbindliche Wahrnehmung.

(39)
Die folgende Geschichte ist aus zweiter Hand.

Ein Mann aus Deutschland schreibt mir, er habe bereits sehr früh seinen Vater verloren. Sein Vater und seine Mutter heirateten 1909, sein Vater starb 1914.

Als seine Mutter am Sterbebett seines Vaters saß, kam der Augenblick, in dem er seinen letzten Atemzug tun sollte, der lange tiefe Seufzer, dem kein Einatmen mehr folgt. Genau in dem Moment erschien ein großer, in weiß gekleideter Engel am Bett ihres Mannes. Die Mutter war tief berührt und rief aus: »Was ist das?« Da löste sich der Engel vom Boden, schwebte nach oben und verschwand durch die Decke. Sie meint, daß er die Seele ihres Mannes mitnahm.

Sie hat ihrem Sohn erzählt, sie sei bei vollem Verstand gewesen und wolle einen Eid darauf schwören, daß die Geschichte stimmt. In der jüdischen Überlieferung wird erzählt, daß der Engel Gabriel der Seele, die geboren werden soll, Instruktionen über die Erde gibt, auf der sie nun bald landen wird; aber er verspricht auch, sie am Ende des Lebens wieder abzuholen. Vielleicht hat die Frau in dem Beispiel eben dies gesehen.

(40)
Auch Ärzte bemerken die Nähe von Engeln. Eine deutsche Gynäkologin saß 1987 am Sterbebett ihres

Mannes. Er hatte Bauchspeicheldrüsenkrebs und dadurch einen schweren und schmerzhaften Leidensweg. Sowohl für die nächsten Angehörigen als auch für den Patienten ist das immer sehr leidvoll; eine Zeit großer Prüfung.

Als der Mann der Ärztin in seinem letzten Kampf immer mehr verfiel und sie selbst völlig erschöpft war, fühlte sie plötzlich eine große, warme Hand mit erstaunlich langen Fingern in ihrem Nacken, die eine beruhigende Kraft ausstrahlte. Die Hand drückte sie sanft etwas nach vorne, und so konnte sie ihrem Mann bis zu seinem letzten Atemzug beistehen.

Der letzte Fall, den ich erwähnen möchte, zeigt einen Aspekt, der beinahe humoristisch genannt werden könnte, wenn es hier nicht um einen Sterbenden ginge.

(41)
1984 erhielt ich einen Brief von einer niedergeschlagenen Frau, die den Tod ihres Mannes noch nicht verarbeitet hatte. Sie war noch Tag und Nacht damit beschäftigt. Ihr Mann hatte Lungenkrebs, und dank der Unterstützung eines verständnisvollen Pfarrers hatte er sich mit seinem bevorstehenden Tod versöhnt.

Einen Monat vor seinem Tod passierte folgendes:

Es kamen zwei Engel an sein Bett, die zu ihm sagten: »Wir kommen dich holen.«

Da sagte der Mann: »Nein, das paßt im Moment nicht, weil wir gerade dabei sind, umzuziehen.«

Worauf die Engel antworteten: »Ist gut, dann kommen wir nach dem Umzug wieder, um dich zu holen.«

Der Mann erzählte diese Geschichte erst dem Pfarrer und dann seiner Frau. Das Ehepaar bezog die neue Wohnung, und dann starb er.

Unglaubwürdig? Ich finde nicht. Ich denke, daß er ein guter Mensch war, der seiner Frau noch einen letzten Liebesdienst erweisen wollte, indem er mit ihr das neue Haus einweihte.

Gutes tun bewahrt vor dem Tod, oder – wie in diesem Fall – schiebt den Tod noch ein wenig hinaus.

Wir sind hier ans Ende der Geschichten von Engeln im Haus gekommen. Wir können daraus lernen, daß es nicht nötig ist, zu fernen Gurus oder großen Meistern zu ziehen, um Weisheit und Einsicht zu erlangen. Die größten und wundervollsten Abenteuer ereignen sich einfach in unserem Schlafzimmer, in der Küche oder im Garten. Wenn wir ruhig und gelassen tun, was zu tun ist, dann verpuppen wir uns im richtigen Augenblick, und der Schmetterling kommt zu Seiner Zeit zum Vorschein.

Sollten Sie zu denjenigen gehören, die sagen: »Ich sehe niemals einen Engel«, dann seien Sie nicht traurig. Es bedeutet, daß es für Sie noch nicht notwendig ist, einen zu sehen. Leben Sie einfach so, daß Engel sich gerne in Ihrem Haus aufhalten.

4. Kinder und Engel

Wir leben in der Zeit der großen Entfremdung vom Christentum.

Die Welt ist sachlich, nüchtern und kalt geworden.

Das Fernsehen zerrt unsere Kinder viel zu früh ins Erwachsenenleben.

Das Mysteriöse, das immer zur Kindheit gehören soll, ist durch erklärbare Technik ersetzt.

Aber den Himmel sieht man noch mit Kinderaugen, denn der Himmel läßt sich nicht völlig wegschieben. Auch wenn sich die Welt größtenteils vom Christentum abgewendet hat, die Kinder haben es noch nicht ganz getan.

Allerdings sind sie bedroht.

In der Zeit vor der großen Glaubensverlotterung gab es noch einen Gott im Himmel und Engel beim Zubettgehen. Die Welt war zwar immer voller Gefahren gewesen, aber glücklicherweise gab es auch Wunder.

Als der Mensch zu glauben anfing, daß die sichtbare Welt die einzig wirkliche sei, sperrte er den Himmel aus. Das kann man nicht ungestraft tun. Sofort fängt es in der Unterwelt zu rumoren an, und die alten angeketteten Götzen werfen ihre Fesseln ab.

Jung schrieb, das deutsche Volk sei unter Hitler in den Würgegriff eines alten Gottes gekommen, und er meinte Wotan, den alten Jägergott, wiederzuerkennen.

Man könnte vielleicht auch sagen, daß die gesamte industrialisierte Welt unter die Herrschaft des alten

Unterweltgottes Pluto geraten sei, des großen Technikers, des Herrschers über das unterirdische Feuer.

Es ist auffallend, wie seit der Abwendung vom Christentum, die mit der französischen Revolution so richtig anfing, das Feuer eine immer größere Rolle in der menschlichen Geschichte spielte, von Verbrennungsmotoren bis hin zu Atombombenexplosionen.

Der Mensch muß etwas anbeten, so ist er nun einmal geschaffen, und darum knien wir nieder vor dem Staat, der Wissenschaft, dem Wohlstand. Stellvertretende Erlöser dienten sich in Hülle und Fülle an und brachten völlig neue Befreiungslehren.

Manchmal waren es politische Erlöser. Ihren Götzencharakter kann man daran erkennen, daß sie von sich Fotos in der Größe von zehn mal zehn Meter machen lassen. Denken Sie an Mao, Lenin, Stalin, Saddam Hussein. Jeder Götze und jeder Pseudo-Erlöser fordert rücksichtslosen Personenkult. Wer nicht mitmacht, wird gefoltert und umgebracht.

Manchmal waren es auch pseudo-religiöse Erlöser, die ihre Jünger zu Selbstmord und Prostitution anstifteten.

Was ist mit der Seele eines Kindes geschehen, das in einem Staat aufgewachsen ist, in dem es gelernt hat, »den großen Steuermann« anzubeten? Was machen wir mit der Seele unserer Kinder, wenn wir zulassen, daß sie in der Schule lernen, ihre Vorfahren seien Menschenaffen gewesen?

Wir schauen mit Verachtung auf frühere Völker herab, die neugeborene Kinder auf einem glühenden Götzenbildnis opferten, während lauter Trommelwirbel ihr Geschrei übertönte. Wir sind viel zu aufgeklärt, um den Moloch anzubeten.

Ist das denn tatsächlich so? Haben alle den Film *The Silent Scream* (»Der stille Schrei«) vergessen, in dem wir sehen, wie ein Fötus in einem stillen Schrei des

Entsetzens den Mund weit aufsperrt, bevor er von dem abtreibenden Arzt auseinandergerissen wird? Ist das nicht ein echter Dienst am Moloch?

Wie kommen wir dazu, auf primitive Völker mit ihren grausamen Praktiken herabzublicken? Wir sind selbst keinen Deut besser, auch wenn wir unsere unsauberen Taten in sterile Operationskleidung und wissenschaftlich klingende Phrasen verpacken.

Warum sind wir so blasiert geworden, daß wir unseren Kleinsten nicht mehr aus dem alten Buch vorlesen, das unsere Kultur zwanzig Jahrhunderte lang begleitet hat? Hatten alle großen Geister, die daraus ihre Kraft geschöpft haben, unrecht?

Warum hört ein Kind heutzutage vorm Schlafengehen nicht mehr von David und Goliath, von Königin Esther und dem Guten Hirten, und warum guckt es sehr wohl in Comic-Hefte?

Die unsterblichen Seelen der Kinder werden mit fiktiven Gestalten abgespeist und müssen dann Hunger leiden. Es ist damit genauso wie mit ihren sterblichen Körpern, die durch all die in der Fabrik ersonnene und hergestellte Nahrung mürbe geworden sind.

Was dem atheistischen Kommunismus nicht glückte, ist dem Wohlfahrtsstaat sehr wohl gelungen: Wir haben endlich vollkommene Heiden aus unseren Kindern gemacht.

Desiderius Erasmus (1469-1536) hat gesagt: »Der Mensch wird nicht geboren, er wird zum Menschen gemacht.«

Wir haben es geschafft, das »Mensch machen« aus der Erziehung zu streichen. Wir machen im zwanzigsten Jahrhundert Dinge statt Seelen. Wir produzieren gewaltige Mengen Material ohne Inhalt.

Das Heidentum schien im zwanzigsten Jahrhundert endgültig gesiegt zu haben, als dann plötzlich am Ende des Jahrhunderts die Scheidewand zwischen dieser und der anderen Welt Risse zu zeigen beginnt. Nicht nur die Berliner Mauer wurde abgerissen, auch die scheinbar unverwüstliche Scheidewand, die der Materialismus des neunzehnten Jahrhunderts errichtet hatte, begann einzustürzen.

Was geht vor? Wie kommt es dazu?

Ich möchte mich, bevor ich mit den Kindern anfange, noch kurz rechtfertigen.

Zuerst die Frage: »Ist Jesus Christus wirklich abgeschafft?« Ich habe einen anglikanischen Priester gesprochen, der in vollem Ernst zu mir sagte, daß Jesus Christus früher der große Führer gewesen sei, daß er sich aber in den himmlischen Gefilden weiterentwickelt habe und es nun andere Wesen gebe, die uns helfen.

Ich war selten so schockiert.

Hier will ich sehr deutlich klarstellen, daß ich glaube, was in der Bibel steht. Nicht weil mich die Bibel ästhetisch anzieht oder weil sie philosophisch interessant wäre oder wichtige moralische Lehren daraus zu ziehen wären. Das alles kann man genausogut aus den vielen anderen heiligen Büchern lernen, die die verschiedenen Völker der Welt hervorgebracht haben. Ich glaube deshalb an die Bibel, weil ich davon überzeugt bin, daß sie wahr ist.

Ich stimme Lewis völlig zu, wenn er sagt (ich zitiere nicht wörtlich), daß es zwei Möglichkeiten gibt: Entweder ist wahr, was Jesus über sich selbst sagt, und dann sollten wir das lieber berücksichtigen, oder was er sagt, ist nicht wahr, und in dem Fall ist, was er sagt, so absurd, daß wir darauf weiterhin keine Rücksicht mehr nehmen müssen.

Ich bin nach langanhaltendem Studium, Vergleich mit anderen religiösen Systemen und auch durch Selbststudium zu dem Schluß gekommen, daß die Bibel wahr ist und daß es an mir liegt, wenn ich etwas nicht begreife. Wenn die Bibel also sagt, daß es einen Mittler zwischen Gott und den Menschen gibt, den Menschen Jesus Christus nämlich (1. Timotheus 2, 5), dann glaube ich das. Für mich bedeutet das zugleich, daß der Mittler nicht mit der Abwendung vom Christentum fortgegangen ist. Man hat ihn vielmehr vor die Tür gesetzt, und deshalb steht als Prophezeiung in der Offenbarung des Johannes etwas sehr Bemerkenswertes. Am Anfang des Buches finden wir sieben Sendbriefe an die sieben Gemeinden in Asien. Die sieben Gemeinden sind eine Prophezeiung der Kirchengeschichte Europas. Wir leben jetzt in der Zeit der Kirche von Laodizea, der Kirche, die »lau« geworden ist, und Jesus sagt dieser Gemeinde: »Siehe, ich stehe vor der Tür und klopfe an.«

Deutlicher geht es nicht. In unserer Zeit steht Er vor der Tür, denn wenn *eine* Botschaft im Neuen Testament laut und deutlich ist, dann diese, daß Er zurückkommen wird.

Ich denke, die Risse, die so überdeutlich in der Wand auftreten, die wir alle zusammen eifrig hochgezogen haben, weisen darauf hin, daß der König des Engellandes sich auf seine Wiederkehr vorbereitet. Seine Diener werden hier und dort schon gesichtet. Sie sind die Quartiermacher für das königliche Gefolge. Wir sollten die Vorbereitungen früher bemerken als die kleinen Kinder, die erst vor so kurzer Zeit aus dem Himmel gekommen sind, daß sie noch eine besondere Beziehung zu den Engeln haben.

Es folgt jetzt eine Auswahl aus den vielen Briefen, die ich über Kinder und Engel erhalten habe. Ich habe so gut es ging versucht, alle Kindergeschichten in diesem einen Kapitel unterzubringen. Das ist mir nicht ganz gelungen, weil Kinder nun einmal die Neigung haben, sich Grenzen nicht allzusehr zu Herzen zu nehmen und überall hereinzustürmen; aber die meisten finden Sie hier. Zunächst noch die folgenden Überlegungen: Die meisten Engelerfahrungen von Kindern werden mir von inzwischen erwachsenen Menschen geschrieben. Der Anfang lautet üblicherweise: »Als ich ein Kind war, passierte mir etwas ganz Besonderes.«

Man könnte sich fragen: Ist eine solche Erinnerung zuverlässig?

Es ist meine Erfahrung, daß sich viele Dinge aus der Vergangenheit verwischen: auch die klarsten Träume, auch die schönsten Erinnerungen, alles verliert seine Klarheit in dem Maß, wie die Zeit verstreicht. Der eine hat zwar ein besseres Gedächtnis als der andere, behält Bilder besser als der andere, aber der Zahn der Zeit nagt an allem. Betrachten wir die Kindheitsfotos unseres eigenen Nachwuchses, dann haben wir manchmal Schwierigkeiten zu erkennen, welches Kind darauf abgebildet ist. Manchmal weiß man auch nicht, ob man sich deshalb an etwas aus seiner eigenen Kinderzeit erinnert, weil es auf einem Foto im Kinderalbum abgebildet war oder weil es wirklich im Gedächtnis hängengeblieben ist.

Nur solche Erfahrungen, die äußerst bewußt erlebt werden und mit starken Gefühlen einhergehen, bleiben in unserem Gedächtnis eingegraben. Wie alt wir auch werden, sie bleiben klar und frisch. Jeder hat solche Erinnerungen, und das Verrückte ist, daß es dabei überhaupt nicht um Ereignisse geht, die wir selbst als »wichtig« einstufen. So erinnere ich mich kaum an den »wichtigen« Moment, in dem mir die Approbation ausgehändigt wurde und ich den Eid ablegen mußte. Aber ich erinnere mich daran, als ob es gestern gewesen wäre, daß ich auf einer tiefgrünen Wiese an einem schnell fließenden Bach in Südengland saß, während um mich herum üppig der Rhododendron blühte. Ich höre noch das Wasser gluckern und sehe noch die violette Üppigkeit des Rhododendrons.

Je tiefer das Bewußtsein im Moment der Erfahrung ist, um so klarer ist die Erinnerung. Wirklich klare Erinnerungen werden in Momenten größter Bewußtheit gemacht. Daran kann man erkennen, daß es mit unserer Bewußtheit meist nicht zum Besten steht. Die meisten unserer Erfahrungen machen wir in einem nicht völlig wachen Zustand, und schon bald nehmen sie in unserer Erinnerung den Charakter eines Traumes an. Das kann so weit gehen, daß wir von einer Erinnerung sagen: Ist das nun tatsächlich passiert, oder habe ich das geträumt? Engelerinnerungen aus der Kindheit haben die Klarheit außergewöhnlicher Erfahrungen und weisen deshalb auf Ereignisse, die sich wirklich abgespielt haben.

Wir tun gut daran, das zu glauben, was uns erzählt wird. Ich will hier an eine äußerst unangenehme Sache erinnern.

Zu Sigmund Freud kamen ab und zu auch junge Frauen in Behandlung, die ihm Inzestsituationen schilderten. Er deutete diese entsetzlichen, ins Gedächtnis gemeißelten Erinnerungen als »geheimes Verlangen« kleiner Mädchen nach Verkehr mit dem Vater und nicht als wirkliche, abscheuliche Erlebnisse. Böse Zungen behaupten, daß Freud so handelte, weil die betreffenden Väter seine Rechnungen bezahlen mußten. Die Folge war jedenfalls, daß Freuds Schüler brav jedes Inzesterlebnis ihrer Patienten als wollüstige Wünsche aus der Kindheit deuteten. Sie haben dadurch unvorstellbar viel Leid und Schaden angerichtet. Eine solche Patientin wurde nicht nur als Kind mißbraucht und war deshalb bis oben hin von Schuldgefühlen und Unsicherheit erfüllt; der Patientin wurde darüber hinaus erklärt, daß alles nur Phantasien gewesen seien. Was in der Realität auf die Vergewaltigung eines kleinen Kindes hinauslief, wurde in der Therapie als eine Art Perversion des Kindes gedeutet. Die Patientin wurde zu noch größerer Einsamkeit verurteilt.

In den achtziger Jahren, achtzig bis neunzig Jahre, nachdem Freud seine Erkenntnisse über Inzest so energisch verdrängt hatte, erkannte man, daß die Patienten durchaus die Wahrheit sprachen und daß Inzest in einem Ausmaß vorkam, den man kaum für möglich hält.

Ich könnte mir vorstellen, daß es Menschen gibt, die aus persönlichen (psychologischen) Gründen die Kindheitserlebnisse mit Engeln auch in das Reich der Phantasie und Wunschträume verweisen wollen. Die Existenz von Engeln ist für den im Materialismus aufgewachsenen Menschen eine schwerverdauliche Angelegenheit.

Die Klarheit, Eindringlichkeit und Beständigkeit der Erinnerungen an Engel bürgt jedoch für ihre Echtheit, selbst wenn sie sehr früh im Leben aufgetreten sind.

Bevor ich beginne, noch ein Wort vorweg: Das Wort Engel bedeutet »Bote«, aber es dürfte Ihnen aufgefallen sein, daß die Engel bis jetzt nur selten Botschaften übermittelt haben, und das werden sie auch in den folgenden Geschichten nicht häufig tun. Allmählich habe ich zu begreifen begonnen, daß ein Engel meistens keine Botschaften im Sinne einer bestimmten Mitteilung *bringt*. Das passiert ab und zu schon mal, aber diese Fälle sind in der Minderzahl. Es zeigt sich, daß der Engel selbst die Botschaft ist. Sein Erscheinen *ist* die Mitteilung, daß der Himmel sich ausführlich mit uns beschäftigt und daß Gott um uns besorgt ist wie ein Vater um seine Kinder.

Engel erscheinen Kindern

(42)
Manche Kinder scheinen nicht völlig in diese Welt zu gehören. Sie haben einen träumerischen Blick und sind

für Dinge empfänglich, die andere nicht verstehen können. Catharine war ein solches Mädchen. Ein liebeswürdiges Kind, aber sehr einsam, denn sie hatte große intuitive Fähigkeiten, durch die sie Tiere und Menschen auf eine Weise verstand, die man bei Kindern von sieben, acht Jahren normalerweise nicht antrifft.

Glücklicherweise gab es zwei Menschen in ihrem Leben, nach denen sie ganz verrückt war: ihre Lieblingstante, die Schwester ihres Vaters, und ihren Großvater mütterlicherseits. Diese Menschen gaben ihr Wärme und Verständnis. Dann ereignete sich in dem jungen Leben ein großes Unglück – Tante und Opa starben kurz nacheinander. Das Kind war verzweifelter und einsamer denn je.

Eines Tages war sie bei ihrer Oma zu Besuch und spürte plötzlich, daß sich in dem Zimmer nebenan jemand aufhielt. Sie war allein und wußte, daß das andere Zimmer leer sein mußte. Zunächst war sie sehr vorsichtig und wagte es nicht, das Zimmer zu betreten. Aber schon bald bekam sie das deutliche Gefühl, daß, wer oder was immer da auch sein mochte, ihr gut gesonnen war. Sie ging also ins andere Zimmer und blieb wie angewurzelt stehen.

Da, direkt vor ihr, schwebten ungefähr einen Meter über dem Boden zwei Wesen, die wie Menschen aussahen. Sie strahlten große Liebe aus. Das Kind wagte sie kaum anzuschauen, aber dann hörte es diese Wesen *in* sich sprechen. Sie sagten ihr, sie könnten verstehen, daß Catharine es sehr schwer habe, und dann gaben sie ihr eine kurze Vorschau auf das Lebens, das vor ihr lag. Sie ließen sie den Weg sehen, den sie gehen sollte.

Nach diesem »Gespräch« war Catharine gewaltig erleichtert, Ängste fielen von ihr ab, und sie konnte guten Mutes auf ihrem Lebensweg weitergehen. Sie bewahrte dieses Ereignis tief in ihrem Herzen auf, und erst als erwachsene, verheiratete Frau hat sie zum ersten Mal mit jemandem darüber gesprochen.

Wie die meisten sensiblen Kinder hatte sie in ihrer Jugend noch viel mit Krankheit und Unsicherheit zu kämpfen, doch die zwei Engel hatten ihr erzählt, ihr Leben werde in ihrem dreiundzwanzigsten Lebensjahr eine Wende zum Guten nehmen, was dann tatsächlich eintrat.

Hier sehen wir also Engel, die sehr wohl eine Botschaft übermitteln, deren Erscheinen aber mindestens ebenso wichtig war wie die Botschaft selbst. Dieses einsame Kind, das gerade zwei Schlüsselfiguren in seinem Leben verloren hatte, wußte plötzlich, daß für es gesorgt wurde und daß es den Weg nicht allein zurücklegen mußte. Zwei geliebte Menschen hatte es verloren, zwei Engel standen bereit, das war die eigentliche Botschaft hinter den Worten.

Die Frau betont in ihrem Brief noch einmal, daß ihr alles bei vollem Bewußtsein passiert sei.

Man könnte behaupten, der Grund für diese Engelerscheinung liege auf der Hand. Etwas anders verhält es sich bei der folgenden Geschichte, aufgeschrieben von einer vierzigjährigen Frau.

(43)
Versetzen Sie sich in ein normales holländisches Wohnzimmer.

Ein siebenjähriges Mädchen sitzt mit aufgestützten Ellenbogen am Tisch und betrachtet ein Buch mit Kaninchenbildern. Auf dem Boden spielt ihr kleiner Bruder. Sonst ist niemand im Raum. Plötzlich dreht sie sich um und sieht nur einen Meter von sich entfernt, am Ofen, einen Engel stehen. Er ist in ein hellblaues Gewand gekleidet und hat ein herrliches Gesicht. Das Mädchen erkennt sofort, daß er nicht aus Fleisch und Blut ist. Der Engel und das Kind betrachten sich gegenseitig, beide lächeln, und dem Mädchen steigen vor Rührung die Tränen in die Augen. Daraufhin nickt der Engel einige Male und verwandelt sich in dichten Nebel, der vor ihren Augen hochsteigt, bis nichts mehr zu sehen ist. Das Brüderchen hat nichts bemerkt und spielt ruhig weiter. Ich habe dieser Frau zurückgeschrieben und sie gefragt, warum ihr ein Engel erschienen sei. Sie erzählte mir dann eine merkwürdige Geschichte.

Im Gegensatz zu den meisten anderen Menschen, die einen Engel erleben, hatte sie als Kind sofort ihrer Mutter erzählt, was passiert war, und die brachte das Ereignis mit Folgendem in Verbindung:

Die Mutter wuchs in einem anderen Land auf und war dort mit einem Nachbarsjungen befreundet. Sie hatten die gleichen Interessen und Hobbys. Als er dreiundzwanzig war, bekam der Junge Tuberkulose, und daran starben damals die meisten Menschen noch. Während seiner Erkrankung sprachen die beiden viel über Leben und Tod und über die Frage, ob es nach diesem Leben noch etwas gebe. Beide waren von einem Weiterleben überzeugt. Eines Tages sagte der Junge: »Ich verspreche dir, daß ich dich nach meinem Tod wissen lassen werde, ob es ein Weiterleben gibt.«

Sie war damit jedoch nicht einverstanden gewesen. Sie fand eine solche Bestätigung überflüssig und riet ihm davon ab.

Inzwischen hatte sie geheiratet und war mit dem Kind schwanger geworden, das später die Engelerfahrung machen sollte.

Nach einiger Zeit starb der Nachbarsjunge, und zwei Tage später wurde ihre Tochter geboren.

Nachdem die Mutter ihrem Kind diese Geschichte erzählt hatte, sagte sie: »Ich denke jetzt, daß er die Bestätigung von einem Leben nach dem Tod dir geschickt hat, weil ich es nicht wollte. Das Nicken des

Engels bedeutet meiner Meinung nach: ›Ja, es gibt ein Leben nach dem Tod!‹«

Ich bin froh, daß ich um Erläuterung gebeten habe, sonst wäre diese überraschende Erklärung nicht zum Vorschein gekommen. Mutter und Tochter wurden gleichzeitig vom Himmel berührt.

Hier haben wir also wieder den Engel als Boten erfahren.

Manchmal können Engelerfahrungen durch etwas in der Außenwelt hervorgerufen werden.

(44)

Ein neunjähriges Mädchen hatte auf der Schule eine Lehrerin, die eines Tages erzählte, daß man häufig Engel sehen könne und daß man sogar Jesus sehen könne. Sofort sah sie ein großes, strahlendes Licht, daß sie völlig blendete.

Das Kind fing selbst auch an zu strahlen, und die Lehrerin fragte erstaunt, was mit ihr los sei, aber sie traute sich nicht, es zu sagen.

Dies war ein sehr wichtiger Moment in ihrem Leben, der ihr sehr geholfen hat, unter anderem in der Zeit, die sie während des Krieges in einem japanischen Lager verbringen mußte.

Es ist wieder ein deutliches Beispiel dafür, daß sich die wirklich wichtigen Momente im Leben eines Menschen oft im verborgenen abspielen.

(45)

Ein fünfjähriges Mädchen erlebte immer besondere Augenblicke, wenn ihre Mutter ein bestimmtes Lied sang. Meistens sang sie es, wenn sie in der Küche beschäftigt war. Der Refrain lautete: »Es schweben Engel um uns herum, es schweben Engel, es schweben Engel, es schweben Engel um uns herum.«

Sobald ihre Mutter mit diesem Lied angefangen

hatte, nahm das kleine Mädchen ihren Stuhl und setzte sich nach draußen. Dann sah sie Engel in langen weißen Gewändern herbeischweben. Sie schloß schnell die Augen, faltete ihre Hände und fühlte ihre weichen Kleider über ihre Stirn und ihre linke Wange streichen. Wenn ihre Mutter mit dem Singen aufhörte, waren sie weg.

Das Kind – das ging auch sonst aus dem Brief hervor, den sie mir als erwachsene Frau geschrieben hat – war jemand, die in Bildern dachte. Manche Menschen denken in Worten, andere in Bildern. Die Menschen, die in Bildern denken, können sich kaum vorstellen, daß jemand, der in Worten denkt, während des Denkens meistens nichts sieht.

Sah das Kind Engel, brachte es Engel »ins Bild«, oder ist bei Fünfjährigen der Unterschied zwischen beidem noch nicht ausgeprägt und die Bilder sind wirklich wahr? Hängt es nur davon ab, aus welcher Perspektive man es betrachtet?

Heilungen

Eine holländische Frau schrieb mir das folgende: Eines Tages fragte sie ihre Schwiegermutter: »Du hast vier Kinder und liebst sie alle, aber ich habe doch das Gefühl, daß zwischen dir und deiner jüngsten Tochter eine besondere Verbindung besteht. Ist das so?«

»Ja, Kind«, sagte die Schwiegermutter, »das hast du richtig erkannt.« Dann erzählte sie dieses Ereignis:

(46)
Als die jüngste Tochter ein Kleinkind war, wurde sie schwer krank. Der Arzt hatte alle Hoffnung aufgegeben. Damals, als es noch keine Antibiotika gab, starben viele Kinder zu Hause an Infektionskrankheiten. Tief-

traurig saß die Mutter am Bett ihres sterbenden Töchterchens. Da erschien plötzlich eine leuchtende Gestalt, die das Kind auf die Arme nahm und mit ihm wegging. Die Mutter war völlig erstarrt und dachte: »Nun ist sie also tot.« Regungslos saß sie neben dem leeren Bett. Da erschien die leuchtende Gestalt wieder, von der die Frau nun sicher wußte, daß sie ein Engel war, legte das Kind wieder in sein Bettchen und verschwand, ohne etwas zu sagen.

Die Mutter wußte in ihrem Innersten, daß ihr Kind genesen war, und sie dankte Gott dafür, daß sie es das zweite Mal von ihm empfangen hatte. Nach einiger Zeit fühlte sie: »Nun kann ich zu ihr hingehen.« Sie stand auf, beugte sich über das Bettchen, das Kind lachte und blickte sie mit strahlenden Augen an. Als der Arzt wiederkam, war er wie vom Donner gerührt, denn er war ein nüchterner Mann, der mit beiden Beinen auf dem Boden der Tatsachen stand. Schließlich sagte er nur: »Hier ist ein Wunder geschehen!«

Der Leser möge noch einmal die Geschichte Nummer 14 nachschlagen und sich an den Erfinder erinnern, der durch zwei Engel gerettet wurde. Dieser Mann war der Großvater jener Frau, die ihre Schwiegermutter nach der besonderen Beziehung zu ihrer jüngsten Tochter fragte. Man kann also sagen, daß in der Familie dieser Frau die Engel an zwei verschiedenen Zweigen der Verwandtschaft aufgetaucht sind.

Nicht immer muß ein Engel so lange erscheinen wie in der letzten Geschichte, damit eine Heilung stattfindet. Das zeigt auch die folgende Geschichte:

(47)

Eine Frau erinnert sich, daß sie als Kind einmal sehr krank war. Sie hatte lang anhaltendes hohes Fieber.

Da erschienen am Fußende ihres Bettes zwei Hände, und sofort sagte sie: »Morgen bin ich wieder gesund.«

Und so war es auch. Die Geschichte ist hier von besonderem Interesse, weil es nach einer jüdischen Überlieferung heißt: »Stell dich niemals ans Fußende eines Kranken, denn dieser Platz ist für die Schutzengel reserviert.«

Obwohl ich in diesem Buch vor allem Menschen zu Wort kommen lasse, die mir ihr Erlebnis persönlich erzählt oder geschrieben haben, mache ich ab und zu eine Ausnahme, um bestimmte Punkte deutlicher hervorheben zu können.

(48)

Jemand aus Deutschland schickte mir einen Artikel zu, der von einem Masseur geschrieben war. Als dieser Mann eines Tages eine Frau massierte, erzählte sie ihm die folgende Geschichte. (Wie man weiß, löst Massieren nicht nur die Muskeln, sondern auch die Zunge.)

Sie war als Kind immer auf blühende Heide versessen gewesen. Die Liebe für das Heidekraut hat sie übrigens beibehalten.

Als sie sieben Jahre alt war, bekam sie eine schwere Lungenentzündung. Sie befand sich in akuter Lebensgefahr. Ihre Mutter war schrecklich ängstlich und schlief in einem Feldbett neben ihr. Plötzlich wurde die Mutter mitten in der Nacht wach, weil das Kind laut nach ihr rief. Sie schoß hoch und sah am Fußende des Bettes ihrer Tochter eine prächtige Gestalt in einem langen weißen Gewand stehen, mit einem großen blühenden Strauch Heidekraut in der Hand. Die Gestalt betrachtete in aller Ruhe ihre schlafende Tochter. Der Engel und das Kinderbett waren von Licht umgeben. Nach etwa zehn Sekunden löste sich die Gestalt auf, und es wurde dunkel im Zimmer.

Der Hausarzt mußte am nächsten Morgen zu seiner größten Verwunderung feststellen, daß das Kind genesen war. Er hörte sich die Geschichte von der Mutter an, konnte sie aber nicht so ganz glauben. Das Kind selbst, die Frau also, die es dem Masseur erzählte, erinnert sich an nichts.

Der Engel nahm also auch in dieser Geschichte seinen rechtmäßigen Platz am Fußende ein.

Es lohnt sich hinzuzufügen, daß man im schottischen Hochland aus blühender Erika und Honig einen sehr wirkungsvollen Hustensaft herstellt.

Das Kind wurde gesund, und das Heidekraut hatte damit etwas zu tun; aber wie der Engel mit Hilfe der Erika heilte, weiß ich nicht.

Wir haben aber schon gesehen, daß der Himmel einfache, gute Heilmittel liebt.

Es fällt auf, daß es auch bei diesen Kindergeschichten vor allem Frauen sind, die mir ihre Erlebnisse aus der Kindheit erzählen. Ich bin davon überzeugt, daß es genauso viele Jungen gibt, die diese Erfahrungen gemacht haben, aber Männer haben viel mehr Angst, ihr Gesicht zu verlieren und werden deshalb nicht so ohne weiteres damit herausrücken.

Die folgende Geschichte wurde mir auch wieder von einer Frau erzählt. Als sie mir schrieb, war sie fünfundsiebzig.

(49)
1914 brach der Erste Weltkrieg aus, und in Den Haag wurden alle Kinder gegen Pocken geimpft.

Diese Frau war damals vier Jahre alt. Leider gehörte sie zu den Kindern, die davon Enzephalitis bekamen. Sie fiel schnell ins Koma. Nach vier Tagen sagte der Hausarzt zu ihrer Mutter: »Heute nacht kommt die Krise, und dann ist es mit ihr rasch vorbei.«

Die Mutter wachte nachts am Bettchen, als das kleine Mädchen sich plötzlich völlig ausstreckte. Schnell rief die Mutter den Vater herbei, weil sie dachte, dies sei das Ende.

Was geschah inzwischen mit dem Kind?

Sie erinnert sich, daß sie gerade irgendwohin gehen wollte, als plötzlich ein Engel vor ihr stand. Er hatte die Gestalt eines Kindes von zwölf Jahren, war völlig in weiß gekleidet und sehr schön anzuschauen. Sie standen unter einem prächtigen hellblauen Himmel.

Direkt anschließend kam sie zu Bewußtsein und rief aus: »Oh, Mama, eben war ich bei einem kleinen Engel!«

Die Erfahrung stand der Frau immer noch deutlich vor Augen. Sie bemerkt dazu, daß sie noch nie in der Sonntagsschule oder in der Kirche gewesen war, so daß sie auf ein solches Erlebnis nicht vorbereitet war.

Hier können wir noch einmal die bemerkenswerte Tatsache beobachten, daß der Engel nichts tat. Er war einfach nur da. Die Begegnung bedeutete bereits die Heilung. Die Frau hat diese zumeist tödlich verlaufende Krankheit ohne Spätfolgen überstanden.

Engel sind die Hände und Füße Gottes. Seine unmittelbare Gegenwart vertreibt jede Krankheit. Die Frau aus dem Neuen Testament, die bereits zwölf Jahre an Ausfluß litt, wußte das auch. Sie berührte heimlich und nur ganz kurz Seine Kleidung und war geheilt (Matthäus 9, 21).

Dieser letzte Fall von dem Mädchen mit Enzephalitis war natürlich kein Beispiel für eine Engelbegegnung bei vollem Bewußtsein. Manche werden vielleicht sagen: Das Kind hatte eine Enzephalitis, was kann man da anderes erwarten als Halluzinationen?

Wir wollen jedoch nicht vergessen, daß das Kind in letzter Sekunde und mit einem Schlag gesund wurde!

Man sollte sich davor hüten, zu denen zu gehören, die am ersten Pfingsttag in Jerusalem die vom Heiligen Geist erfüllten Apostel in vielen Sprachen sprechen hörten und spotteten: »Sie sind voll von süßem Wein!«

Rettungen

Zur Einleitung der nächsten Geschichte muß ich erst etwas erklären.

Jahrelang habe ich meiner Familie zu Weihnachten eine Erzählung geschrieben. Die wurde dann vorzugsweise unter dem erleuchteten Weihnachtsbaum vorgelesen.

Seit dem Erscheinen meines ersten Engelbuchs habe ich als Vorlage für eine solche Erzählung manchmal Geschichten benutzt, die sich wirklich ereignet haben. Die Familie durfte dann anschließend raten, was wirklich geschehen war und was ich mir zusätzlich ausgedacht hatte.

Hier kommt jetzt eine solche Geschichte, und nun darf der Leser raten.

(50)
Der Südwesten von Florida ist nicht nur ein Gebiet, in dem Alligatoren durch Sümpfe schwimmen, es gibt auch weite Flächen mit Gestrüpp, Palmen und flachen Gräben.

Es war ein warmer, feuchter Dezember, und es ging auf Weihnachten zu. In der Nacht hatte es etwas geregnet, und nun blies ein leichter Wind aus Südosten, der feuchte Luft vom Ozean heranführte; aber es war trocken und die Sonne schien.

Durch die stille, verlassene Landschaft lief ein Junge mit einem Hund. Der Junge hieß Mark Durrance. Er war zwölf Jahre alt und trug ein T-Shirt, Jeans und feste Lederstiefel. Er hatte blondes Haar und hellblaue Augen. Über seiner Schulter hing ein Luftgewehr.

Sein Hund Bobo hatte die Größe zwischen einem Pudel und einem Hirtenhund, war braun und hatte einen freundlichen Kopf. Mark ging gerne mit Bobo spazieren. Mit seinem Gewehr über der Schulter und seinem Hund neben sich fühlte er sich wie ein einsamer Waldläufer, völlig in Übereinstimmung mit der Tradition seines Landes.

Als Mark und Bobo auf dem Heimweg waren, sah Mark plötzlich in einer Fächerpalme einen bunten Vogel sitzen. Der Baum stand auf der anderen Seite eines Grabens, und weil er wissen wollte, was das für ein Vogel war, nahm er einen kleinen Anlauf und sprang über den Graben, die Augen auf den Vogel gerichtet.

Er landete auf etwas, daß unter seinem rechten Fuß wegrollte, und sofort fühlte er eine Explosion von Schmerz. Es war ihm, als ob jemand mit einem Beil seinen Fuß abhackte. Zuerst war er einen Augenblick lang wie betäubt, dann kam der alles beherrschende Schmerz, der wie sengende Hitze an seinem Unterschenkel entlang nach oben schoß. Mark schaute hinunter und sah zu seinem Entsetzen den riesigen Kopf einer Klapperschlange, die sich um seinen rechten Fuß wand.

Klapperschlangen können manchmal mehr als zweieinhalb Meter lang werden, und dies war solch ein riesiges Exemplar.

Die messerscharfen Giftzähne hatten sich durch die Lederstiefel hindurchgebohrt und waren zu allem Unglück genau in der großen Ader gelandet, die über dem Fußrücken verläuft. Die Schlange ließ nicht los – womöglich saß sie im Leder fest – und spritzte ihren gesamten Giftvorrat in Marks Fuß.

Schlangen haben verschiedene Sorten Gift. Das der Kobra zum Beispiel ist ein sogenanntes Neurotoxin, ein Nervengift, das das Opfer lähmt. Die Klapperschlange dagegen hat ein Gift, das das Blut gerinnen läßt und die Wände der Haargefäße zerstört, ein sogenanntes Hämotoxin. Das Opfer eines solchen Bisses kann noch ein paar Meter laufen, bricht dann aber zusammen. Bei einem Beutetier kann dann die

Schlange mit Hilfe eines spezialisierten Riechorgans, dem »Jacobsonschen Organ«, herausfinden, wo das Opfer liegt.

Die Klapperschlange greift übrigens im Gegensatz zu der in der Gegend auch vorkommenden Kupferkopfschlange keine Menschen an. Wenn sie irritiert wird, stellt sie die Spitze ihres Schwanzes auf und gibt ein warnendes Klappergeräusch von sich. Diese Schlange hatte dazu allerdings keine Zeit gehabt, weil Mark überraschend auf sie gesprungen war.

Als Bobo die Not, in der sich sein Herrchen befand, erkannte, griff er wütend die festgebissene Schlange an, aber erst, als er den Kopf des Reptils zwischen seine Zähne nahm und daran zu reißen begann, ließ das Ungeheuer los und verschwand im Gebüsch.

Mark war hundertvierzig Meter vom Haus entfernt und wußte, daß ihn hier niemand hören konnte. Er mußte vorsichtig versuchen, nach Hause zu kommen. Das durfte nicht zu schnell passieren, denn je schneller er lief, desto schneller bewegte sich das Gift auf sein Herz zu. Als er jedoch ein paar Schritte gemacht hatte, merkte er, daß er nicht weiter konnte. Der Schmerz war überwältigend. Seine Kräfte verließen ihn, und die Umgebung verschwamm vor seinen Augen. In seinem Körper hatte die große Zerstörung schon angefangen. Rote Blutkörperchen verklumpten sich, Haargefäße platzten, das Herz fing an, unregelmäßig zu schlagen, die Atmung wurde schnell und oberflächlich. Mark schien dem Tod geweiht.

Das Haus der Familie Durrance lag abgelegen am Fuße eines kleinen Hügels. Bobby Durrance, Marks Vater, war gerade dabei, die Sträucher in seinem Vorgarten zu stutzen, als Buddy, der älteste Sohn, schreiend angelaufen kam. »Papi, Mark ist von einer Schlange gebissen worden!«

Bobby, ein athletischer, kräftiger Mann, der jahrelang bei der Ölförderung gearbeitet hatte, rannte ins Haus und fand Mark bewußtlos auf dem Boden liegen. Debby, Marks Mutter, stand händeringend daneben.

»Was ist passiert?« fragte Bobby.

»Mark stand plötzlich in der Tür und sagte ganz ruhig: ›Ich bin von einer Schlange gebissen worden.‹ Dann fiel er bewußtlos auf den Boden und bekam heftige Krämpfe«, schluchzte Debby.

Gleichzeitig bemerkten sie, daß das Zimmer von einem durchdringenden moschusartigen Geruch erfüllt wurde, den sie auch bemerkt hatten, als einmal ein Haustier von einer Klapperschlange gebissen worden war.

Sie zogen, so schnell sie konnten, Marks Stiefel aus und fanden eine tückische rosarote Schwellung auf seinem rechten Fuß. Die Schwellung war so groß wie eine Grapefruit, und sie erkannten, daß Mark nur dann eine Chance hatte, wenn sie ihn so schnell wie möglich ins Krankenhaus brachten. Im Haus gab es kein Telefon. Sie banden rasch das rechte Bein ab, ohne dabei zu überlegen, daß das Gift, das in die Adern gelangt war, sich bereits weit ausgebreitet hatte, und rannten mit Mark auf dem Arm zu ihrem offenen Lieferwagen.

Während Marks Atmung immer schwächer wurde, fuhren sie mit Vollgas zur siebenundzwanzig Kilometer entfernten Klinik. Debby preßte ihr Gesicht auf das ihres Sohnes und spürte, daß seine Atmung immer schwächer wurde. Sie konnte nur noch beten, und zwar folgendes: »Und ob ich schon wanderte im finstern Tal, fürchte ich kein Unglück; denn du bist bei mir« (Psalm 23, 4).

Unsere alte Königin Wilhelmina kommentiert diesen Vers in ihrem schönen Büchlein *Der Herr ist mein Hirte*.

Sie erklärt, daß sich dieser Vers aus dem Psalm Davids auf die tiefe dunkle Spalte im Gebirge zwischen

138

Jerusalem und Jericho bezieht. Vor allem nachts war dies eine gefährliche Gegend. Nun gibt es dort zwar eine Straße, die zum Toten Meer hinunterführt, aber zu Zeiten Davids war dieser Weg voll tiefer Spalten und Abgründe und deshalb bei Schafhirten berüchtigt.

Diesen Vers sprach Debby die ganze Zeit vor sich her, während sie mit dem sterbenden Kind dahinrasten.

Zwei Kilometer vor der Klinik lief der Motor heiß, er begann zu spucken und der Lieferwagen blieb stehen. Bobby sprang heraus und fing verzweifelt an, mit den Armen zu winken, aber niemand hielt. Dann nahm er Mark aus Debbys Armen, trug ihn zur Mitte der Straße und hielt das schlaffe, nun fast tote Kind wie eine Flagge hoch.

Ein haitianischer Landarbeiter schließlich fuhr nicht um sie herum, sondern trat auf die Bremse. Er sprach kein Englisch, verstand aber augenblicklich, was los war, ließ die Familie einsteigen und raste ihren Angaben entsprechend zur Klinik.

Es stellte sich heraus, daß Mark sich in so ernstem Zustand befand, daß die Ärzte nicht viel ausrichten konnten. Er war nun fast tot und atmete nicht mehr. Er wurde sofort an eine Beatmungsmaschine angehängt, erhielt eine Infusion und wurde dann mit einem Krankenwagen in ein sechzehn Kilometer weiter entferntes großes Krankenhaus gebracht, das mehr Möglichkeiten bot.

Der Chirurg Michael Nycam, der gerade dabei war, sein Boot zu putzen, wurde schnell über Funk verständigt. Mark bekam große Mengen Gegengift gespritzt, das aber nichts half. Seine Nieren arbeiteten kaum noch, und seine Atmung konnte nur noch künstlich aufrechterhalten werden. Überall kam es zu inneren Blutungen. Im Laufe von vierundzwanzig Stunden erhielt er achtzehn Bluttransfusionen.

Den ganzen nächsten Tag schwebte Mark zwischen Leben und Tod. Sein rechtes Bein drohte aufgrund der Schwellung abzusterben, und man mußte tiefe Einschnitte vornehmen, um den Kreislauf zu entlasten.

Debby saß den ganzen Tag am Bett und betete laut neben ihrem bewußtlosen Sohn, denn – so dachte sie – er lag zwar im Koma, aber vielleicht drang es ja doch zu ihm durch.

Der Gedanke war nicht so abwegig, denn wir wissen jetzt, daß Komapatienten und manchmal auch Operationspatienten die Gespräche in ihrer Nähe hören können.

Zum großen Erstaunen aller kam Mark am dritten Tag wieder zu Bewußtsein. Als er wieder völlig da war, erzählte er mit auffälliger Klarheit, wie er auf die Klapperschlange gesprungen war, und die herbeiströmenden Ärzte und Krankenschwestern lachten laut los, als er seinen Vater um Entschuldigung dafür bat, daß er so unvorsichtig gewesen war. Alle waren erleichtert, daß er keine Hirnschäden davongetragen hatte.

Später, als das ganze Personal das Zimmer wieder verlassen hatte, saßen seine Eltern an seinem Bett. Debby wischte ihm die geschwollene Stirn ab und hielt seine aufgedunsene Hand.

»Eines habe ich noch nicht verstanden«, sagte Bob. »Wie bist du in Gottes Namen nach Hause gekommen?«

Die Frage blieb einen Augenblick im Raum stehen, während sie still dasaßen und die Sonne in das Krankenzimmer hereinschien. Dann fing Mark an zu erzählen:

»Als ich da wie angewurzelt stand und wirklich keinen Schritt mehr machen konnte, erschien plötzlich ein in weiß gekleideter Mann vor mir. Er hob mich hoch und trug mich das Stück bis nach Hause. Er hatte eine tiefe freundliche Stimme und erzählte mir beim

Gehen, daß ich krank werden würde, aber daß ich keine Angst zu haben brauchte, weil ich am Leben bleiben würde.

Dann waren wir bei unserem Haus. Er ging mit mir die dreizehn Stufen bis zur Haustür hinauf und setzte mich dort ab. Dann stieg er vor meinen Augen zum Himmel auf. Ich wußte, daß er Gott war. Ich konnte gerade noch einen Schritt ins Haus machen und sagen, daß ich von einer Schlange gebissen worden war. Von da an weiß ich nichts mehr, bis ich heute wach wurde.«

Mark erzählte alles ganz ruhig und nüchtern. Es gibt keine natürliche Erklärung dafür, wie er die Entfernung von hundertvierzig Metern über unwegsames Gelände zurückgelegt haben könnte.

Er mußte anschließend noch eine Reihe von Hauttransplantationen an seinem Fuß überstehen, wo viel Gewebe verloren gegangen war, aber er ist wieder völlig genesen.

Wir sprechen ja manchmal in übertragenem Sinne von jemandem, der in schwierigen Situationen von Gott getragen wurde, aber Mark wird mit dem Wissen durchs Leben gehen, daß ihm das buchstäblich passiert ist!

Jetzt wollen Sie wahrscheinlich zuerst einmal wissen, was an dieser Geschichte wahr ist.

Die *ganze* Geschichte ist wahr. Einige von Ihnen kennen sie vielleicht, sie stand in *Das Beste* von Readers Digest im Oktoberheft 1988. Sie ist von Henry Hurt.

Das einzige, was ich mir zusätzlich ausgedacht habe, ist, daß sie sich im Dezember ereignete, weil sie nun einmal am Heiligen Abend vorgelesen werden sollte. Darüber hinaus ersann ich die Wetterbedingungen, denn ich wußte nicht, ob eine Klapperschlange sich mitten im Winter draußen aufhält, und ich brauchte günstiges Wetter für sie.

An dieser Geschichte fällt auf – außer dem unglaublichen Wunder –, daß die Rettung darin bestand, daß der Junge nach Hause getragen wurde. Dann wurde ein wichtiger Teil den Eltern, einem haitianischen Arbeiter und dem gesamten medizinischen Personal überlassen. Es herrscht ein perfektes Gleichgewicht. Dort, wo Menschen etwas selbst fertigbringen konnten, überließ Unser Lieber Herr es ihnen. Dort, wo das nicht ging, griff Er Selbst ein.

Wieder die auffallende Kombination von Wunder und Menschenwerk, der wir immer wieder begegnen. Denken Sie zum Beispiel an das Kleinkind, das auf die Straße zurannte (S. 23). Der Kinderengel hielt das Mädchen gerade so lange zurück, bis die Eltern das Kind erreicht hatten.

Dies ist zugleich ein starkes Argument gegen jene Sonntagsschullehrerin, die den Kindern beibrachte, sie bräuchten sich auf der Straße nicht in acht zu nehmen, weil die Engel sich schon um sie kümmern würden (eine wahre Begebenheit). Es wird in diesem Leben von jedem von uns maximaler Einsatz verlangt. Was darüber hinaus geht, kann der Himmel schenken.

Warum der Himmel das so oft nicht tut, ist eines der großen Rätsel des Daseins.

Ich möchte gerne noch etwas zu Mark sagen.

Alte östliche Erzählungen handeln oft von jemandem, der gerade dem Tode entkommt. Ein Stein verfehlt ihn knapp, eine Schlange beißt nicht zu. Das passiert, weil die Person, die davonkommt, etwas Gutes getan hat, das nicht von ihr erwartet werden konnte, und weil sie dadurch einen Aufschub in ihrem persönlichen Zeitplan erhielt. Sie entging der Schlange oder dem Stein.

Dennoch sagt der Kommentar dann: »Die Schlange (der Stein) wartete von Beginn der Schöpfung an auf ihn/sie, doch Gutes tun bewahrt vor dem Tod.«

Man ist im Osten völlig davon überzeugt, daß wir nicht einfach nur so geschaffen sind, sondern daß die äußeren Umstände gleichzeitig mit uns geschaffen werden. In dem Sinne könnte man sagen, daß die Klapperschlange vom Beginn der Schöpfung an darauf wartete, Mark zu beißen. Es schien, als ob er aus Versehen genau dort gelandet wäre, aber dem war nicht so. Die Schlange war in Wirklichkeit diejenige, die ihn ... Unserem Lieben Herrn näherbrachte.

Damit erhält die Geschichte eine mehr als alltägliche Bedeutung.

Am Beginn unserer Geschichte steht eine Schlange.

Ach, ach, hätte Eva nur nicht auf sie gehört!

Trotzdem sagen jüdische Kommentare: Die Bibel schreibt nicht, wie es hätte sein sollen, sondern wie es *war*. Eva mußte auf sie hören, sonst hätte die Geschichte nicht weitergehen können.

Ich möchte in diesem Buch immer wieder betonen, daß es in dieser Welt um die Erweckung unserer unsterblichen Seele geht. Es ist die Seele, die für die Auferstehung vorgesehen ist.

Achten Sie doch einmal auf den herrlichen Aufbau der Geschichte.

Zuerst ist da der Jäger mit seinem Hund. Der Hund ist das Tier, das uns in die Außenwelt hinauszieht. Alles ist aufregende Jagd. So beginnt unser Leben. Wir vergessen, daß wir für etwas anderes hier sind als zum Jagen.

Dann zieht ein seltener Vogel unsere Aufmerksamkeit auf sich.

Dies erinnert an die Geschichte von dem blauen Vogel, dem man sein ganzes Leben lang nachjagt und den man schließlich auf seinem eigenen Dach findet. Diese legendäre Geschichte deutet an, daß ein Mensch ruhelos bleiben muß, bis er den wahren Sinn des Lebens entdeckt hat.

Dann kommt die große Krise. Die tritt im Leben oft um das vierzigste Lebensjahr herum auf. Depression, Krankheit, ein Unfall.

Man entdeckt, daß man nicht der ist, der man zu sein dachte.

Es ist das Stadium, daß im Buch Jona so unvergleichlich schön in Worten wiedergegeben ist, als Jonas im Bauch des großen Fisches zu Gott betet:

»Wasser umgaben mich und gingen mir ans Leben, die Tiefe umringte mich, Schilf bedeckte mein Haupt. Ich sank hinunter zu der Berge Gründen, der Erde Riegel schlossen sich hinter mir ewiglich« (Jona 2, 6–7).

Und dann kommt als große Überraschung, daß wir nicht aus uns selbst heraus bestehen.

Daß wir nicht so aufgeregt herumhetzen und alles regeln müssen, sondern daß es Gott ist, der uns trägt, liebt und führt.

So wird Mark nach Hause getragen.

Jonas sagt: »Aber du hast mein Leben aus dem Verderben geführt, Herr, mein Gott!« (Jona 2, 7).

Hier ist die Geschichte nicht zu Ende, nein, sie fängt gerade erst richtig an. Mark geht durch Schmerzen, Krankheit und Operationen hindurch und hat dann ein ganzes Leben vor sich, aber als ein neuer Mensch; und darum ging es bei dem Ganzen. Damit ist seine Geschichte mehr als nur eine weitere Engelgeschichte. Sie ist zum Archetyp des Lebensrhythmus geworden, wie er verlaufen sollte. Engelgeschichten und Himmelgeschichten sind niemals Sensationsgeschichten.

Durch das verblüffende Äußere einer solchen Erfahrung hindurch können wir immer einen tieferen Sinn entdecken, der ihr eine völlig andere Wendung gibt.

Eine Begegnung mit dem Himmel ist zugleich Wirklichkeit *und* Symbol. Man kann darin immer mehrere Bedeutungen erkennen.

Man sagt wohl schon mal: »Wenn man ein bestimmtes Ereignis aus der Bibel symbolisch auslegt, ist es dann auch wirklich geschehen? Wenn zum Beispiel der Auszug von Israel durch die Wüste als der Auszug der Menschheit aus der materiellen Wirklichkeit in himmlische Gefilde interpretiert werden kann, hat der Exodus dann wirklich stattgefunden? Oder: wenn die Heilung eines Blindgeborenen im Neuen Testament symbolisch besagt, daß wir alle blind geboren sind und die Augen unseres Geistes sich in diesem Leben öffnen sollten, hat Jesus dann auch in Wirklichkeit einen Blindgeborenen geheilt?«

Natürlich hat es wirklich einen Exodus gegeben, und natürlich ist wirklich ein Blindgeborener geheilt worden. Aber zugleich bedeuten diese Ereignisse auch für jeden von uns etwas, sonst wären es nur schöne Geschichten aus einer anderen Zeit und von einem anderen Ort. Gerade an den Engelgeschichten, die sich *jetzt* in unserer Mitte ereignen, können wir lernen, wie Ereignis und Symbol Hand in Hand gehen.

Da ich meinem guten Vorsatz, so viele Geschichten wie möglich aus erster Hand zu erzählen, wieder einmal untreu geworden bin, bleibe ich noch eben auf dem Gebiet, das ich mir selbst verboten habe, und erzähle Ihnen die folgende Geschichte aus *The News* (»Die Nachrichten«), Maple Ridge, vom 2. Januar 1985. Sie werden diese Zeitung nicht täglich lesen, vielleicht ist diese Geschichte also neu für Sie.

(51)
Am 12. Dezember 1984 lag ein Mädchen mit Namen Jennifer Mangone im Bett. Sie war gerade eingeschlafen, als ein Kurzschluß in ihrem Zimmer entstand. Sie wurde durch ein knisterndes Geräusch in der Nähe ihres Bettes wach und schlief dann wieder ein. Eine Stunde später wurde sie wieder wach, weil ihr der Ge-

ruch von Rauch in die Nase stieg. Sie kniete sich vorsichtig auf ihr Bett, schaute sich um und sah Rauch und Flammen. Sie rief nach ihrer Mutter und schrie aus vollem Hals, daß es brenne. Ihre Mutter hörte sie schreien, da sie mit ihrem zweijährigen Töchterchen auf dem Schoß im Wohnzimmer saß, rannte zu Jennifers Zimmer, öffnete die Tür und sah zu ihrem Entsetzen nur Rauch und Flammen. Sie rief Jennifer zu, sie solle bleiben, wo sie war, und lief zu den Nachbarn, der Familie Leask. Dort ließ sie ihre zweijährige Tochter, und Bob Leask lief mit ihr zurück.

Als Bob Leask bei Jennifers Zimmer ankam, sah er auch nur Feuer und Rauch und rief: »Jennifer, spring hierher! Spring!« Aber Jennifer – sie war noch keine neun Jahre alt – traute sich nicht. »Spring in die Richtung meiner Stimme!« rief Bob noch einmal. Aber Jennifer war in Panik und zögerte weiterhin.

Plötzlich erschienen an ihren Schultern zwei große, weiß gekleidete Gestalten. »Sie waren zu groß für das Haus«, sagte Jennifer später. Sie beugten sich weit vor, packten sie an den Schultern und warfen sie in hohem Bogen, quer durch den Rauch und die Flammen, geradewegs Bob in die Arme. Es waren zweieinhalb Meter von ihrem Bett bis zur Tür. Als sie sich umdrehte, konnte sie keine Engel mehr sehen.

Jennifer kam ohne Rauchvergiftung und auch ohne eine einzige Brandblase davon. Am Sonntag in der Kirche rührte sie alle Kirchgänger zu Tränen, als sie erzählte, wie die Engel sie gerettet hatten.

Bei dieser Rettung begegnen wir erneut der seltsamen Erscheinung, daß die Engel »größer« waren als das Zimmer. In diesem Fall sogar größer als das Haus. Offensichtlich sah Jennifer zwei verschiedene Wirklichkeiten auf einmal: Die Engel paßten nicht in die materiellen Begrenzungen des Hauses, und dennoch waren sie da.

Solch ein kurzer Satz eines Kindes weist darauf hin, daß man es mit einer echten Geschichte zu tun hat.

Ich habe ein Foto von Jennifer hier vor mir liegen, ein schönes dunkelhaariges Kind, das gerade seine zweijährige Schwester küßt.

Die Engel werden bei Rettungen bei weitem nicht immer gesehen. Ich vermute sogar, daß sie meistens nicht gesehen werden und ihre Arbeit auf bescheidene und unauffällige Weise verrichten. Wenn wir immer über eingreifende Engel stolpern würden, könnten wir Menschen niemals erwachsen werden. Auf der Fahne des Himmlischen Vaters steht die Freiheit hoch oben.

(52)

Ein sechsjähriges Mädchen hatte gerade radfahren gelernt und sich zu Hause ein Fahrrad für »große Leute« geschnappt, um auf der Straße zu üben. Das war zu einer Zeit, als es noch nicht so viel Verkehr gab wie jetzt. Sie fuhr auf den Pedalen stehend. Bevor sie jedoch auf die Straße fuhr, hörte sie in sich eine Stimme sagen: »Steig vom Fahrrad!« Sie schaute sich verwundert um, konnte aber niemanden sehen. Die Straße war menschenleer, wie es vor dem Krieg oft der Fall war. Wieder sagte die Stimme: »Steig vom Fahrrad!« Als sie immer noch nicht reagierte, ermahnte die Stimme sie zum dritten Mal.

Dann erst tat sie, was ihr befohlen wurde.

Sie stieg ab, und zu ihrem größten Erstaunen fiel das Fahrrad in zwei Teilen auf die Straße. Die Gabel war gebrochen, und niemand weiß, was passiert wäre, wenn sie weitergefahren wäre. Wie reagierte sie nun darauf? Die Stimme war für sie kein Grund zum Staunen, und erst recht kein Anlaß zu Dankbarkeit. Ihre einzige Gefühlsregung in dem Moment war Wut darüber, daß sie das auseinandergebrochene Fahrrad nicht alleine nach Hause tragen konnte. Erst viel später hat sie das Besondere an dem Ereignis erkannt. Sie ist Pfarrerin geworden.

(53)
Ebenso unsichtbar und trotzdem ganz deutlich anwesend war der Schutzengel in der folgenden Geschichte, die sich im Sommer 1989 ereignete. Sie wurde mir nicht geschrieben, sondern in der Sprechstunde von derjenigen erzählt, der sie passiert ist. Die Frau hielt sich eines Tages mit ihrem vierjährigen Töchterchen im Garten auf. Das Kind spielte in der Nähe des Schuppens, und sie stand ein Stück entfernt. Der Schuppen hatte eine schwere Tür mit Gitterfenster.

Ob es nun das Vibrieren eines vorbeifahrenden Busses war, das den verrotteten Türangeln den Gnadenstoß gab, oder etwas anderes, ist nicht bekannt, aber die Mutter sah plötzlich zu ihrem Entsetzen, daß die Tür sich gelöst hatte und auf das Kind herabzustürzen begann. Sie war zu weit entfernt, um eingreifen zu können, und sah wie in Zeitlupe, wie die bleischwere Tür mit zunehmender Geschwindigkeit auf das Kind zufiel. Noch einen Augenblick, und es würde erschlagen werden. Die Frau stieß einen lauten Schrei aus, und die Tür blieb, von nichts Sichtbarem aufgehalten, in einem Winkel von dreißig Grad über dem Kind stehen. Daraufhin zog dieselbe unsichtbare Kraft das Kind unter der Tür hervor, die dann mit einem schweren Schlag zu Bruch ging.

Die Berichterstatterin war noch sichtbar beeindruckt, als sie mir die Geschichte erzählte. Ich kannte sie und wußte, daß sie eine zuverlässige und nüchtern denkende Person ist.

(54)
Eine andersartige Rettung ereignete sich im Jahre 1952. Sie betrifft ein Mädchen, das damals sechs Jahre

alt war. Sie wohnte nicht weit von einem großen Schuttabladeplatz entfernt, und ihre Eltern hatten ihr verboten, dort zu spielen, weil das Gebiet in keinem guten Ruf stand. Was genau nicht gut daran war, sagten die Eltern nicht. Der Ort übte dadurch einen seltsamen Reiz auf das Kind aus. An einem Winterabend, als das Mädchen von der Klavierstunde kam, beschloß sie, den Weg am Schuttabladeplatz entlang zu nehmen, weil es eine Abkürzung war und sie so auf halb legale Weise einen Blick auf den geheimnisvollen Ort werfen konnte.

In der Nähe der Müllkippe kam ihr plötzlich ein Junge in ihrem Alter entgegengerannt, der rief: »Geh da nicht hin! Da steht ein unheimlicher Mann!«

Eigensinnig, wie das Mädchen war, überhörte sie die Warnung und ging einfach weiter. Es war völlig dunkel, und auf einmal stand sie direkt vor einem großen Mann, der sie drohend anschaute und seine Hände nach ihr ausstreckte. Sie wollte weglaufen, blieb aber vor Angst wie angewurzelt stehen. Der Mann machte einen Schritt nach vorn und wollte seine Arme um sie schlingen, als sie plötzlich in ihrem Rücken eine gewaltige Kraft spürte, die sie gleichsam zurückzog. Sie wurde einige Meter nach hinten versetzt und kam wieder genügend zu Verstand, um sich wie ein Hase umzudrehen und davonzurennen.

Dieser Vorfall stand ihr noch klar vor Augen, als sie ihn mir im Alter von vierzig Jahren schrieb.

Für jemanden, der stark moralistisch denkt, hätte dieses Mädchen vielleicht nicht gerettet werden dürfen. Sie übertrat die Vorschrift ihrer Eltern und schlug die deutliche Warnung des Jungen in den Wind. Dennoch wurde gerade *sie* gerettet, während ein braves Kind es vielleicht nicht geschafft hätte.

Jesus sagt: »Die Starken bedürfen des Arztes nicht, sondern die Kranken« (Matthäus 9, 12). Die Essenz des

Christentums ist die Rückführung des verirrten Menschen, nicht die Belohnung von Musterknaben.

In unseren Augen schlagen die Rettungen launisch und willkürlich zu, aber eines ist sicher: Gnade scheint in unserer Welt ein Faktor von ausschlaggebender Wichtigkeit zu sein. Gnade ist wichtiger als Strafe für Sünden.

(55)

Einer meiner Patienten, einer Frau, die ich schon achtundzwanzig Jahre kenne, ist übrigens etwas Ähnliches passiert wie dem Mädchen auf dem Müllplatz, obwohl sie ein gehorsames Kind war.

Als sie vierzehn Jahre alt war, fuhr sie eines Morgens mit einer Freundin auf dem Rad durch die Dünen von Wassenaar. Das Gebiet war damals noch still und verlassen, und die beiden Mädchen genossen an diesem klaren Tag die schöne Natur. Plötzlich schlug jedoch ihre Stimmung um. Das Mädchen verspürte ein unangenehmes Gefühl der Beklemmung.

Auf einmal stand ein Mann in einem hellblauen Overall vor ihnen. Er hatte seine Arme ausgebreitet zum Zeichen, daß sie anhalten sollten. Er hatte ein außergewöhnlich schönes Gesicht, und es ging große Liebe von ihm aus – sie spürte ihre Angst sofort verschwinden.

Der Mann sagte: »Es ist verboten weiterzugehen!« Dabei strahlte er soviel Autorität aus, daß die Mädchen sofort gehorchten und zurückfuhren. In dem Augenblick selbst fragt man sich nicht, was der Mann da so plötzlich macht. Sie verstanden überhaupt nicht, warum sie zurück mußten, fuhren aber mit ihren Rädern gemächlich nach Hause. Am nächsten Tag fragte ihre Mutter sie, wo genau sie am vorhergehenden Tag in den Dünen gewesen seien. Sie war nämlich durch einen Zeitungsartikel alarmiert und verbot ihrer Tochter, von nun an in die einsamen Dünen zu gehen. Später stellte sich heraus, daß in dem Moment, als die Tochter große Angst verspürt hatte, ein zwölfjähriges Mädchen von einem Psychopathen vergewaltigt und ermordet worden war.

Die Frau hat damals ihrer Mutter nichts von dem Vorfall mit dem Mann erzählt, aber im nachhinein begriff sie, daß es nicht einfach irgend jemand gewesen war, der sie gerettet hatte.

Warum wurde sie gerettet und das andere Mädchen nicht? Konnte der Engel das andere Kind nicht beschützen? Was sind das für rätselhafte Schicksalsfügungen? Immer wieder begegnen wir solchen Ungereimtheiten und müssen unsere grenzenlose Unwissenheit über die Schöpfung eingestehen.

Ich glaube, daß wir besser daran tun, uns über die Fälle zu freuen, bei denen die wunderbare Rettung doch erfolgt, als uns über die Fälle aufzuregen, in denen dies nicht passiert ist. Aus unserer Sicht ist der Himmel nicht logisch. Wenn eine Rettung stattfindet, ist das eher eine Ausnahme, die mit dem Lebensweg des Geretteten zusammenhängt, als eine Regel, die auf jedes bedrohte Kind zutrifft. Wenn wir das Sagen hätten, würden wir wahrscheinlich anders entscheiden, aber ich vermute sehr, daß wir dann erst so richtig in Schwierigkeiten kämen.

Es fällt schwer, es einzugestehen, aber wir wissen zu wenig, um über das Wie und Warum des Schöpfungsplans zu urteilen.

(56)
Manchmal denke ich, daß Engel Schwierigkeiten haben, unsere Aufmerksamkeit auf sich zu ziehen. Marilyn Carlson Webber aus Kalifornien schrieb vor einigen Jahren in *Guidepost* (»Wegweiser«), sie habe mit einer Frau gesprochen, die ihr erzählte, daß sie als

zehnjähriges Kind in einem Ruderboot auf einen See hinausgerudert sei. Es fing schon an zu dämmern, als sie hinausruderte, und bevor sie sich versah, war es pechschwarze Nacht. Der See war groß, und sie hatte nicht die leiseste Ahnung, wo sie war. Plötzlich erschien in der Ferne eine menschliche Gestalt. Sie schien zu glühen, hatte eine Laterne in der Hand und winkte ihr zu. Mit der ganzen Kraft, die ihr zur Verfügung stand, ruderte das Mädchen auf die Stelle zu, wo sie die Erscheinung stehen sah.

Endlich erreichte sie das Ufer, aber in dem Moment, in dem sie sicher das Land erreicht hatte, war die Erscheinung spurlos verschwunden.

Es ist eine ganz kleine Rettungsgeschichte, aber was für ein Juwel! Die Nacht dieser Welt, in der wir unseren Weg auf dem Strom des Lebens verloren haben, und die leuchtende Figur mit der Laterne am Ufer. Eine Begegnung mit dem Licht aus dem Himmel, das uns plötzlich die richtige Richtung weist. Es ist, als wollte uns diese Geschichte sagen: Hab keine Angst im Leben. Du magst dich verloren fühlen, aber irgendwo ist ein festes Ufer und eine Heimkehr. Achte gut auf Ihn, der das Licht ist!

Meine Behauptung, daß eine Engelerfahrung nicht beliebig geschieht, sondern in das Lebensschema eines Menschen paßt, wird durch die folgende Geschichte unterstrichen. Sie wurde mir von einer fünfundachtzigjährigen Frau aus Deutschland geschickt, die inzwischen gestorben ist. Sie schrieb mir, daß das geschilderte Erlebnis der Schriftstellerin Charlotte Hofmann widerfahren war. Wie die Briefschreiberin davon erfuhr, ist mir nicht klar. Es handelt sich hier also um eine Wiedergabe bei ungeklärter Quellenlage. Die Geschichte zeigt einen Aspekt der Engelerfahrungen, der sehr wichtig ist.

(57)

Ich werde die Geschichte kurz mit meinen eigenen Worten darstellen.

Versetzen Sie sich in eine verschneite Hügellandschaft in Deutschland. An einem Berg liegt eine kleine Stadt, von der aus zwei Wege ins Tal führen. Der eine ist eine Straße für Autos und andere Fahrzeuge, der andere ein Waldweg, auf dem man im Winter mit dem Schlitten zwar hinauf-, aber nicht hinunterfahren darf, weil sich schon einige Unfälle ereignet haben.

Im Tal steht ein großer Bauernhof, in dem eine Familie mit einigen Kindern wohnt. Sobald es irgendwie geht, müssen die Kinder auf dem Hof mitarbeiten.

Ein Mädchen von fast zwölf Jahren spielt die Hauptrolle in dieser Geschichte. Zeit der Handlung: Heiligabend.

Die Bäuerin schickt ihre Tochter mit ihrem dreijährigen Bruder los, damit sie oben in der kleinen Stadt noch einige Weihnachtseinkäufe erledigt. Die Tochter setzt den Bruder auf einen Schlitten und macht sich über den Waldpfad auf den Weg.

Ich denke, daß das Mädchen in seiner geistigen Entwicklung etwas frühreif ist, denn jung wie sie ist, befindet sie sich in einer Glaubenskrise. Sie hat das unheimliche Gefühl, daß die Erwachsenen ihr eigentlich einen Bären aufgebunden haben, daß Gott vielleicht überhaupt nicht existiert und daß die Weihnachtsgeschichte nicht mehr ist als ein nettes Märchen. Sie fühlt sich elend und leer; zu allem Überfluß ist sie es, die abends das Weihnachtsevangelium vorlesen soll.

Als sie so weitergehen, sagt sie leise zu sich selbst, daß sie bis hundert zählen will und daß Gott dann ein Zeichen geben soll. Tut er das nicht, so existiert er nicht.

Ich habe lange darüber nachgedacht, ob ich diese Geschichte in mein Buch aufnehmen soll, aber ich finde, daß das zählende Kind so echt und so völlig kindlich ist, daß ich nicht widerstehen konnte.

Sie zählt bis hundert, und es passiert nichts. Dies hilft ihr natürlich auch nicht aus dem Dilemma, sondern vergrößert nur noch ihre Unsicherheit.

Oben in der Stadt erledigt sie ihre Einkäufe und will dann auf der großen Straße wieder hinunter. Die Straße ist jedoch gestreut. Das Mädchen ist müde von dem Ausflug und hat nun außer ihrem Bruder auch noch die eingekauften Dinge bei sich. Weil sie keine Lust hat, den Schlitten mühsam nach unten zu ziehen, nimmt sie nach kurzem Zögern den verbotenen Waldweg, und alsbald sausen die beiden Kinder fröhlich bergab. Es geht herrlich, sie fahren kreischend durch die Kurven und haben viel Spaß. Doch dann kommt eine scharfe Kurve, in der das Mädchen nicht schnell genug lenken kann, so daß der Schlitten aus der Kurve fliegt und sie den Berghang hinabsausen. Leider ist der Hang mit Tannen bewachsen, und eine dicke Tanne steht genau auf ihrem Weg. In einem Augenblick sieht sie, was passieren wird – der Bruder, der vorne sitzt, Schädelbasisbruch, wahrscheinlich tot, sie vielleicht schwer verwundet.

Dann, kurz bevor sie an den Baum prallen, springt plötzlich ein Mann vor den Schlitten. Er fängt ihn auf, alle zusammen rollen durch den Schnee und bleiben unversehrt dicht vor dem Baum liegen. Der Mann sagt nichts, kümmert sich nicht um das Mädchen, sondern setzt den kleinen Jungen wieder auf den Schlitten, bringt beide nach oben auf den Waldweg zurück und verläßt die Kinder, ohne ein Wort gesagt zu haben. Es dämmert schon, und sein Gesicht bleibt im Dunkeln.

Wie wirkt sich das auf das Mädchen aus? Sie hätte sagen können: »Das ging aber gerade noch gut! Was für ein Glück, daß der Mann gerade in dem Wald war!« Aber das geschah nicht. Sie fühlte sich durch dieses

154

Ereignis bis in die Tiefen ihrer Seele aufgewühlt. Einerseits war sie beschämt, denn sie erkannte, daß sich durch ihre Schuld beinahe ein schweres Unglück ereignet hätte, und dachte an den großen Kummer ihrer Eltern, wenn ihrem Bruder etwas passiert wäre. Andererseits war sie unendlich glücklich, denn sie hatte das deutliche Gefühl, daß Gott doch ein Zeichen gegeben hatte, daß es Ihn gab, wenn auch nicht nach dem Zählen bis hundert, sondern zu Seiner Zeit. Sie ging vorsichtig den Berg hinunter und konnte an dem Abend das Weihnachtsevangelium mit Freude im Herzen und einem wiedergefundenen Glauben vorlesen.

War das jetzt ein Engel? War das ein Arbeiter?

Ich habe keine Ahnung. Eines ist klar: Ob es nun ein Engel oder ein Arbeiter war, er gab diesem zwölfjährigen Mädchen genau im richtigen Moment den gezielten Anstoß, wodurch sie sich in ihrem Glauben weiterentwickeln konnte. Wenn der Helfer kein Engel war, dann trat er doch als Engel auf.

Wurde das Kind nun gerettet, weil es so brav war? Im Gegenteil, sie versuchte Gott mit ihrem Zählspiel, und das ist streng verboten. Sie nahm den verbotenen Weg und setzte damit das ihr anvertraute Leben ihres Bruders aufs Spiel.

Die Kleine war erst elf, aber sie wußte, daß das, was sie getan hatte, nicht richtig war. Wir werden auch nicht erlöst, weil wir so gut sind, sondern weil wir in die Irre gehen. Sünde gilt als schmutziges und primitives Wort. Ein Mensch sündigt nicht mehr, er macht etwas aus Versehen falsch, weil er zum Beispiel früher von seinem Vater geschlagen worden ist.

Wir sind im zwanzigsten Jahrhundert so verwirrt geworden, daß wir unser Empfinden für richtig oder falsch verloren haben. Unsere Entschuldigungen für das, was wir tun, sind inzwischen so raffiniert, daß wir uns selbst etwas vormachen.

Deshalb kann die Geschichte von diesem Mädchen uns etwas Bestimmtes lehren. Sie erfuhr am eigenen Leib, daß Gott sich gerade dann für einen erbarmen kann, wenn man eingesehen hat, daß man für das, was man angerichtet hat, keine Entschuldigung hat. In dem Augenblick, bevor der Schlitten an den Baum prallte, sah sie das ein. Der Fehler, den sie gemacht hatte, stand in voller Klarheit vor ihr; dann wurde sie gerettet.

So etwas behagt vielen braven Leuten ganz und gar nicht.

Und doch ist es die Botschaft des Neuen Testaments.

Als eine Reihe äußerst rechtschaffener Priester die Nase darüber rümpfte, daß Jesus sich mit Menschen abgab, die in ihren Augen nichtswürdige Verbrecher waren, erhielten sie von Ihm die Antwort, daß Er nicht gekommen sei, die Gerechten zu rufen, sondern die Sünder (Matthäus 9, 13).

Zusammenfassend sehen wir in dieser Geschichte – wie so oft in den Engelgeschichten – eine doppelte Gnade geschehen: Errettung aus Lebensgefahr und Heilung der Seele.

Unser Lieber Herr hat eine andere Buchführung als wir Menschen untereinander.

Nach all diesen Engelgeschichten muß ich mir etwas von der Seele schreiben. Der menschliche Geist hat eine unangenehme Eigenschaft, nämlich sich an alles zu gewöhnen. Wenn wir kleine Kinder sind, sieht alles so frisch und neu aus. Die Farben sind von intensiver Klarheit. Wenn wir älter werden, verliert die Schöpfung etwas von ihrem Glanz, weil wir uns an alles gewöhnt haben. Nur nach einer schweren Krankheit kann die alte Frische der Jugend manchmal wieder zurückkommen. Dann scheint es, als ob die Farben wieder so wären, wie wir sie aus früheren Zeiten in Erinnerung haben. Manchmal geschieht das auch, wenn wir Dinge aus einer ungewohnten Perspektive sehen, wie zum Beispiel, wenn wir die wunderbaren Fotos der Erde sehen, die von einem Satelliten aus gemacht wurden. Sogar Wunder können leider zur Gewohnheit werden, wenn man zu viel von ihnen sieht. In Jerusalem nahm ich einmal an einem Heilungsgottesdienst von Kathryn Kuhlman teil.

Menschen sprangen jauchzend aus ihren Rollstühlen auf, Krebspatienten erzählten weinend, sie seien geheilt, vor unseren Augen vollzog sich ein ergreifendes Wunder nach dem anderen.

Wegen des überwältigenden Interesses leitete Kathryn einen zweiten Heilungsgottesdienst. Das Merkwürdige war, daß es am zweiten Abend völlig anders war. Dieselben Wunder ereigneten sich, und dennoch hatten wir das Gefühl, einem Theaterstück beizuwohnen, das wir vorher schon einmal gesehen hatten. Die Zahl der Wunderheilungen war so groß geworden, daß sie zur Gewohnheit geworden waren.

Dieses Gefühl von Alltäglichkeit berührte nicht nur mich, sondern auch meinen Begleiter an diesem Abend. Es ist beschämend, das einzugestehen, aber ich sage die Wahrheit.

Ich denke auch, es kann daran liegen, daß ein Wunder das Leben eines Augenzeugen nicht verändert. Wir können das im Neuen Testament verfolgen, aber auch heutzutage noch. Das Leben der Menschen, die selbst ein Wunder erleben, verändert sich in den meisten Fällen grundlegend. Diejenigen, die davon hören, nehmen es dagegen oft nur zur Kenntnis und gehen dann wieder zur Tagesordnung über.

Dies ist eine frappierende Bestätigung für meine Behauptung, daß ein Wunder dort an seinem Platz ist, wo der Empfänger eine Art kritische Ladung erreicht hat. Die Knospe ist kurz vorm Aufspringen, der Kokon kurz vorm Aufbrechen. Kein Mensch wird zufällig von einem Engel besucht oder mit einem Wunder bedacht.

In einem Buch wie diesem droht die gleiche Gefahr, die wir beim zweiten Heilungsgottesdienst auftreten sahen. Diese Gefahr wird von Buddingh treffend auf seiner eigenen Grabinschrift wiedergegeben: »Engel genug, aber nirgends ein Krug (= Gasthaus).« Er denkt vermutlich, daß ein gemütliches Gasthaus im Himmel genauso selten ist wie ein Engel auf der Erde.

Wenn es zu viele Engel gibt, geht der Kontrast verloren. Es ist darüber hinaus sehr schwierig, ständig aufs neue etwas Himmlisches zu beschreiben. Wenn wir die *Göttliche Komödie* von Dante lesen, werden wir von der Hölle mit all ihren Schrecknissen mehr fasziniert als vom Himmel in seiner fast abstrakten Glückseligkeit. Warum lesen wir ein spannendes Buch? Weil allerhand schief geht. Wir würden uns betrogen fühlen, wenn der Held und die Heldin sich im ersten Kapitel kriegen und der Rest des Buches dazu diente, uns ihr pures Glück darzustellen.

Alle meine Engelgeschichten sind natürlich kleine Dramen, aber das Deus-ex-machina-Prinzip ist in allen vorhanden. Das allgemeine Muster ist: Ein Mensch gerät in Not. Ein Engel tröstet, gibt Rat, rettet.

Sie leben anschließend noch lange und glücklich, außer in einigen der Geschichten, die ich berichtet habe, in denen die Menschen starben. Nicht schlecht gemacht, aber ich muß dringend die Melodie ein bißchen verändern, um das Buch weiterhin spannend zu halten.

Deshalb handelt das folgende Beispiel von einer Begegnung, die aus irdischer Sicht nicht gut ausging.

Kinder und der Tod

Es ist fast anmaßend, etwas über dieses Thema zu schreiben, da ja Elisabeth Kübler-Ross so glänzende

Bücher darüber geschrieben hat. Mit einer entschuldigenden Verbeugung vor dieser Goßmeisterin hier einige Geschichten aus meinem Archiv.

(58)

In Südafrika erblickte ein Junge niederländischer Eltern das Licht der Welt. Es stellte sich leider heraus, daß der Kleine, Arie genannt, einen schweren Herzfehler hatte. Als er sieben war, konnte nur eine Operation in den Vereinigten Staaten ihn noch retten. Er mußte in das Flugzeug getragen werden. Drei Monate später konnte er wieder laufen und kam strahlend zurück, begleitet von seiner Mutter und einem jungen, unbekannten Arzt namens Barnard. Das war der, der später die Welt mit der ersten Herztransplantation in Erstaunen versetzen sollte.

Eines Tages, Arie war acht Jahre alt, war er alleine im Wohnzimmer und spielte. Als seine Mutter hereinkam, rief er plötzlich aus: »Schau, Mutti, da steht ein Engel!«

»Ich sehe nichts«, sagte sie verwundert.

»Guck doch, da!« sagte das Kind und zeigte auf eine Stelle im Zimmer. Die Mutter sah immer noch nichts, und dann sagte Arie: »Jetzt ist er weg.« Am nächsten Tag spielte er in einem anderen Zimmer auf dem Boden. Wieder rief er in dem Moment, als seine Mutter das Zimmer betrat: »Da steht der Engel wieder!«, und in demselben Augenblick starb er.

Dies ist vor ziemlich langer Zeit passiert. Aries Bruder und Schwester sind inzwischen erwachsen, aber niemand aus dieser Familie wird wohl jemals diesen Engel vergessen, der nicht nur kam, um ihn abzuholen, sondern auch, um die Eltern zu trösten. Solch ein Trost liegt auch in der folgenden Geschichte, die sich vor dreißig Jahren bei Niederländern in Frankreich abspielte.

(59)

Ein junges Ehepaar bekam das erste Kind. Zu ihrem großen Kummer erwies sich, daß der kleine Junge zweifach behindert war. Er konnte nicht laufen und nicht sprechen lernen. Sie sorgten sehr liebevoll für ihn. Ein paar Jahre später wurde die Frau wieder schwanger. Sie war natürlich sehr besorgt, daß das nächste Kind auch behindert sein könnte. In dem Maße, wie die Monate verstrichen, steigerte sich ihre Unruhe. Der Arzt, der ihre große innere Spannung bemerkte, riet ihr, den behinderten Sohn während der letzten Schwangerschaftswochen in einem guten Heim unterzubringen, weil er dachte, daß sie dann etwas entspannter der Geburt entgegensehen würde. Das geschah, und einige Wochen später bekam sie ein normales, gesundes Baby.

In der Zeit dauerte ein Wochenbett noch zehn Tage. Als der neunte Tag verstrichen war, beschloß die Mutter, am nächsten Tag ihrem Arzt zu sagen, daß ihr Ältester nun wieder nach Hause kommen könnte; am zehnten Tag machte der Arzt früher nämlich seinen Abschiedsbesuch, das Wochenbett war dann vorbei.

In der Nacht vom neunten auf den zehnten Tag hatte die Frau ein wunderbares Erlebnis. Sie war hellwach und sah auf einmal, wie ihr behinderter Sohn vollkommen normal an ihrem Bett entlanglief. Er war nicht alleine, sondern lief an der Hand von jemandem, zu dem er hochschaute und dem er etwas sagte. Der andere antwortete ihm auch.

Als der Doktor morgens zu ihr kam, fand sie, daß er müde und besorgt aussah. Sofort erzählte sie ihm das nächtliche Erlebnis und betonte noch einmal, daß ihr gelähmtes und stummes Kind sowohl ging als auch sprach.

»Ach«, sagte der französische Arzt, »der, mit dem er da ging, war sein Schutzengel, der ihn heute Nacht geholt hat. Ich muß Ihnen nämlich mitteilen, daß ihr Sohn heute Nacht gestorben ist.«

Als die Frau die Geschichte ihrem Mann erzählte, sagte er:

»Wenn jemand anders mir das erzählt hätte, hätte ich es ihm nicht geglaubt, aber du phantasierst nicht. Nun wissen wir genau, daß Rudi glücklich ist.«

Ich habe noch mehr Beispiele von Menschen, die ihre behinderten Kinder nach dem Tod an Leib und Seele gesund wiedersahen.

Es ist schrecklich, wenn der Körper aus Fleisch und Blut nicht mehr will, aber es ist eine vorübergehende Katastrophe. Ich denke, daß die Menschen, die das Leben anderer ruinieren, *hier* zwar dick, rund und mächtig herumlaufen können; wenn wir sie aber jenseits des Grabes sehen könnten, würden wir bemerken, daß ihre Seele zweifach behindert ist.

Ist man *hier* behindert, dann ist man das Opfer dieser schwierigen und gefährlichen Welt. Wenn man jedoch dort behindert ist, dann ist man das Opfer von sich selbst.

Es ist meine Überzeugung, daß jedes sterbende Kind von Engeln abgeholt wird. Meistens sieht man die Engel nicht, aber wenn das doch der Fall ist, ist es zu Gunsten der trauernden Angehörigen.

Schutzengel von Kindern können nämlich einen der Eltern mit unter ihre Fittiche nehmen.

(60)
Im November 1982 brachte eine begabte Malerin ihren Sohn ins Bett. Sie befand sich in der Zeit in einer geistlichen und materiellen Krise und war ziemlich bedrückt. Als sie den Jungen ins Bett gelegt hatte und er sofort in einen tiefen Schlaf fiel, legte sie sich kurz neben ihn, den warmen kleinen Körper dicht an sich gedrückt. Sie schloß die Augen, und plötzlich sah sie

vor ihren geschlossenen Augen eine lichte, wolkenartige Erscheinung in goldenen und violetten Farben. Sie öffnete die Augen schnell und schloß sie wieder, die Erscheinung dauerte an. Aber jetzt veränderte sie sich, und mitten in der Wolke formte sich ein unbeschreiblich freundliches, lächelndes Gesicht. Sie wußte mit absoluter Sicherheit, daß sie den Schutzengel ihres kleinen Sohnes gesehen hatte. Später hat sie in einem Gemälde, von dem sie mir ein Foto schickte, darzustellen versucht, was sie damals sah.

Eigentlich gehört diese Geschichte nicht in diese Rubrik, aber ich habe sie hier aufgenommen, weil sie zeigt, daß Engel nicht ausschließlich an ihren eigenen Schützlingen interessiert sind. Im Himmel gilt offensichtlich: je mehr Seelen, desto mehr Freude.

(61)
Das folgende Beispiel zeigt auch deutlich, daß Engel nicht nur kommen, um eine Seele zu holen, sondern auch, um Angehörige zu trösten.

Eine Mutter schickt mir ein langes, ergreifendes Gedicht über ihren dritten Sohn. Er wird als gesundes Kind geboren und wächst glücklich auf. Er wird ein Jahr alt, fängt an zu laufen und ist die Freude der ganzen Familie. Dann wird er krank; welche Krankheit es ist, geht aus dem Gedicht nicht hervor.

Es ist Sonntagmorgen, und er liegt mit hohem Fieber im Bett und schläft. Unten sitzt seine Mutter und hört sich einen Gottesdienst an. Das Thema der Predigt lautet: »Es geschieht nichts ohne den Willen des Herrn.« Nach der Predigt geht sie nach oben, um dem kranken Jungen was zu trinken zu geben: Sie findet ihn tot in seinem Bett.

Bitter beschreibt sie die Menschen, die sie zu trösten versuchen.

- »Sei froh, daß es nicht dein Mann war, der gestorben ist . . .«
- »Sei froh, daß du wenigstens ein normales Kind hattest und kein schwachsinniges so wie wir.«
- »Zum Glück bist du noch jung, du kannst noch Kinder kriegen.«

Mit solchen Worten kann man jemanden nicht aufbauen, und die Frau wurde durch diesen »Trost« womöglich noch niedergeschlagener, als sie schon war. Die Geschichte von Hiobs Freunden spielte sich für sie erneut ab. Diese Freunde versuchten Hiob nach allem, was ihm zugestoßen war, zu trösten, indem sie sagten, daß er wohl gewaltig gesündigt haben müsse, sonst wären ihm die Unglücksfälle doch nicht passiert.

Dann, eines Nachts, lassen sich an ihrem Bett zwei Engel nieder. Ihre erste Reaktion ist Angst: »Jetzt holen sie mich auch noch!«

Plötzlich fällt ihr auf, daß der eine Engel groß, der andere Engel klein ist. Sie traut sich nun, ihnen ins Gesicht zu sehen und stellt zu ihrer Überraschung fest, daß der große Engel das Gesicht ihres früh verstorbenen Bruders und der kleine Engel das Gesicht ihres gerade verstorbenen Sohnes hat. Außerdem brennt ein flackerndes Licht, das zugleich sehr sanft ist und das sie und die Engel ganz umgibt. Sie wird in himmlischem Licht gebadet.

Als Folge dieser Erfahrung begreift sie plötzlich, daß das Leben Sinn hat, daß die Lebensfäden in einen uns unbekannten großartigen Gobelin gewoben sind. Corrie ten Boom sagte immer: »Wir sehen hier nur die Rückseite des Gobelins, aber einst werden wir die Vorderseite in ihrer ganzen überraschenden Schönheit anschauen dürfen.«

Zu der Geschichte dieser Mutter möchte ich noch einiges anmerken:

Die Engel mit Gesichtern von geliebten Verstorbenen sind ein nicht unbekanntes Merkmal in Engelerlebnissen. Lassen Sie uns einmal der Reihe nach durchgehen, was für Gedanken darüber im Laufe der Zeit entwickelt wurden.

1. Der Gedanke, daß der Mensch einen »himmlischen Zwilling« hat, sein spirituelles Alter ego, mit dem er am Ende seines Entwicklungsweges wieder zu einer unteilbaren Einheit verschmilzt. Der Schutzengel wird dadurch zu einem Wesen, das uns viel näher steht als wir denken.
2. Der Gedanke, daß ein Mensch nach seinem Tod ein Engel oder ein Teufel wird. Diese Auffassung ist von Swedenborg.
3. Jesu Äußerung in seiner Zurechtweisung der Sadduzäer, die behaupten, daß es keine Wiederauferstehung gäbe.

Jesus sagt:
» . . . sie (die Auferstandenen) sind wie Engel im Himmel« (Matthäus 22, 30). Er vergleicht sie also mit Engeln. Es geht daraus hervor, daß der Mensch in der Auferstehung etwas von einem Engel hat, aber kein Engel ist.

Wenn ich diese drei Punkte mit dem vergleiche, was der Frau widerfahren ist, dann denke ich, daß sie den Onkel und das Kind »als Engel« gesehen hat. Ihr wurde in einer Vision (denn das ist die Bezeichnung, die sie selbst dem Ereignis gibt) gezeigt, daß sie darauf vertrauen kann, daß ein gestorbenes Kind nicht einfach verschwunden ist, sondern daß es in den Himmel zurückkehrt, wo es von Liebe umgeben ist.

Das ist übrigens ein persönlicher Gedanke. Ich gebe hier keine endgültige Lösung. Unser Bewußtsein ist so konstruiert, daß wir alles in Gegensätze aufteilen. Vielleicht ist aus der Perspektive des Himmels die Frage nach »Engel oder Mensch« unsinnig. Vielleicht stellt sich die Beziehung dort nicht als Gegensatz, sondern als Ergänzung dar. Hier fällt alles in zehntausend Dinge auseinander, dort werden wir die größte Einheit erfahren, die dieser Vielfalt zugrunde liegt.

Gerne will ich noch etwas über das Thema der Predigt sagen, die die Frau anhörte: »Es geschieht nichts ohne den Willen des Herrn.«

Maurice Nicoll ist in einer detaillierten Analyse auf diese These eingegangen. Jeder Christ kennt das Vaterunser, das Gebet des Herrn.

Wir alle – wenn wir Christen sind – haben unter anderem gelernt, in dem Gebet zu beten: »Dein Wille geschehe wie im Himmel so auf Erden« (Matthäus 6, 10).

Wir haben die Zeilen so oft gehört und gesagt, daß die große Gefahr besteht, daß wir sie automatisch aufsagen und die Bedeutung übersehen. Darum hat Nicoll diesen Satz noch einmal besonders klar formuliert, so daß deutlich wird, was Jesus hier seine Jünger gelehrt hat:

»Laß auch auf der Erde Deinen Willen geschehen, genauso wie er in den Himmeln geschieht.«

Die unausweichliche Schlußfolgerung aus Jesu eigenen Worten ist, daß Gottes Wille auf Erden meistens nicht geschieht.

Das Thema der Predigt: »Es geschieht nichts ohne den Willen des Herrn« widerspricht dem Vaterunser direkt.

Es geschieht hier alles mögliche ohne den Willen des Herrn. Als Er uns die Freiheit gab, nahm Er das enorme Risiko auf sich, daß alles mögliche »gegen« Seinen Willen geschehen würde. Bei dem gesamten Schöpfungsplan war es offensichlich nötig, dieses Risiko einzugehen. Hätte Er es nicht auf sich genommen, dann hätten wir Gott niemals aus freiem Willen lieben können, und genau darum geht es ja.

Daß Gott die Möglichkeit hat, die verworrenen Lebensfäden, die wir ziehen, doch noch zu einem prächtigen Gobelin zu weben, ist etwas anderes. Ein wirklich großer Künstler wird gerade die Schwächen in seinem Material so zu integrieren wissen, daß dadurch das gesamte Kunstwerk an Tiefe gewinnt.

Es möge niemand denken, alles Leid, alle Gleichgültigkeiten, alle Grausamkeiten, alle Trauer seien Gottes Wille. Es ist fruchtbarer, Ihn als jemanden zu sehen, der bereit ist, mit uns zu leiden. Das Kreuz mit der Geißelung, seinen Wunden und Schmerzen ist nicht etwas, das zweitausend Jahre zurückliegt. Für Gott ist alles ein ewiges Jetzt, und es ist an uns, Salz oder Balsam auf Seine Wunden zu geben. Er hat gezeigt, daß Er mit den Menschen gehen will, durch Leid und Tod hindurch. Allein deshalb war es für mich nie schwierig zu entscheiden, welche Religion die meine ist. Ich brauche keine erhabene, vage lächelnde Gottheit, die das Leiden als Illusion abstempelt. Ich möchte den leidenden Gott, der Verständnis für Seine Geschöpfe aufbringen kann, weil Er das Leid am eigenen Leib erfahren hat.

Aus den vielen Fakten, die in der zweiten Hälfte des zwanzigsten Jahrhunderts über das Sterben bekannt geworden sind, wissen wir, daß es oft vorkommt, daß Sterbende bereits verstorbene geliebte Menschen sehen, die sie holen kommen.

In etwas veränderter Form sehen wir in der folgenden Geschichte etwas Ähnliches.

(62)
Im August 1945 starb das einen Monat alte Baby eines Ehepaars.

Im Jahre 1983 lag die Frau, die damals ihr Kind

verloren hatte, an einem Sommerabend wach und sah auf einmal am Fußende ihres Bettes ein kleines Kind stehen, das nicht sie, sondern ihren Mann anschaute.

Ihr Mann schlief ruhig weiter. Sie hatte damals nur einen Gedanken: »Das ist unser Kind aus dem Himmel, und es kommt seinen Vater holen.« Sie knipste das Licht an und konnte dann das Kind nicht mehr sehen; aber als sie das Licht wieder ausmachte, war das Kind noch da.

Dieses Mal schaute es allerdings sie an.

Diese Begebenheit erschreckte die Frau sehr, und sie dachte: »Ich werde meinen Mann verlieren.« Dazu bestand übrigens kein Anlaß, denn er war gesund. Dennoch hatte sie das Erlebnis richtig gedeutet, denn ein halbes Jahr später starb er.

Auffallend auch wieder, daß das Wesen aus der anderen Welt am Fußende stand, dem Platz, der für den Schutzengel reserviert ist. Kann Beschützen in manchen Fällen Sterben heißen?

Es gibt noch etwas Eigenartiges an dieser Geschichte.

Ihr Baby war vor neununddreißig Jahren gestorben. Warum dachte sie dann: »Es ist unser Kind«? Wir kommen hier an ein sehr sonderbares Problem. Wachsen früh gestorbene Kinder im Himmel weiter? Wachsen sie langsamer als auf der Erde?

Müssen wir das Erlebnis viel symbolischer betrachten und erwägen, daß ein gestorbenes Kind für die Mutter ein Kind bleibt, solange sie lebt?

Irrte sich die Frau in der Identität des himmlischen Wesens? Ich werde diese Fragen sicherlich nicht beantworten.

Sie schießen einem durch den Kopf und bleiben hängen.

Das, was uns nicht klar geoffenbart wird, ist augenscheinlich nicht für uns bestimmt.

167

Nach dem Empfang der Thora sagt Israel:

»Was verborgen ist, ist des Herrn, unseres Gottes; was aber offenbart ist, das gilt uns und unseren Kindern ewiglich, daß wir tun sollen alle Worte dieses Gesetzes« (Deuteronomium 29, 29).

Das ist eine ernüchternde Aussage für Menschen, die in einem Jahrhundert leben, in dem man jedes Geheimnis wissen will, koste es, was es wolle.

Weihnachtsengel

Dieses Buch wäre ohne einige echte Weihnachtsengel nicht vollständig.

Die nun folgende Geschichte spielt sich in Lethbridge, Alberta, Kanada ab. Der Leser wird sich vielleicht fragen, wie ich da nun wieder herangekommen bin. Glück muß man haben, und meines bahnte sich folgendermaßen an: Vor vielen Jahren war eine alte Frau bei mir in Behandlung, die an Krebs litt. Sie machte mich mit einem alten Freund von sich bekannt, den sie in Berlin kennengelernt hatte, als ihr Mann vor dem Krieg dorthin versetzt worden war. Der alte Freund war Schweizer und in seiner berufstätigen Zeit ein berühmter Krebstherapeut, der mit seinen unorthodoxen Methoden viele Menschen vor dem Tod bewahrt hatte. Mittlerweile wohnte er in Kalifornien, und als er zu Besuch in Europa war, traf ich ihn im Hause meiner Patientin.

Bei der Gelegenheit sprachen wir ausschließlich über alternative Methoden der Krebsbehandlung, aber seit der Zeit hat der alte Kollege mir umfangreiche Briefe geschickt. Sie enthalten immer eine bunte Sammlung von Dingen, die vor allem zwei Themen betreffen: Medizinisches und Phantastisches. Ohne daß ich ihm jemals davon erzählt hätte, hat er mein

Interesse für das Irrationale gespürt, und noch heute kann ich alle paar Monate mit einem dicken Briefumschlag von meinem alten Freund rechnen, aus dem einmal der folgende Zeitungsartikel, wahrscheinlich aus einer Lokalzeitung, zum Vorschein kam.

(63)
Sara Holbrook, neun Jahre alt, hatte zusammen mit ihrem Vater Gale und ihrer Mutter Cissy den Weihnachtsbaum geschmückt; so beginnt der Journalist Milton Atwater seine Geschichte.

Die Familie lag bereits einige Zeit im Bett, als Sara sich daran erinnerte, daß sie vergessen hatte, den Weihnachtsengel in die Baumspitze zu setzen. Sie fühlte sich so unwohl, daß sie aus dem Bett stieg und ins Wohnzimmer ging. Sie nahm den Weihnachtsengel aus Aluminium und schaffte es, ihn oben im Weihnachtsbaum zu befestigen. Dann geschah etwas Seltsames. Der Engel begann zu ihr zu sprechen. Nicht, daß sie sehen konnte, daß er sprach, denn es spielte sich in ihrem Kopf ab; aber sie hörte: »Paß auf, es ist etwas mit den Leitungen der elektrischen Kerzen nicht in Ordnung. Wenn ihr daran nichts ändert, kann das ganze Haus abbrennen.«

Sara hatte Angst und sagte später: »Ich wußte nicht, daß Dinge, die nicht leben, doch sprechen können.« Sie rannte zu ihren Eltern, weckte sie auf und erzählte, was sie gehört hatte. Gale und Cissy dachten, Sara hätte geträumt, aber vorsichtshalber zogen sie das Kabel für die Christbaumkerzen aus der Steckdose. (Amerikaner lassen den Christbaum ruhig die ganze Nacht brennen.)

Am folgenden Tag holten sie Cissys Bruder, der Elektriker war und die Leitungen überprüfte. Er stellte fest, daß die Leitungen an einigen Stellen derart morsch waren, daß der Christbaum einer Zeitbombe glich. »Wenn die Kerzen noch eine Viertelstunde länger an gewesen wären, wäre das ganze Haus in Flammen aufgegangen«, sagte er. »Ich verstehe überhaupt nicht, wie Sara das von einem Stück Aluminium erfahren konnte«, meinte Cissy später.

Wenn wir genau darüber nachdenken, wird deutlich, daß Sara die warnende Stimme, die sie in sich hörte, auf den Aluminiumengel projiziert hat. Die älteren unter uns erinnern sich vielleicht an die ergreifende Leistung des Schauspielers Fernandel, wie er den etwas eigensinnigen Dorfpfarrer Don Camillo darstellte. Dieser Pastor führte regelrechte Streitgespräche mit dem Christusbildnis, das in seiner Kirche stand. Der Pfarrer machte gewissermaßen seine innere Stimme an dem Bild fest, und dann kam es zu dieser erheiternden Situation, in der Camillo seinen Willen durchsetzen wollte (mit seiner eigenen Stimme) und das Bild ihn mit tiefer und ruhiger Stimme freundlich aber bestimmt vom Gegenteil überzeugte.

Wie nahe Kinder doch den Engeln sind! Man sieht es klar an ihren Augen. Hören Sie sich die folgende Geschichte an:

(64)
Eine fünfundachtzigjährige Frau aus Deutschland schreibt mir, daß sie als Fünfjährige ein ganz besonderes Erlebnis hatte. Es war in der Vorweihnachtszeit, der Christbaum stand im Wohnzimmer, aber sie durfte auf keinen Fall hinein oder auch nur hineinsehen, denn es sollte eine Überraschung sein. Als sie jedoch an dem Zimmer vorbeikam, bemerkte sie, daß die Tür offenstand, und schaute vorsichtig um die Ecke. Da stand der Weihnachtsbaum in voller Pracht, und es waren auch schon alle Kerzen befestigt. Es waren echte Kerzen, denn 1901 (als sich dies ereignete) gab es noch keine elektrischen Kerzen.

Sie sah jedoch noch mehr. Vor dem Weihnachtsbaum stand ein riesengroßer Engel mit einem weißen wallenden Gewand und mit prächtigen, ausgestreckten Flügeln, der damit beschäftigt war, die Kerzen anzuzünden. Das Kind schaute fasziniert zu, aber dann entsann es sich plötzlich, daß es gerade etwas Verbotenes tat, und rannte weg. Das Bemerkenswerte ist, daß dieses Ereignis der alten Dame noch heute klar vor Augen steht.

Bei dieser Erzählung wird man an *A Christmas Carol* von Dickens erinnert, in dem der Geist des Gegenwärtigen Weihnachtsfests mit dem alten Scrooge unterwegs ist. Der Geist, ein vergnügter Riese in einem dunkelgrünen Mantel mit weißem Saum, der von einem goldenen Gürtel zusammengehalten wird, hat eine große Fackel in der Hand und verbreitet damit überall sichtbar Segen und Freundlichkeit. Er braucht nur ein bißchen Weihrauch von seiner Fackel auf die Menschen zu sprengen und sofort kommen sie in die richtige Weihnachtsstimmung.

Ich denke, die Familie des fünfjährigen Mädchens war eine glückliche und gute Familie, und mit der Hellsichtigkeit, die vielen kleinen Kindern eigen ist, konnte das Mädchen wahrnehmen, daß ein Engel über ihr Haus wachte und die Kerzen schon angezündet hatte, noch bevor die Menschen das dann tatsächlich mit Streichhölzern taten.

Engel in unterschiedlichen Situationen

Die Leser meines ersten Buchs werden sich daran erinnern, daß ich darin auch höhere Engelhierarchien wie Erzengel, Cherubim und andere erwähnt habe.

Vielleicht fragen Sie sich, ob jemand mir über die höheren Wesen geschrieben hat. Das ist tatsächlich geschehen, auch wenn es die Ausnahme ist. Dazu zunächst ein Ausschnitt aus einem sehr ergreifenden Brief, den ich aus Deutschland erhielt. Es war ein langer Brief, und ich werde nur das anführen, was gut in dieses Buch paßt.

(65)
Die Frau, um die es hier geht, erzählt mir, daß sie in einem strengen und lieblosen Elternhaus aufgewachsen ist. Sie beschreibt ihre Eltern als hartherzige, grausame Menschen, die komplette Egoisten waren und nur für sich selbst lebten, obwohl sie gegenüber der Außenwelt jovial auftreten konnten.

Bei jeder Gelegenheit erzählten sie ihr, daß sie sie nie hatten haben wollen und daß es für sie ein unvorstellbarer Schicksalsschlag gewesen sei, daß sie trotz mehrerer Abtreibungsversuche doch auf die Welt gekommen sei.

Sie kümmerten sich überhaupt nicht um sie und überließen ihre Erziehung Angestellten, denn sie waren wohlhabend; der Vater war Diplomat.

Die Mutter hatte ihr während ihres ganzen Lebens nicht ein einziges Mal über das Haar gestrichen, sie getröstet oder ihr geholfen, und die eisige Atmosphäre im Elternhaus war für dieses sensible, warmherzige Kind nicht zu ertragen. Andauernd wurde sie ohne jeglichen Grund geschlagen. Sie durfte nur dann etwas sagen, wenn sie gefragt wurde, und wenn sie dann antwortete, schrie man sie an: »Du lügst!«

Die Geschichte dieses Kindes scheint dem entsetzlichen und beklemmenden Buch des amerikanischen Psychiaters M. Scott Peck *Die Lügner* entsprungen zu sein. Darin behauptet er, daß es außer gestörten Menschen, die man wegen ihrer bösen Taten einfach nicht zur Rechenschaft ziehen kann, auch Menschen gibt, die einfach schlecht sind.

Sie wissen ganz genau, was sie tun, aber sie machen einfach so weiter. Peck sagt, daß eine Begegnung mit solchen Menschen ihm einen Schauder des Grauens über den Rücken laufen läßt. Dieser Typ Mensch ist öfter in den höheren Schichten vertreten. Sie sind wohlhabend und nach außen sehr auf Anstand bedacht – aber wehe denen, die mit ihnen eng verbunden sind.

Das Mädchen aus dieser Geschichte war mit fünf Jahren schon so verzweifelt, daß sie eines Tages, als ihre Eltern weg waren, auf eigene Faust einen Pfarrer aufsuchte und ihn bat, ihr dabei zu helfen, ihrem Leben ein Ende zu setzen. Der gute Mann war entsetzt und erzählte ihr von Engeln, die jederzeit bereit stünden, um ihr zu helfen. Das Mädchen kam aus einem ungläubigen Elternhaus, und weil sie nichts mit einem großen allmächtigen Gott oder mit Jesus Christus anfangen konnte, begann sie von da an, inständige Gebete an die Engel zu richten, damit sie ihr helfen mögen. Ihr sechster Geburtstag näherte sich, ein Tag übrigens, der genauso verlaufen sollte wie andere Tage, denn es wurde ihm keine besondere Aufmerksamkeit geschenkt.

Eines Nachts wurde das Mädchen plötzlich wach, weil jemand sie aus dem Bett zog. Sie wurde dann an ihren kleinen Schreibtisch gesetzt, der in ihrem Schlafzimmer stand. Da saß sie jetzt ängstlich und vor Kälte zitternd.

Plötzlich stand jedoch neben ihr eine riesenhafte Gestalt, gänzlich in Leinen gekleidet und so groß, daß sich ihr Oberkörper durch die Decke ihres Zimmers hindurchstreckte und bis zur Decke des obersten Stockwerks reichte. Sie konnte das merkwürdigerweise genau erkennen. Dann gab ihr diese Gestalt Material zum Zeichnen in die Hand, nahm ihre Hand und zeichnete langsam und vorsichtig einen Kopf, der mit blauen Federn umgeben war. Als die Zeichnung fertig war, sagte sie: »Das ist ein Engel! Sind Sie das?« »Ja«, sagte der Engel. »Wie heißen Sie?« fragte sie weiter. »Michael«, sagte er. Er hatte eine tiefe, fast metallisch klingende Stimme, die sehr eindringlich war, aber nicht herrschsüchtig wie die ihres Vaters. Langsam löste sich die Gestalt dann auf. Von tief innen drin, ohne daß es jemand bemerkte, machte das Mädchen von dem Moment an eine große innere Entwicklung durch, aber niemals hat sie mit jemandem über diese und andere Begegnungen gesprochen.

Ein zweites Ereignis aus ihrem Leben will ich noch erwähnen. Sie war elf Jahre alt, als sie einen großen Kummer verarbeiten mußte. Ihr Großvater, den sie sehr gerne hatte und der bei ihnen wohnte, war gestorben. Ihr Vater bestand darauf, daß er bis zum Begräbnis in der Halle aufgebahrt würde. Wenn das Mädchen nachts auf die Toilette wollte, mußte sie durch die Halle. Das bereitete ihr eine derart panische Angst, daß sie ins Bett machte. Die Angestellten erzählten dies sofort ihren Eltern, und sie bezog eine Tracht Prügel; aber das war noch nicht alles. Sie wurde abends mit entblößtem Unterleib mit dem Rücken zum Sarg in die Halle gestellt, und da ließ man sie bis zur Morgendämmerung stehen.

Als sie da mitten in der Nacht frierend und elend stand, hörte sie eine tiefe Stimme sagen: »Dreh dich um, hab keine Angst.« Sie tat es, und es schien, als ob ein hellblaues Licht aus den Füßen ihres verstorbenen Großvaters strömte. Sie wurde an den Schultern gefaßt und sanft zum Kopfende des Sargs geführt. Von da sah sie, daß das Licht immer größer wurde und immer mehr Form annahm. Zum Schluß stand eine riesengroße, in ein goldgelbes Gewand gekleidete leuchtende Gestalt vor ihr. Sie reichte bis ganz zur Decke hoch. Der Engel war barfuß, und die Kleidung, obwohl undurchsichtig, sah ätherisch aus.

Er sagte einiges zu ihr, machte bestimmte Bewegungen über dem Körper ihres Großvaters, und sie vermeinte die Stimme ihres Großvaters zu hören, wie er sagte: »Raphael«.

Ich will hinzufügen, daß die Frau später in ihrem Leben jedem, der sie grausam behandelt hatte, von Herzen vergeben hat und für viele Menschen segensreich wirkte. Von außen sehen wir das Leben eines gemarterten Kindes, von innen eine funkelnde Seele, die trotz der Unterdrückung wächst.

Genauso wie in anderen Kapiteln Kinder vorkamen, lasse ich jetzt einige Erwachsene im Kinderkapitel zu, und zwar in Verbindung mit höheren Engeln.

(66)
Eine junge Frau sitzt an der Kirchenorgel in einem Dorf in Norddeutschland. Dann überkommt sie etwas, das sie nicht in Worte fassen kann. Es ist so überwältigend, daß es dreißig Jahre dauert, bis sie das folgende Gedicht schreibt:

»Ich habe ihn geseh'n,
in Erz gegossen,
umgeben von Licht, grünem Licht,
mit Augen, mit hunderten
und aberhunderten von Augen
hinter mir,
und ich hatte Angst.

Ich habe ihn geseh'n,
aus Erz gegossen,
das Schwert ruhte in seinen Händen, stark.
Mit Augen, mit hunderten
und aberhunderten von Augen
hinter mir,
und ich hatte Angst.«

Ich habe ihr geschrieben und sie um Erläuterung dieser rätselhaften Worte gebeten, und sie sagte mir, daß sie, als sie da hinter der Orgel saß, plötzlich verändert war. Sie war, anders konnte sie es nicht ausdrücken, nur Auge geworden. Sie konnte in alle Richtungen schauen, auch hinter sich, und da sah sie hoch über dem Boden vor einem der Kirchenfenster eine Gestalt in der Luft schweben. Sie hatte ein Schwert in der Hand, das mit der Spitze nach unten zeigte, als ob es ein Kreuz wäre. Ich kann dies nur als die Begegnung mit einem Cherub deuten, der ja auch als ein Wesen beschrieben wird, das rundherum und von innen voller Augen ist (bei Hesekiel und Johannes). Die Frau versicherte mir allerdings nachdrücklich, daß sie es war, die voller Augen war.

Es scheint mir möglich, daß die Nähe eines so hohen Engels jemanden dermaßen überwältigt, daß eine Art vorübergehende Verschmelzung von Engel und Mensch stattfindet und der Mensch dann für kurze Zeit genauso sehen kann wie der Engel. Das Erlebnis hat die Frau so schockiert, daß sie dreißig Jahre damit herumgelaufen ist, bis sie schließlich 1985 das obige Gedicht schrieb. Sie vertonte das Gedicht auch, und so hat sie letzlich das Ereignis in ihr Leben integriert und konnte daran denken, ohne zu schaudern.

(67)
Eine andere Geschichte von einem höheren Engel stammt von einer Halbjüdin, die im Krieg viel durchgemacht hat. Nach dem Krieg wurde sie Krankenschwester und landete in den Tropen. In dem Hospital, in dem sie arbeitete, wurden die Farbigen diskriminiert, und weil sie selbst am eigenen Leib erfahren hatte, was das hieß, setzte sie sich für diese Menschen ständig ein, sehr zum Mißfallen des Krankenhauspersonals.

Eines Tages wurde sie wieder einmal zum Chef gerufen, aber dieses Mal war es sehr kritisch. Hinter dem Tisch saßen neun Männer, unter Leitung des Kommissars für das Gesundheitswesen. Der begann einen Brief mit einer falschen Anklage gegen sie vorzulesen, in dem ihr ein grober Fehler vorgeworfen wurde. Sie wußte ganz genau, daß sie das niemals getan hatte, aber man hatte offenbar die Absicht, sie mit Hilfe einer falschen Anschuldigung von ihrer Stelle zu entfernen. Während sie da stand und sich sehr unglücklich fühlte, erschien ihr der Erzengel Gabriel und nahm sie mit einem gewaltigen Flügelschlag mit nach oben. Als sie in dem gleichen Raum wieder zu sich kam, hatte sie das Gefühl, stundenlang fortgewesen zu sein, und sie hörte den Gesundheitskommissar gerade noch sagen: »Sie können gehen, aber lassen Sie sich dies eine Warnung sein.« Ein intensives Glücksgefühl überkam sie, und es hielt wochenlang an. Das Seltsame war, daß alle ihre falschen Ankläger in den nächsten Wochen krank wurden. Für sie ist ihr Leben noch immer ein großes Wunder. Ich füge diesen Erzählungen weiter keine Deutung hinzu. Wahr oder nicht wahr?

Wenn ich nicht fest davon überzeugt wäre, daß diese Menschen diese Dinge wirklich erlebt haben, hätte ich die Erzählungen nicht in das Buch aufgenommen.

Nach diesen überwältigenden Engeln ist es nötig, einen Gang zurückzuschalten und etwas zu erzählen, was man einen sanften Flügelschlag nennen könnte.

(68)
Ein dreizehnjähriges niederländisches Mädchen machte mit ihrer Mutter und ihrer fünfzehnjährigen Schwester eine Reise in die Haute Savoie. Sie waren hoch in den Bergen wandern und gerade im Begriff, mit der Zahnradbahn wieder hinunterzufahren. Ein paar Minuten vor der Abfahrt sagt sie zu ihrer Mutter:

»Ich muß noch eben auf die Toilette.« Als sie zurück-
kommt, sieht sie, daß die Bahn gerade abgefahren ist.
Ihre Mutter ist überhaupt nicht böse und sagt: »Das
macht nichts, dann nehmen wir die nächste.« Kurz
darauf gibt es eine gewaltige Erschütterung. Die Bahn
ist in einer Kurve auf einem Viadukt entgleist und auf
eine etliche Meter tiefer gelegene Straße gestürzt. Sie
gehen dann zu dritt zu Fuß ins Tal und kommen an der
Unglücksstelle vorbei, als gerade die ersten Schwerver-
wundeten aus dem Wrack geholt werden – ein entsetz-
licher Anblick. Ist dies der Flügelschlag eines Schutz-
engels? Ist es ein glücklicher Zufall? Oder *ist* ein glücklicher Zufall nichts anderes als der Flügelschlag eines
Engels?

Die folgende Geschichte handelt von einem bösen
Impuls, der plötzlich ein nettes Kind überkommt.

(69)
Stellen Sie sich ein deutsches Dorf vor. In dem Dorf
spielt jeden Nachmittag eine Gruppe Kinder, wie
überall auf der Welt. Zu der Gruppe gehört ein zehn-
jähriger Junge. Er ist der Schwächste von allen. Wenn
ein Ball geworfen wird, läßt er ihn fallen; wenn
»Schwarzer Mann« gespielt wird, gewinnt er nie; beim
Verstecken wird er als erster gefunden. Er muß sich
enorm anstrengen, um mitmachen zu können.

Außer mit Kinderspielen, wie wir sie alle gespielt
haben, beschäftigte sich diese Gruppe auch mit viel
gefährlicheren Dingen. Sie spielten wilde und abenteu-
erliche Spielchen, bei denen sie mit Pfeil und Bogen
bewaffnet waren. Nicht solche harmlosen schwachen
Bogen mit einem Pfeil, mit dem man keiner Fliege
etwas zuleide tun konnte, sondern echte Jagdbogen
und Pfeile mit einer beachtlichen Reichweite und großer Durchschlagskraft. Pfeil und Bogen waren für die
Kinder dieser Gruppe ein echtes Statussymbol. Sie

schossen auf alte Dosen und Schießscheiben, die messerscharfen Pfeile gruben sich tief ein und mußten mit beträchtlichem Krafteinsatz wieder herausgezogen werden.

Jeder weiß, daß es der Schwächste und Langsamste einer Gruppe von Kindern keineswegs leicht hat. Er ist die Zielscheibe der besonders Wilden unter den Jungen, und das galt auch für den zehnjährigen Knirps, den ich hier Siegfried nennen werde. Eines Tages, als die Gruppe, natürlich mit Pfeil und Bogen bewaffnet, in den Wald ging, wurde er wieder einmal von einem viel größeren und stärkeren Jungen geärgert. Klein Siegfried geriet wegen der Quälerei in dem Moment so völlig aus dem Häuschen, daß er rasend auf den größeren Jungen losging. Der lief jedoch hohnlachend weg, und weil er schneller war, konnte Siegfried ihn nicht einholen. Da legte er einen Pfeil an, spannte seinen Bogen aufs Äußerste und zielte zwischen die Schulterblätter des davonlaufenden Jungen. Er schoß, und der Pfeil sauste geradewegs auf sein Ziel zu. Genau in dem Moment, als der Pfeil den Bogen verließ, wurde ihm klar, wie lebensgefährlich und gedankenlos er gehandelt hatte.

Nun hatte der Pfeil den Jungen fast erreicht. Siegfried stand wie angewurzelt da und schaute, und dann, kurz vor dem Auftreffen, beschrieb der Pfeil wie von unsichtbarer Hand gepackt einen fast rechten Winkel nach oben und flog steil über den Kopf des noch immer rennenden, nichtsahnenden Opfers in den Wald.

Siegfried war sehr erleichtert und spielte den Rest des Nachmittags wie gewöhnlich mit den anderen mit. Niemand hatte etwas gesehen.

Merkwürdigerweise dauerte es einige Jahre, bis er über das Rätselhafte, das da passiert war, nachzudenken begann. Als er mir im Alter von fünfundzwanzig schrieb, war er fest davon übezeugt, daß sein Schutzen-

179

gel den Pfeil aus der Bahn gebracht hatte, um seinen Schützling davor zu bewahren, ein anderes Kind lebensgefährlich oder vielleicht sogar tödlich zu verletzen.

Das einzige, worauf ich in diesem Zuammenhang hinweisen möchte, ist, daß es Siegfried, kurz bevor von höherer Hand eingeriffen wurde, sehr bewußt geworden war, daß er etwas falsch gemacht hatte. Das ist, glaube ich, ein sehr wichtiges Faktum. Gerade weil es ihm klar bewußt war, wurde der Vorfall für immer in sein Gedächtnis eingegraben und konnte von da aus einen heilsamen Einfluß auf den Rest seines Lebens ausüben.

Ist diese Geschichte wahr? Ja, ich denke schon. Ich finde, es ist eine großartige Geschichte, und für mich ist es ein Kennzeichen für die Wahrhaftigkeit, daß es Jahre dauerte, bis Siegfried sich überlegte: »Wie seltsam, das geht doch überhaupt nicht! Wie kann das passiert sein?« Das paßt völlig zu der Art und Weise, in der Kinder in ihrer noch halb magischen Vorstellungswelt das Unwahrscheinliche normal finden.

(70)
Zum Schluß, um die Kindergeschichten abzurunden, eine Geschichte von einem Kind, das an der Grenze zur Pubertät steht. Sie wurde mir von einer Frau geschickt, die fünfundsechzig Jahre alt war, als sie mir schrieb. Es handelte von etwas, was ihr passiert war, als sie dreizehn war, und das war im Jahre 1934.

Sie mußte jeden Tag mit dem Zug von O., wo sie wohnte, zur Schule nach S. Eines Tages gab ihr die Mutter ein Päckchen mit und sagte: »Denk daran, das ist sehr wichtig. Wenn du heute aus der Schule kommst, dann steigst du unterwegs in Sulzbuck aus und bringst das Päckchen deiner Tante. Es ist ein sehr wichtiges Päckchen, paß also gut darauf auf!«

Als sie in der letzten Stunde gegen Ende des Nachmittags neben ihre Bank guckte, war das Päckchen
spurlos verschwunden.

Sofort fiel ihr ein, daß sie es am Morgen auf dem
Hinweg im Zug vergessen hatte.

Sie war entsetzt und ging zu ihrer Lehrerin, einer
lieben Nonne, der sie unter Tränen erzählte, was passiert war.

»Komm«, sagte die, »wir beten zusammen.« Und
das taten sie.

Als das Mädchen eine halbe Stunde später als sonst
zum Bahnhof kam, war der Zug schon weg. Der nächste Zug stand allerdings schon da, und sie stieg ein. Es
war ein großer Waggon, der noch ganz leer war, außer
ihr war noch niemand eingestiegen. Sie setzte sich in
die Nähe der Tür, und die Tränen liefen ihr still über
die Wangen.

Plötzlich erklang eine Stimme, ganz vom anderen
Ende des Waggons: »Warum weinst du?«

Das Mädchen antwortete: »Ich habe heute morgen
ein ganz wichtiges Päckchen im Zug liegen lassen.«
Durch die Tränen hindurch sah sie vor sich einen Jungen in ihrem Alter stehen.

»Guck mal, da über dir, da ist doch dein Päckchen«,
sagte er.

Tatsächlich, über ihrem Kopf, auf der hölzernen Ge-
päckablage, lag ihr Päckchen. Sie verstand nicht, wie
das möglich war, aber sie war wie verrückt vor Freude
und holte es herunter. Als sie sich überglücklich bei
dem Jungen bedanken wollte, war er spurlos verschwunden.

Kümmern sich Engel um liegengelassene Päckchen?

Ich denke, daß sich »wichtig« und »unwichtig« im
Himmel anders darstellt als auf der Erde. Wer die
unglaubliche Feinheit der mikroskopischen Welt betrachtet, versteht, daß in der Schöpfung kein Groß

oder Klein existiert. Auf jedes Detail wird eine unend-
liche Sorgfalt verwendet.

Vielleicht sind unsere kleinen Ereignisse für den
Himmel sehr wichtig und die Dinge, denen wir so
schrecklich viel Bedeutung beimessen, dem Himmel
kaum ein Schulterzucken wert.

5. Engel und Krieg

Dieses Kapitel besteht aus zwei Teilen.

Der erste handelt von der Einflußnahme des Himmels auf Kriege und Kriegssituationen.

Der zweite Teil enthält Augenzeugenberichte von Menschen, denen im Krieg von Engeln geholfen wurde.

Engel und Kriegsgeschehen

Die Erzählung, mit der wir beginnen, ist eine rein holländische Geschichte, in der es nicht um die Einflußnahme, sondern um die Prophezeiung eines Engels geht. Hier wird die klassische Aufgabe eines Engels sichtbar: als Botschafter aufzutreten. E. Smit hat der Nachwelt diese Geschichte erhalten, indem er sie 1965 in *Een Nieuw Geluid* (»Eine neue Stimme«) publiziert hat. Er entnahm die Erzählung dem im Jahre 1704 erschienenen Buch *Zedelijke en stichtelijke gezangen* (»Sittliche und erbauliche Gesänge«) von Jan Luyken.

(71)

1672 war für Holland ein Katastrophenjahr. Jan und Cornelius de Witt herrschten zusammen mit den Regenten über das Land. Es war eine Zeit ohne Statthalter. Die Gebrüder de Witt versuchten, koste es, was es wolle, Frieden mit den Nachbarn zu bewahren, aber trotzdem wurde die Republik in dem Jahr unerwartet von England, Frankreich, Münster und Köln angegriffen. Erinnern wir uns an unsere Nationalgeschichte: »Die Regierung ratlos, das Land rettungslos, das Volk kopflos.«

In diesem Jahr passierte folgendes:

In Zaandam, an der Westseite des Kattegat, wohnte eine tugendhafte Witwe mit Namen Grietje Klaas. Als der Krieg ausbrach, war sie sehr beunruhigt und hatte dazu auch allen Grund. Holland hatte seine Flotte gut instandgehalten, aber die Landstreitkräfte waren schwach, und jetzt zogen starke und gut ausgebildete Truppen auf dem Land gegen uns.

Ich folge hier dem Bericht, wie er zu der Zeit von Jan Luyken geschrieben wurde, um Ihnen eine Kostprobe davon zu geben:

» . . . so hat sie sich am 14. April, dem Donnerstag vor Ostern, schweren Herzens niedergelegt, abends gegen halb zehn, ihren Ellenbogen auf die Bettkante gestützt, die Hand hinter ihrem Kopf, die Luken vor ihren Fenstern hatte sie geschlossen. Sie befand sich in dieser Haltung, als ein großes Licht ins Zimmer kam, in dem sich ein Engel in der Gestalt eines schönen Jünglings zeigte, ungefähr acht oder zehn Fuß von ihrer Bettstatt entfernt. Er stand ihr gegenüber, hatte seinen Kopf ein wenig zur rechten Seite geneigt und sah sie ausnehmend freundlich an, wodurch ihr Herz so erfreut wurde, daß sie sagte, sie sei es wohl zufrieden, wenn sie im Himmel keine größere Freude genießen würde. Das Kleid des Engels war weiß und lang, bis auf die Füße. Sein Äußeres war vorzüglich, und er war so groß, wie ein Mann von mittlerer Größe hochreichen kann. Seine Flügel reichten so hoch wie sein Kopf, die Federn waren nach unten gerichtet, nicht zum Fliegen ausgebreitet. Auf seinem Kopf trug er eine Ledermütze, aber in weißer Farbe. An den Seiten seines

184

Kopfes zeigte sich lockiges Haar. In seinem linken Unterarm steckte eine lange Feder, mit dem Flaum nach oben, die bis oberhalb seines Kopfes reichte. Die Feder war am Ende hellgrau. Aus seinem linken Unterarm kam ein kastanienbrauner Zweig, eine Elle lang, mit kleinen Schößlingen, einen Finger lang, die an ihrem äußersten Ende grün zu werden begannen. Er hielt die Arme zu einem Kreis zusammengebogen.

Als er seine Arme so in einen Bogen zusammenführte, wurde deutlich und klar gesprochen (doch auf welche Weise, ob mit äußerlicher Stimme oder inwendig in der Seele, das wußte sie nicht zu unterscheiden): ›So wird Gott Holland bewahren.‹

Da dachte sie: ›Da liegen wir mit drin, dann werden wir gut beschützt.‹ Dieser treffliche Anblick währte nach ihrem Zeugnis eher eine halbe als eine Viertelstunde. Die Gestalt des Engels war, von oben nach unten betrachtet, wie neues Silber.

Es wurde zum zweiten Male gesprochen: ›Der Engel des Herrn lagert sich um die her, die ihn fürchten.‹

Sie dachte: ›Das steht in Psalm 34.‹«

Dann verschwand diese Vision, und Grietje Klaas wollte dies für sich behalten, was ihr in ihrer Seele große Angst bereitete, bis sie es schließlich jemandem offenbarte, was sie erleichterte; hernach hat sie es allen Menschen, zur Ehre Gottes, frei heraus erzählt.

So ist es geschehen, und dies war vielen, ja, ich möchte wohl sagen, Hunderten von Menschen bekannt, bevor man wußte, wie die ganze Sache ausgehen würde. Ja, es ließ sich, wie jedem bekannt ist, später wohl völlig entgegengesetzt sehen! Ob nun der barmherzige Gott Holland nicht auf eine sonderbare Weise bar jeder menschlichen Hilfe wie in Seinen väterlichen Armen bewahrt hat, das stellen wir dem Urteil aller redlichen Menschen anheim. Wir haben dies zu ihren

Lebzeiten aus ihrem eigenen Mund vernommen.« Tatsächlich wissen wir aus der Geschichte der Niederlande, daß alles entgegen jeglicher Erwartung gut verlief.

Jan Luyken verfaßte aus Anlaß dieses Ereignisses ein
Gedicht, aus dem ich Ihnen ein kleines Stückchen
nicht vorenthalten möchte:

»Ein großer Gesandter, in weißen Kleidern,
wo zeigte er sich? In einem der Zentren?
Am Hofe des Prinzen, oder tut er sich hervor
einem gelehrten und hochberühmten Doktor?
O nein, aber so wie wir immerfort vernehmen,
daß Gottes Wille den kleinsten ausersehen,
ganz anders, als die große Welt es sieht,
ist Gott und alles, was durch seine
Weisheit geschieht.
Nur in einem Dorf, an der vergessenen Seit,
in einem kleinen Gebäude (die Grandeur
schaut mit Neid)
sieht eine Frau, vergessen doch aufrecht
in Göttlichem Licht den göttlichen Knecht,
Gelobt sei Gott, der uns freundlich zeigt,
wie er so nahe und um uns her weilt . . .«

Wir sehen in dieser Geschichte eine frappierende
Übereinstimmung mit einigen der modernen Engelgeschichten. Die Vorliebe für das Schlafzimmer, das
große Licht, das im Zimmer erstrahlt, die Einfachheit
des Zeugen.

Offenbar hatten die Feder und der Zweig symboli-
sche Bedeutung.

Denken wir daran, daß die Feder zu der Zeit eine
Schreibfeder war: Sie zeigte mit der Spitze nach unten
und war oben grau.

Ich sehe in ihr das Symbol der Gebrüder de Witt, für

die die Zeit abgelaufen war. In dem ausschlagenden Zweig sehe ich das Kommen des Statthalters Wilhelm III, der kurz darauf die Statthalterschaft antrat. Er war es, der später König von England wurde.

Dies ist übrigens meine eigene Erklärung. Im ursprünglichen Schriftstück steht nichts darüber.

Hiermit verlassen wir das siebzehnte Jahrhundert und begeben uns ins achtzehnte.

(72)

Es folgt nun eine berühmte Engelgeschichte aus der Zeit, in der sich Amerika von England befreite.

Die Hauptperson dieser Geschichte ist George Washington.

Er wurde am 22. Februar 1732 in den Vereinigten Staaten geboren und schuf die Grundlage für die Unabhängigkeit des Landes, das später die mächtigste Nation der Erde werden sollte. Als Oberbefehlshaber der amerikanischen Streitkräfte besiegte er in einem Krieg, in dem es viele Höhen und Tiefen gab, die englische Armee, die vergeblich versuchte, die Kolonie zu halten. Nach Ende der Kämpfe wurde er zum ersten Präsidenten der Vereinigten Staaten gewählt.

Es ist in Europa wahrscheinlich nur wenigen Menschen bekannt, daß Washington mitten im Befreiungskrieg eine wichtige Engelerfahrung hatte. Er erzählte das Erlebnis zwei Offizieren seines Stabes. Einer davon war der damals achtzehnjährige Anthony Sherman. Er trug das, was Washington ihm anvertraut hatte, sein ganzes Leben lang mit sich herum, ohne es jemals jemandem zu erzählen. Eines Tages, er war schon 99, stand er zusammen mit seinem Freund Wesley Bradshaw vor der Independence Hall. Offensichtlich erinnerte dieses Gebäude ihn lebhaft an die Freiheitskämpfe, in denen er selbst mitgekämpft hatte, denn seine Augen begannen zu glänzen, und er bat seinen

Freund, mit ihm in die Hall hineinzugehen. Dann sagte er: »Ich möchte dir einen Vorfall aus Washingtons Leben erzählen, den niemand außer mir kennt. Achte genau auf die Prophezeiungen, die ich dir jetzt weitergeben werde, denn du wirst schon zu deinen Lebzeiten sehen, wie sie in Erfüllung gehen.«

Sherman war zu der Zeit glücklicherweise noch rüstig und erzählte das, was ich gleich wiedergeben werde. Er tat dies am 4. Juli 1859 und verstarb kurz darauf. Noch im selben Jahr wurde seine Geschichte veröffentlicht. Im Jahre 1931 wurde sie von der Redaktion von *Destiny* (»Schicksal«) entdeckt und seitdem mehrere Male in dieser Zeitschrift veröffentlicht. Jedes Mal war die Nummer, in der die Geschichte erschien, sofort ausverkauft. Obwohl es sich um eine sehr ausführliche Schilderung handelt, habe ich sie dennoch vollständig übersetzt und aufgenommen, weil wir es hier mit einem einzigartigen Dokument zu tun haben.

Sherman erzählt folgendes: »Seit Beginn der Revolution durchliefen wir alle Stufen des Schicksals, mal gut, dann wieder schlecht, das eine Mal siegend, das andere verlierend. Die schwärzeste Zeit, die wir durchmachten, war, glaube ich, als Washington sich nach verschiedenen Rückschlägen nach Valley Forge zurückzog, wo er beschloß, den Winter 1777 zu verbringen.

Ach, oft habe ich die Tränen über die von Sorgen zerfurchten Wangen unseres geliebten alten Kommandeurs rinnen sehen, wenn er mit einem vertrauten Offizier über den Zustand seiner armen Soldaten sprach. Du hast zweifellos erzählen hören, daß Washington ins Gebüsch ging, um zu beten. Nicht nur das stimmte, er pflegte oft heimlich um Hilfe und Trost zu Gott zu beten, dessen Vorsehung uns sicher durch die dunklen Tage der Prüfung brachte.

Eines Tages – ich erinnere mich noch gut daran –,

die rauhen Winde pfiffen durch die entlaubten Bäume, der Himmel war wolkenlos, und die Sonne schien klar, blieb er den ganzen Nachmittag allein in seinem Zimmer. Als er nach draußen kam, bemerkte ich, daß sein Gesicht etwas bleicher war als gewöhnlich, es schien ihn etwas zu bedrücken, was außergewöhnlich wichtig war. Es fing gerade an zu dämmern, als er einen Diener zum Zimmer des wachhabenden Offiziers schickte mit der Bitte, dieser möge kommen. Als der gekommen war, redeten wir ungefähr eine halbe Stunde, und dann sagte Washington zu uns:

›Ich weiß nicht, ob es durch meine Unruhe kam oder durch etwas anderes, aber heute nachmittag, als ich an meinem Tisch saß, damit beschäftigt, einen dringenden Bericht aufzusetzen, war etwas im Zimmer, das mich störte. Ich schaute hoch und sah mir gegenüber eine ausnehmend schöne Frau stehen. Weil ich einen strikten Befehl gegeben hatte, daß ich nicht gestört werden wollte, war ich so erstaunt, daß es ein bißchen dauerte, bis ich meine Sprache wiedergefunden hatte und sie nach dem Grund ihrer Anwesenheit fragte. Ein zweites, ein drittes Mal, ja sogar ein viertes Mal wiederholte ich meine Frage, aber ich erhielt von meinem geheimnisvollen Gast außer einem leichten Anheben der Augenbrauen keine Antwort. Mittlerweile verspürte ich eigenartige Empfindungen, die sich in mir ausbreiteten. Ich wäre aufgestanden, wenn der konzentrierte Blick des Wesens vor mir es mir nicht unmöglich gemacht hätte. Nochmals versuchte ich, sie anzusprechen, aber meine Zunge war kraftlos geworden, sogar mein Denkvermögen war erlahmt. Eine neue Autorität, geheimnisvoll, kräftig, unwiderstehlich, nahm von mir Besitz. Das einzige, was ich tun konnte, war, ununterbrochen und geistesabwesend meine unbekannte Besucherin anzustarren.

Allmählich schien es, als ob der Raum von seltsamen

Vibrationen erfüllt sei und leuchtete. Alles um mich schien flüchtiger zu werden, auch meine geheimnisvolle Besucherin wurde luftiger, und dennoch wurde sie in meinen Augen klarer als zuvor. Ich fing an, mich wie jemand zu fühlen, der stirbt, oder besser gesagt: Ich fühlte Empfindungen, von denen ich mir manchmal vorgestellt hatte, daß sie den Tod begleiten. Ich dachte nichts, ich war mir nur dessen bewußt, daß ich gebannt und wie geistesabwesend meine Begleiterin anstarrte.

Dann hörte ich eine Stimme sagen: ›Sohn der Republik, schau und lerne!‹

Gleichzeitig streckte meine Besucherin ihren Arm nach Osten aus. Ich sah jetzt in einiger Entfernung schweren weißen Dunst in mehreren Wirbeln aufsteigen. Der Dunst verschwand nach und nach, und ich schaute auf ein seltsames Bild hinab. Vor mir lagen auf einer riesigen Fläche alle Länder der Erde ausgebreitet, Europa, Asien, Afrika, Amerika. Ich sah, wie die Wellen des Atlantischen Ozeans sich zwischen Europa und Amerika brachen, und ich sah zwischen Asien und Amerika den Stillen Ozean. ›Sohn der Republik‹, sagte dieselbe geheimnisvolle Stimme, ›schau und lerne!‹ In dem Moment sah ich ein dunkles, schattenhaftes Wesen wie einen Engel in der Luft mitten zwischen Europa und Amerika stehen oder besser schweben. Er schöpfte Wasser aus dem Ozean und sprengte etwas davon mit seiner rechten Hand auf Amerika und mit seiner linken auf Europa. Sofort stiegen dunkle Wolken von diesen Ländern auf und schlossen sich mitten über dem Ozean zusammen. Die so entstandene Wolke blieb dort einige Zeit und bewegte sich dann nach Westen, bis sie Amerika mit ihren dunklen Schleiern umfaßte.

Von Zeit zu Zeit schossen gleißende Blitze hindurch, und ich hörte die unterdrückten Schreie und das Gestöhne des amerikanischen Volkes. Ein zweites Mal schöpfte der Engel Wasser aus dem Ozean und versprengte es wie beim ersten Mal. Die dunkle Wolke zog sich daraufhin über den Ozean zurück und verschwand in den wogenden Fluten. Ein drittes Mal hörte ich die geheimnisvolle Stimme sagen: ›Sohn der Republik, schau und lerne!‹

Ich wandte meinen Blick Amerika zu und sah Dörfer, Städte und Metropolen, die eine nach der anderen zum Vorschein kamen, bis das ganze Land vom Atlantischen bis zum Stillen Ozean damit übersät war.

Daraufhin wendete der dunkle, schattenhafte Engel sein Gesicht nach Süden, und aus Afrika sah ich eine unheilverkündende gespenstische Erscheinung sich unserem Land nähern. Sie flog langsam und schwer über alle Dörfer und Städte, und die Einwohner stellten sich daraufhin in Schlachtordnung einander gegenüber auf. Während ich weiterhin zuschaute, sah ich einen glänzenden Engel, der auf seinem Kopf einen Lichtkranz trug, auf dem das Wort »Union« geschrieben stand. Er hielt die amerikanische Flagge, stellte sie zwischen die Menschen der geteilten Nation auf und sagte: ›Denkt daran, daß ihr Brüder seid.‹ Sofort warfen die Menschen ihre Waffen weg und wurden wieder Freunde, unter dem nationalen Banner vereinigt.

Erneut hörte ich die geheimnisvolle Stimme sagen: ›Sohn der Republik, schau und lerne!‹ Daraufhin hob der dunkle, schattenhafte Engel eine Trompete an seine Lippen, blies dreimal hinein und sprengte Wasser auf Europa, Asien und Afrika, nachdem er es aus dem Ozean genommen hatte. Dann sahen meine Augen ein schreckliches Schauspiel. Aus jedem dieser Kontinente stiegen dicke schwarze Wolken auf, die sich schnell zusammenballten. Durch diese Wolkenmasse hindurch glühte ein dunkelrotes Licht. Bei dem Schein dieses Lichts sah ich Horden bewaffneter Männer, die sich mit der Wolke mitbewegten, übers Land marschierten und übers Meer nach Amerika fuhren, während das Land völlig von der Wolkenmasse bedeckt wurde.

Ich sah undeutlich, daß diese riesigen Heere das ganze Land verwüsteten und die Dörfer, Städte und Metropolen, die ich hatte entstehen sehen, verbrannten. Während ich dem Donnern der Kanonen, dem Rasseln der Schwerter und dem Schreien und Weinen der Millionen, die in den tödlichen Kampf verwickelt waren, zuhörte, hörte ich wieder die geheimnisvolle Stimme sagen: ›Sohn der Republik, schau und lerne!‹

Als die Stimme verstummte, setzte der dunkle, schattenhafte Engel noch einmal die Trompete an seine Lippen und stieß einen langen angsteinflößenden Ton hervor. Auf einmal schien ein Licht wie von tausend Sonnen auf mich nieder, durchbohrte die dunkle Wolke, die Amerika umhüllte und zerriß sie in Fetzen. Im gleichen Augenblick kam der Engel, auf dessen Kopf noch immer das Wort »Union« glänzte und der in der einen Hand unsere Nationalflagge und in der anderen Hand ein Schwert hielt, vom Himmel herab, begleitet von Legionen blinkender Wesen. Diese mischten sich tatsächlich unter die Bewohner Amerikas, die, wie ich sah, gegen die Eindringlinge fast den kürzeren gezogen hatten, aber nun augenblicklich wieder Mut schöpften, ihre durchbrochenen Linien schlossen und ihren Kampf erneut aufnahmen. Ich hörte die geheimnisvolle Stimme sagen: ›Sohn der Republik, schau und lerne!‹

Als die Stimme verstummte, sah ich zum letzten Mal den schattenhaften Engel Wasser aus dem Ozean schöpfen und auf Amerika sprengen. Sofort rollte die dunkle Wolke zurück, gemeinsam mit den Armeen, die sie mit sich gebracht hatte, und ließ die Bewohner des Landes als Sieger zurück. Ich sah, wie Dörfer, Städte und Metropolen dort wieder entstanden, wo sie vorher

192

gewesen waren, während der blinkende Engel den azurblauen Banner, den er mitgebracht hatte, mitten zwischen sie aufsetzte und mit lauter Stimme rief: ›Solange die Sterne bestehen bleiben und der Himmel seinen Tau zur Erde schickt, solange soll die Republik bestehen bleiben.‹ Er nahm die Krone, auf der das Wort ›Union‹ blinkte, von seinem Kopf und brachte sie auf dem Banner an, während das Volk niederkniete und ›Amen‹ sagte.

Die Szenerie begann sofort zu verschwimmen und sich aufzulösen. Zum Schluß sah ich nur noch den aufsteigenden wogenden Dunst, den ich am Anfang gesehen hatte. Als auch der verschwunden war, starrte ich wieder auf meine geheimnisvolle Besucherin, die mit derselben Stimme, die ich vorher gehört hatte, sagte:

›Sohn der Republik, was du gesehen hast, wird wie folgt erläutert: Drei große Katastrophen werden über die Republik kommen. Die schrecklichste ist die zweite, und wenn sie vorüber ist, wird die ganze vereinigte Welt nicht über sie siegen können. Jedes Kind der Republik soll lernen, für seinen Gott, sein Land und die Union zu leben.‹

Mit diesen Worten entschwand sie meinem Blick. Ich stand von meinem Stuhl auf und spürte, daß ich eine Vision hatte, in der mir die Geburt, der Fortgang und die Berufung der Vereinigten Staaten gezeigt wurde.‹

Dies, mein Freund«, beschloß der ehrerbietige Erzähler, »waren die Worte von Washington, die ich aus seinem eigenen Munde hörte, und Amerika wird gut daran tun, daraus Nutzen zu ziehen.«

Großartig, solch ein alter Mann, der sein ganzes Leben lang mit einer Perle herumläuft und sie gerade noch weitergibt, bevor sein Leben zu Ende geht. So habe ich auch von alten Menschen kleine Juwelen in

Form von Geschichten empfangen, die sie gerade noch erzählen konnten, bevor sie starben. Wir haben es bei dem Erlebnis von George Washington mit einer Art moderner Apokalypse zu tun. Auffallend ist die Übereinstimmung mit der Offenbarung von Johannes, in der es um die drei »Wehen« geht (Offenbarung 8, 13), die auch von Engeln angekündigt werden, die auf ihrer Posaune blasen.

Es ist nicht so schwierig, die erste und zweite Katastrophe in der Geschichte von Washington zuzuordnen. Die erste war der Krieg gegen England, in dem er sich gerade befand. Die zweite war der sehr blutige amerikanische Bürgerkrieg, bei dem der entscheidende Punkt die Abschaffung der Sklaverei war. Die gespenstische Erscheinung aus Afrika bezieht sich wahrscheinlich auf die Sklaverei, die in Amerika einen verbitterten Bruderkrieg verursachte. Wir Europäer kennen die Geschichte des Bürgerkriegs kaum, auch wenn wir dank einiger Fernsehserien etwas mehr darüber wissen. Es sind damals Hunderttausende zu Tode gekommen. Der dritte Teil der Prophezeiung liegt noch in der Zukunft. Amerika ist im Augenblick so mächtig, daß wir uns keine Invasion dieses Landes vorstellen können, aber die Lage kann sich schnell ändern, und – wie Sherman sagte – es ist gut, aus der Warnung zu lernen.

Wir werden das letzte Ereignis für das schlimmste halten, aber der Engel denkt anders darüber. Er findet Bürgerkrieg schlimmer als Invasion, vielleicht, weil im ersten Fall Bruder gegen Bruder kämpft. Ich muß in diesem Zusammenhang an eins von Shakespeares Dramen denken, in dem zwei Heere auf englischem Boden gegeneinander kämpfen und ein Vater auf dem Schlachtfeld zu seinem Entsetzen feststellt, daß er soeben seinen Sohn, der auf der anderen Seite gekämpft hatte, getötet hat, und ein wenig später ein Sohn zu seinem Schrecken erkennt, daß er gerade seinen Vater getötet hat (König Heinrich VI., 3. Teil, Akt II, Szene V).

Wir bewegen uns jetzt in der Geschichte weiter voran und kommen in unser Jahrhundert. In meinem vorigen Buch habe ich über die weiße Kavallerie von Ypern geschrieben, bei der ein deutscher Durchbruch durch die englischen Linien von einem Engelheer verhindert wurde. Diese Geschichte hat einen Herrn aus Deutschland zu einem wütenden Kommentar veranlaßt. Er hat die Geschichte selbst überprüft und war zu dem Schluß gekommen, daß es niemals eine Schlacht um Ypern gegeben habe und daß die Erzählung über die Schlacht nichts anderes sei als eine Hetze der Alliierten.

Es mag als ein ganz besonderer »Zufall« betrachtet werden, daß ich von einer intelligenten deutschen Frau einen Brief erhielt, in dem sie mir folgendes schrieb:

»Im Ersten Weltkrieg stand mein Vater bei Ypern als Soldat im deutschen Schützengraben. Sie standen monatelang bis an die Hüften im Wasser, das aus überfluteten Gebieten stammte. Das merkwürdige Ereignis mit dem Engelheer kann ich Ihnen nur bestätigen.« Sie teilt weiter mit, daß alle Soldaten eine Zeitlang blind gewesen seien, aber daß niemand gewußt habe, wie das gekommen sei. Die Augen wiesen keine Schäden auf, und später hätten alle wieder sehen können. Die Frau selbst war im Zweiten Weltkrieg beim Nachrichtendienst der Deutschen Luftwaffe und ist von daher eine Frau, die lange nachdenkt, bevor sie etwas schreibt.

Der verärgerte Herr, der mir sogar vorwarf, gegen den Heiligen Geist zu sündigen, hat also wirklich Pech gehabt. Er soll nicht meinen, daß ich Unseren Lieben Herrn als parteiischen Schiedsrichter darstelle. Von Parteilichkeit oder Unparteilichkeit verstehe ich nichts, aber ich weiß sehr wohl, daß das ganze Alte

Testament *eine* große Erzählung über das Eingreifen
Gottes in die Geschichte der Menschheit ist. Er hat
nicht der Welt einen Anstoß gegeben und danach alles
stehen- und liegenlassen. Ab und zu greift Er ein, weil
dies offensichtlich für den Gang der Geschichte nötig
ist.

Wir haben als Menschen unsere Freiheit erhalten,
damit wir daraus machen, was sich daraus machen läßt,
aber von Zeit zu Zeit wird der Kurs korrigiert. Warum
so und nicht anders? Ich weiß es nicht, manchmal hat
man eine Vermutung, aber dabei bleibt es dann auch.
Die weiße Kavallerie von Ypern war nicht das erste
Ereignis dieser Art im Ersten Weltkrieg. Im Jahre 1914
geschah folgendes:

(73)
Ende August fand bei der Stadt Mons eine Schlacht
zwischen deutschen und englischen Truppen statt. Die
Deutschen waren, nachdem sie jeden Widerstand aus
dem Weg geräumt hatten, in breiter Front in das Zentrum Belgiens vorgerückt. Obwohl sich alle, Belgier,
Franzosen und Engländer, heftig verteidigten, richteten sich die schwersten Angriffe gegen die Engländer.
Ihre Truppen waren zahlenmäßig weit unterlegen und
hatten seit mehreren Tagen beinahe ohne Unterbre-
chungen gekämpft. Die Männer fielen vor Müdigkeit
fast um. Sie hatten lang anhaltende Rückzugsgefechte
geführt, bei denen sie viele Menschen und Kanonen
verloren hatten. Eine ernsthafte Niederlage schien unvermeidlich, vor allem deshalb, weil sie über keine
Reserven mehr verfügten. Sie wurden sich klar darüber, daß ein Tag großer Prüfung angebrochen war
und daß nur noch Gott ihnen helfen konnte. Die Kir-
chen waren voll, die gesamte englische Nation betete.

Dann geschah, was später als die Erscheinung der
»Engel von Mons« bekannt werden sollte und von

vielen als Reaktion auf das inständige nationale Gebet betrachtet wurde. Von den unterschiedlichen Versionen, die sich auf das Erscheinen der Engel beziehen, sind die zwei folgenden charakteristisch. Beide wurden von britischen Soldaten erzählt, die schwörten, daß sie die Ereignisse persönlich erlebt hätten. Als eine Abteilung britischer Soldaten im August 1914 dabei war, sich unter schwerem deutschen Artillerie- und Maschinengewehrfeuer quer durch die Stadt Mons hindurch zurückzuziehen, errichtete sie hastig eine Barrikade, um den feindlichen Vormarsch aufzuhalten. Es wurde von beiden Seiten heftig geschossen und die Luft zitterte von dem ohrenbetäubenden Lärm explodierender Granaten.

Plötzlich stoppte der Schußwechsel, es wurde totenstill. Als die britischen Sodaten über ihre Barrikade schauten, sahen sie vier oder fünf wundersame Wesen, viel größer als Menschen, zwischen sich und den zum Stillstand gekommenen Deutschen stehen. Sie waren weiß gekleidet, barhäuptig und schienen eher zu schweben als zu stehen. Ihre Rücken waren den Briten zugekehrt; sie standen mit dem Gesicht zu den Deutschen gewandt und streckten Arme und Hände aus, als ob sie sagen wollten: »Halt! Bis hierher und nicht weiter!« Die Sonne schien in dem Moment sehr hell. Das nächste, was die Briten sahen, war, daß die Deutschen sich sehr ungeordnet zurückzogen.

Eine zweite Geschichte (ist es eine andere Version derselben Geschichte oder ein ähnliches Ereignis?) geht folgendermaßen:

(74)
Die Engländer waren von den Deutschen fast umzingelt. Sie hatten große Verluste erlitten, aber gerade, als alles hoffnungslos verloren schien, hielt das feindliche Feuer plötzlich inne, und es herrschte große Stille. Der

Himmel öffnete sich mit einem hell scheinenden Licht, und es erschienen glänzende Wesen. Sie schienen zwischen den englischen und deutschen Streitkräften zu schweben und verhinderten das Nachrücken der Deutschen. Einige Kavallerieeinheiten versuchten trotzdem nachzurücken, aber die Soldaten waren nicht in der Lage, die Pferde zum Weitergehen zu bewegen. Bevor sich die erstaunten Briten klar machen konnten, was passiert war, zogen sich die deutschen Truppen ungeordnet zurück. Dies erlaubte den britischen und alliierten Truppen, sich neu zu formieren und auf eine Verteidigungslinie zurückzufallen, die einige Meilen weiter westlich lag, wo sie sich eingruben. Dann begann der Krieg im Schützengraben, der mit wechselndem Kriegsglück für beide Seiten drei Jahre bis zum Frühjahr 1918 dauerte. Genauso wie die Geschichte der weißen Kavallerie wurden diese Erzählungen von Kapitän Cecil Wightwick, Stabsoffizier des Ersten Korps des britischen Nachrichtendiensts, aufgezeichnet.

Waren dies »Engel an der Autobahn«-Geschichten? In England besteht bezüglich dieses Themas noch immer keine Einigkeit. Es ist übrigens bemerkenswert, wie stark das Eingreifen, das in der letzten Erzählung beschrieben wird, der Intervention gleicht, die George Washington hinsichtlich der dritten Heimsuchung, die die Vereinigten Staaten in der Zukunft treffen soll (und die auch jetzt noch in der Zukunft liegt), vorhergesagt wurde.

Echt oder »Affen-Sandwich«, das ist die Frage bei diesen Geschichten über die Engel von Mons, und wir würden wahrscheinlich zu Affen-Sandwich neigen, wenn diese Geschichten in ihrer Art einzig wären. Das ist jedoch nicht so. Diejenigen, die mein Buch *Engel als Beschützer und Helfer der Menschen* gelesen haben, werden sich an eine Begebenheit erinnern, die ich Anfang 1940 von meinem Erdkundelehrer gehört hatte, näm-

198

lich die Rettung des von den Russen umzingelten finnischen Heers. Er hatte erzählt, daß ein riesenhafter Engel in Erscheinung getreten sei, und zum Schluß der Geschichte schrieb ich: »Vielleicht ist es nur eine schöne Geschichte, geboren aus der Not der Zeit. Ich habe niemals einen Finnen gesprochen, der die Engel gesehen hat.«

In Ermangelung eines Augenzeugen habe ich damals gezögert, die Geschichte über den finnischen Engel zu veröffentlichen, und es gab noch einen weiteren Grund für mein Zögern. Ich hatte sie im Alter von vierzehn Jahren gehört... konnte ich der Erinnerung wohl trauen? Wer kann sich meine Freude ausmalen, als ich nach Erscheinen meines Buches vier Briefe über den finnischen Engel erhielt. Leider war noch kein Augenzeuge dabei, aber die Mitteilungen weisen so sehr darauf hin, daß es diesen Engel gab, daß ich immer noch hoffe, eines Tages einen Augenzeugen zu sprechen. Es folgen die Zusammenfassungen von dem, was mir zugeschickt worden ist.

(75)
1. Eine deutsche Frau schrieb mir, sie habe einen Vortrag von Professor Willenius aus Helsinki gehört, der sich fragte, wie das kleine Finnland sich gegen das große Rußland zu wehren gewußt hätte. Er las dann einen Zeitungsartikel vor, der von Journalisten zusammengestellt worden war, die nach dem Finnisch-russischen Krieg bei führenden Persönlichkeiten Informationen über die Engelerscheinung eingeholt hatten. Daraus ergab sich folgendes: Es war der 24. Dezember 1939. Tagelang gab es heftige Schießereien. Die Versorgung der vordersten Linie der finnischen Front war unmöglich, weil alles, was sich über der Erde bewegte, weggemäht wurde. Die Munition wurde knapp, die Schutzräume konnten

nicht instandgesetzt werden, kurz, es war eine hoffnungslose Situation. Die Finnen beschlossen, bis zur letzten Kugel und bis zum letzten Mann zu kämpfen, denn sie wollten lieber tot sein, als ihr Vaterland aufgeben. Bei Anbruch der Dunkelheit hatte der Kampf noch an Heftigkeit zugenommen, auf beiden Seiten wurde schwer geschossen. Dann – gegen Mitternacht vom 24. auf den 25. Dezember – wurde es plötzlich so hell, daß ihre Augen erblindeten. Das Schießen wurde eingestellt, und als man sich ein wenig an die Helligkeit gewöhnt hatte, konnte man einen großen Engel erkennen, der ein leuchtendes Kreuz in der nach Finnland ausgestreckten Hand hielt.

In der Nacht konnte man die vordersten Linien mit Nachschub versorgen, und so gewannen die Finnen den Krieg.

2. Im Jahre 1986 erhielt ich einen Brief von einer Frau aus Helsinki, die mein Buch gelesen hatte. Sie schrieb: »Es ist kein Märchen, daß der Engel gesehen wurde. Wir wissen das hier alle. Schreiben Sie an den Generalstab, denn der kann die Geschichte bestätigen. Es stand 1940 ausführlich in der Zeitung.«

Sie hatte die Adresse beigelegt. Ich schrieb an den Generalstab, habe aber niemals eine Antwort erhalten.

3. Jemand aus Hamburg fügt dem Puzzle des finnischen Engels weitere interessante Einzelheiten hinzu. Er schreibt:

»In diesem Jahrhundert mußten sich die Finnen bereits dreimal gegen die russischen Streitkräfte zur Wehr setzen.

Das erste Mal beim Unabhängigkeitskrieg 1917-1919. Das zweite und dritte Mal während des Zweiten Weltkriegs, als die Sowjets erst angriffen, dann

Frieden schlossen und schließlich ihren Friedens-
vertrag brachen und erneut angriffen.

In allen drei Kriegen war General Mannerheim der
Oberbefehlshaber der finnischen Armee und leitete
seine Operationen von der zweihundertdreißig Kilometer nordöstlich von Helsinki gelegenen Stadt
Mikkeli aus.

Der schwedische Name für diese Stadt ist St. Mi-
chel, der Engel Michael also. Sollte der Name nur
Zufall sein?«

Es ist eine gute Frage, die er da stellt, und ich bin
geneigt, sie zu verneinen. Zufall ist das, was einem
aus dem Himmel zufällt, und ich betrachte diesen
Namen als einen Hinweis auf die Identität des finnischen Engels.

4. Zum Schluß schickte mir eine Schweizerin die Ko-
   pie eines Kapitels aus einem Buch mit dem Titel
   Untergang und Verwandlung von Edzard Schaper. Es
   erschien 1952. Darin wurde zu meiner Überraschung die finnische Engelgeschichte exakt beschrieben.

Die Fakten stimmen mit dem überein, was im ersten
Brief steht, aber es kommen darüber hinaus noch weitere wichtige Details ans Tageslicht.

Der Ort, an dem sich die Geschichte abspielte,
scheint Taipale an der Karelischen Landenge zu sein.
Er war an der Front strategisch von großer Bedeutung.
Wäre die Stellung erobert worden, hätte der Feind
ungehindert weitermarschieren können.

Im ersten Brief wurde beschrieben, daß bei blenden-
dem Licht ein Engel sichtbar wurde. Schaper beschreibt das etwas anders. Auch er erwähnt das blen-
dende Licht, sagt dann aber, daß sich das Licht langsam
verdichtet und die Gestalt eines Engels angenommen
hätte.

Dies kommt in den persönlichen Engelerzählungen häufiger vor. Schaper schreibt weiter, daß bis zum Morgengrauen kein Schuß mehr gefallen sei, weil der Engel die ganze Zeit Wache hielt. Die übermüdeten Soldaten waren alle in tiefsten Schlaf gesunken.

Das einzige, was bei der Geschichte des finnischen Engels noch fehlt, ist die Bestätigung durch einen Augenzeugen. Doch sollten wir bedenken, daß auch ohne Augenzeuge die Wahrscheinlichkeit eines echten Erlebnisses ungewöhnlich groß ist. Es gibt nämlich so etwas wie einen indirekten Beweis: Es konnte eigentlich keinen finnischen Sieg geben, und doch gab es ihn. Ganz für sich gesehen war die finnische Rettung ein Wunder. Ich entscheide mich hier also für den Engel und gegen die Skepsis.

(76)

Das folgende himmlische Einschreiten spielte sich am 13. Mai 1940, Pfingstmontag um 21.30 Uhr, ab.

Nazitruppen rückten mit großer Geschwindigkeit auf die Schweizer Grenze zu, die Schweizer Armee war in höchste Alarmbereitschaft versetzt. Plötzlich sahen Soldaten und Einwohner im Waldenburger Tal am Abendhimmel eine große Hand, die sich schützend und segnend über das Gebiet streckte. Augenzeugen berichteten, daß es keine eigenwillige Wolkenformation gewesen sei, sondern eine deutlich zu erkennende, genau umrissene Männerhand.

Die Invasion, die nicht mehr aufzuhalten schien, fand nicht statt. Die Schweizer schrieben die beschützende Hand nicht einem Engel zu, sondern dachten, das es die von Bruder Klaus sei, einem Heiligen, der bereits seit dem fünfzehnten Jahrhundert in der Gegend verehrt wird. Ein schnell vorrückendes deutsches Heer in Richtung auf ein neutrales Land war in den angespannten Zeiten kein außergewöhnliches Ereignis. Ich erinnere mich, daß der Geheimdienst, zu dem mein Vater Verbindungen hatte, im November 1939 meldete, deutsche Truppen würden rasch in Richtung unserer Grenze vorrücken. Mit der Invasion konnte jeden Moment gerechnet werden. Vater blieb einen Teil der Nacht auf, aber damals passierte nichts. Der Überfall fand bekanntlich erst am 10. Mai 1940 statt.

(77)
Bemerkenswerterweise steht die Geschichte von der großen Hand nicht allein. Am Großen Versöhnungstag, dem 6. Oktober 1973, griffen Ägypten und Syrien gleichzeitig Israel an, während die israelischen Soldaten an diesem höchsten jüdischen Festtag beim Gebet waren. Es war der Beginn des vierten Arabisch-israelischen Krieges, und es brach ein fürchterlicher Kampf los, bei dem es anfangs schien, als ob Israel den kürzeren ziehen würde. Die Ägypter durchbrachen die als uneinnehmbar geltende »Bar Lev«-Linie und besetzten den größten Teil des östlichen Suez-Kanal-Ufers. Die Syrer erstürmten die Golan-Höhen, eroberten den Berg Hermon und rückten rasch fünfzehn Meilen vor.

Die Israelis waren vollkommen überrascht, und die traditionelle Rundfunkstille am Jom-Kippur-Tag wurde gebrochen, um alle Männer an die Front zu rufen.

Zu der Zeit gab es einen israelichen Gesundheitsoffizier, der die folgende Geschichte einem gewissen Herrn Xandry erzählt, der seinerseits das Gehörte in einem Artikel in der Zeitschrift *De Middernachtsroep* (»Der Mitternachtsruf«) vom Juni 1974 veröffentlichte. Name und Anschrift des Offiziers sind bekannt.

Hier folgt seine Erzählung:

»Gegen Ende des zweiten Kriegstags erkannten wir den hoffnungslosen Zustand unserer kämpfenden Truppen. Alle dachten: Dies ist das Ende. Die Munition war fast völlig verschossen; vor uns lag eine ungewöhnlich große Zahl gefallener Kameraden und Freunde, und fast alle unsere Panzer waren beschädigt.

Die als unüberwindlich gepriesene Golan-Frontlinie wurde vom Feind genommen, die Syrer hatten zusammen mit den ihnen verbündeten Truppen einen Siegesmarsch begonnen. Es schien ihnen gleichgültig zu sein, daß die Zahl der gefallenen Soldaten in ihren eigenen Reihen größer war als bei uns. Sie marschierten über ihre Gefallenen hinweg, als wären es Heuschrecken. Das Verhältnis der israelischen Streitkräfte zur syrischen Übermacht war ungefähr eins zu zehn.

Hinsichtlich der Panzer hatten die Syrer eine Übermacht von eins zu zwanzig. Rund einhundertzwanzigtausend Araber mit eintausendvierhundert Panzern kämpften gegen zwölftausend Israelis mit siebzig Panzern. Darüber hinaus hatten die Araber den Vorteil eines strategisch gut ausgeklügelten Überraschungsangriffs, der die Israelis sofort fünfzehn Meilen zurückwarf. Nun lag nur noch unser Kernland, das nordgaliläische Jordantal, hinter uns. Stand das Ende unserer Truppen bevor? Warum erhielten wir keinen militärischen Nachschub? Wo blieb Israels vielgepriesene schnelle Armee? Viele dachten: Jetzt werden die Araber mit uns abrechnen. Armes Israel! Plötzlich kam der syrische Angriff zum Stillstand. Was war geschehen? Die uns noch verbliebenen Soldaten erwarteten den Gnadenstoß – doch der blieb aus! Mitten in dem Vormarsch blieben die Syrer mit ihren Truppen und Panzern stecken. Unglaublich! Doch wir hatten uns schnell auf die neue Situation eingestellt und stürmten mit dem wenigen uns verbliebenen Kriegsmaterial vor, schlugen eine Bresche in die Linie und drangen in ihre Reihen ein. Das Unfaßbare geschah: Der Feind wich so schnell zurück, wie er vorher im Bewußtsein seines Sieges unsere Stellungen überrannt hatte.

Dann jagte unser Häuflein Menschen, wie schon früher in Gideons Tagen, das riesengroße feindliche Heer in die Flucht. Kurze Zeit später kam auch unser Nachschub in Gang, und Israel gewann erneut. Das war mein Erlebnis an der syrischen Front. Was war jedoch – das beschäftigte uns alle – in den syrischen Reihen passiert?

Ich erhielt kurz darauf auch darüber Informationen; und zwar von einem unserer Soldaten. Er stand noch völlig unter dem Eindruck dessen, was er gesehen hatte. Hier kommt seine Geschichte:

›Die Syrer kamen. Wir sahen, wie die Verteidigungslinie vor uns überrollt wurde. Nun waren wir dran. Wo blieb unser Nachschub? Wir dachten: Jetzt ist es vorbei mit uns. Plötzlich – ich traute meinen Augen kaum – schob sich eine riesige weiße Hand aus dem Himmel zwischen uns und die Syrer. Diese Hand legte sich ruhig vor die Angriffslinie des Feindes, hielt dort einen Augenblick inne und schob dann sehr behutsam die Syrer in Richtung Damaskus zurück. Ich war bis ins Tiefste meiner Seele berührt von der Erhabenheit, der Schönheit und der absoluten Autorität dieser Hand. Was mich übrigens besonders stark verwunderte, war, daß keiner meiner Kameraden sah, was meine Augen sahen . . . doch die Wirkung dieser Erscheinung spürten alle. Das Ergebnis war, daß wir mit letzter Kraft und Munition zum Gegenangriff übergingen. Unsere Truppen stürmten mit ungebremster Kraft hinter den Syrern her, obgleich in unseren Reihen nur kurz zuvor Verzweiflung geherrscht hatte.‹

Die Aussage dieses Soldaten kam mir erst zu Ohren, als wir bereits eine Zeitlang vor den Toren von Damaskus standen. Gott hatte sich auf diese Weise geoffenbart. Es wurde mir wieder einmal klar, daß der Herr der Heerscharen seit dem Auszug Moses aus Ägypten derselbe geblieben ist und Israel noch immer beschütt. Er kämpft noch immer für sein Volk, wenn das Volk ihn in großer Not anruft. Ich möchte betonen, daß der Soldat, der das sah, ein Jude, ein ›normaler‹ Israeli ist, der weder besonders religiös noch atheistisch ist. Man könnte ihn vielleicht jemanden nennen, der in der Gnade Gottes lebt, ohne sich dessen bewußt zu sein. Es sieht so aus, als ob nur dieser eine Soldat sah, wodurch das Kriegsglück sich zugunsten Israels wendete.«

Soweit der Gesundheitsoffizier. Läßt uns das nicht an die einfache Witwe Klaas denken, die als einzige sah, daß Holland beschützt wurde?

Wiederholte sich hier ein Ereignis aus dem Alten Testament?

In der Zeit der Richterin Deborah litt Israel unter König Jabin von Kanaan, sein Feldhauptmann war Sisera (Richter 4).

In jener Zeit verstanden sie auch etwas von Kriegsführung, denn Sisera besaß neunhundert eiserne Wagen, die Panzer dieser Zeit.

Dennoch besiegte Israel Sisera, und in dem Lied, das Deborah hinterher sang, kommt der folgende Satz vor:

»Vom Himmel her kämpften die Sterne,

von ihren Bahnen her stritten sie wider Sisera« (Richter 5, 20).

Im nächsten Vers steht: »Der Bach Kischon riß sie hinweg.«

Die Rabbis erklären das so: Die Himmelskörper, die die Jahreszeiten und das Wetter auf der Erde bestimmen, halfen den Israeliten gegen Sisera, indem sie den Bach über seine Ufer treten ließen. Zwar glauben Metereologen heutzutage nicht mehr, daß Sternenkonstellationen Überschwemmungen verursachen können, aber lassen Sie uns für einen Moment annehmen, daß sie sich täuschen und daß es doch so ist, dann haben wir es mit einem noch größeren Wunder zu tun als nur mit einer Naturerscheinung. Dann will die Erklärung der Rabbiner sagen, daß die Überschwemmung, die schon von Beginn der Zeit an feststand, weil die Sternenbahnen feststehen, genau im richtigen Moment während des Feldzugs gegen Sisera kam.

Es ist genauso unlogisch wie der Wunsch eines frommen Juden, wenn er jemandem »mazel tov«, einen guten Stern, wünscht. Die Sterne stehen doch für ewig fest, wie kann er einem dann wünschen, daß sie gut stehen mögen?

Wenn man mit dem Himmel zu tun hat, begegnet man diesen Paradoxien überall.

Hier endet der Abschnitt über Engel in der Weltgeschichte. Keine sicheren Beweise, aber die gibt es auf diesem Gebiet auch nicht.

Bevor wir zu den persönlichen Kriegserzählungen übergehen, möchte ich erst noch auf den Engelaspekt eingehen, der auf der vorigen Seite durchschien. Wir sahen da den Engel als Kämpfer, und für einige gläubige Menschen ist das eine schwer verdauliche Angelegenheit. Es entspricht nicht ihrer Glaubenswelt. Was aus dem Himmel kommt, muß freundlich, sanft und voller Liebe sein. Ich kann mir ihre Empfindungen lebhaft vorstellen, aber biblisch gesprochen stimmt dies nicht.

»Ja«, werden sie dann vielleicht sagen, »im Alten Testament begegnen wir dem rachsüchtigen jüdischen Gott, aber im Neuen Testament ist uns schließlich der Gott der Liebe geoffenbart worden.«

Hierzu möchte ich gerne zweierlei sagen:

1. Jeder fromme Jude wird einem erzählen können, daß der Gott, der uns im Alten Testament gegenüber tritt, voller Liebe, Erbarmen und Mitleid ist. Das Alte Testament ist randvoll mit Gnade und Erbarmen. Der »rachsüchtige Stammesgott« ist

eine Erfindung von Menschen, die das alte Testament nur oberflächlich gelesen haben. Der Gott des Alten Testaments ist derselbe wie der Gott des Neuen Testaments. Es gibt Kämpfe, das stimmt, aber die Liebe dominiert.

2. Das Neue Testament ist keineswegs zuckersüß. Jesus treibt die Händler aus dem Tempel (Matthäus 21, 12-13).

Er sagt: »Ich bin nicht gekommen, Frieden zu bringen, sondern das Schwert« (Matthäus 10, 34). In Offenbarung 12, 7 erleben wir sogar einen regelrechten Krieg im Himmel, bei dem Michael und seine Engel gegen den Drachen und seine Engel kämpfen müssen.

Das Neue Testament, das Buch der Liebe, ist nicht ohne Kampf. Immer gibt es die beiden Seiten: Liebe *und* Kampf. Der Kampf ist ein Bestandteil unseres Lebens, die gesamte Schöpfung ist davon durchdrungen, und wir tun gut daran, der Konfrontation nicht aus dem Weg zu gehen, wenn es darum geht, unsere Integrität zu verteidigen. Weichheit ist nicht das Kennzeichen eines Christen. In meinem Archiv kommen einige Male kämpfende Engel vor. Nicht so sehr, daß sie mit einem Schwert losschlagen; aber sie stellen sich kampfbereit auf. Zwei Geschichten will ich hier anführen. Es sind keine Kriegserzählungen, sondern Erzählungen über den Kampf im Himmel.

(78)
Ein Bildhauer schreibt mir, daß er eines Nachts wach wurde, als er vier Jahre alt war. Er saß aufrecht im Bett, und links und rechts von ihm saßen zwei enorme Katzen, größer als er selbst, die ihn drohend fixierten. Er versuchte, seine Mutter zu rufen, aber die Angst lähmte ihn, so daß er keinen Laut hervorbringen konnte.

Dann sah er durch die Mauer hindurch gegenüber

von sich einen erleuchteten Gang, durch den jemand auf ihn zukam. Er dachte, es sei eine schöne Frau. Sie trug lange, wallende, weiße Kleider, die wie Mondlicht leuchteten. Sie ging langsam auf ihn zu, hob ihn hoch und legte ihn dann wieder nieder. Die Tiere verschwanden auf der Stelle, und der Junge schlief glücklich und völlig beruhigt ein.

Er erzählt, daß von diesem Wesen etwas ausging und ihn tief berührte, das er später Schönheit genannt hat. Dieses Erlebnis sollte in seinem weiteren Leben von keiner anderen Schönheitserfahrung erreicht werden. Das Verlangen, so etwas noch einmal zu erleben, war die Triebfeder für alles, was er seit der Zeit unternommen hat. Gleichzeitig erlebte er darüber hinaus durch sie ein Gefühl von Liebe, das ihm unbekannt war. Die letzte Aussage verdient eine Erklärung.

Er wuchs zwischen zwei sich streitenden Eltern auf, die ihn oft schlugen und durchaus auch in einem dunklen Raum einschlossen. Niemals haben sie auch nur einen Versuch unternommen, mit ihm zu reden.

Eigentlich waren seine Eltern für ihn Fremde. Die »schöne Frau« brachte ihn zum ersten Mal in seinem traurigen Leben mit wahrer Liebe in Berührung.

Ich erinnere Sie hier an die frappierende Ähnlichkeit mit einigen anderen Geschichten, die ich erzählt habe.

Hatte dieses Kind einen Alptraum, oder dürfen wir dies zu den echten Engelerfahrungen rechnen?

Es war bestimmt kein Alptraum. In dieser Art von Träumen steigern sich Beklemmung und Angst immer mehr, bis man wach wird.

Dagegen weiß jeder, der ein Kind aus einem Alptraum hat holen müssen, wie schwierig das ist. Sie können sogar, wenn sie schon halb wach sind, noch mehr oder weniger drin stecken bleiben.

Was war es dann aber?

In Anbetracht des enormen und weitreichenden

Einflusses, den diese Erfahrung auf sein weiteres Leben hatte, glaube ich, daß die Diagnose nicht schwierig ist: Wir haben es hier mit einer echten Engelerfahrung zu tun. Die gigantischen Katzen können zwar ein Symbol für die ihm so bedrohlich erscheinenden Eltern sein, aber ich neige mehr zu der Ansicht, daß wir es hier mit einer Form sichtbar gewordener Dämonen zu tun haben.

Eine Katze hat zwei Aspekte. Bei den Ägyptern war sie ein heiliges Tier, weil sie an ein höheres Bewußtsein als unser tägliches erinnerte; das ist der positive Aspekt einer Katze. Aber jeder erinnert sich auch an die schwarze Katze, die zu einer Hexe gehört; das ist der dämonische Aspekt der Katze. Dies waren zwar weiße Katzen, aber vielleicht konnten sie in der Nähe der Engelerscheinung ihre schwarze Farbe nicht erhalten. Wie dem auch sei, wir sehen hier einen Engel, der Dämonen verjagt und deshalb zum Heer des Erzengels Michael gehört.

Die folgende Geschichte zeigt uns noch klarer den Kampf der guten Engel gegen die Dämonen.

(79)
Die Frau, die das folgende erlebt hat, hatte einen spiritistischen Hintergrund. Als sie sich der Bekehrung näherte, brach in ihr ein schrecklicher Kampf los, der so heftig war, daß sie sogar körperlich angegriffen und zu Boden geworfen wurde.

(Der Leser möge nicht ungläubig mit den Achseln zucken. Ich habe gesehen, wie einer meiner Patienten einen gewaltigen Stoß von einer unsichtbaren Hand erhielt; das war ein echter Fall von Besessenheit.)

Diese Frau hielt jedoch unerschütterlich an dem Gedanken fest, der auch die Kampfparole von Corrie ten Boom war: Jesus ist Sieger.

Als dieser Kampf noch in vollem Gang war, starb ihr

Mann, und kurz darauf erwachte sie nachts mit einem unbehaglichen Gefühl, als ob etwas nicht stimmte. Sie knipste die Bettlampe an und schaute sich im Zimmer um, und da stand ungefähr einen Meter von ihr entfernt eine sehr große Gestalt, die völlig aus weißem Licht zu bestehen schien. Sie sah aus wie ein junger Mann und war von überwältigender Schönheit. Sie wußte sofort, daß sie einen Engel vor sich hatte. Er streckte seinen rechten Arm aus. In der Hand hatte er ein Schwert und zeigte damit in Richtung auf den Gang, der zur Küche führte. Sie schaute dahin und sah eine kleine Frauengestalt; sofort begriff sie, daß es ein dämonisches Wesen war. Es trug einen weißen Rock, der bis zum Boden reichte, und einen roten Mantel mit Kapuze, die es über den Kopf gezogen hatte. Das Gesicht war nicht zu sehen, aber die Figur hielt die linke Hand dort, wo der Mund sein mußte. Der Engel begann im Nichts zu verschwinden, und gleichzeitig hörte sie eine innere Stimme: »Du bist jetzt wach, und du hast die Kraft.« Das dämonische Wesen fing langsam an, auf sie zuzugehen. Es strahlte etwas unsagbar Böses aus. Die Frau spürte jedoch keine Angst, denn sie wußte, daß sie mit dem Heiligen Geist gewappnet war und rief:

»Im Namen Jesu Christi, verschwinde und tue niemandem etwas zuleid, geh dahin, wo du hingehörst.« In dem Moment, in dem sie den Namen Jesu aussprach, war das Wesen verschwunden.

Ich möchte bei dieser Geschichte darauf hinweisen, daß nicht der Engel, sondern die Frau selbst den geistlichen Kampf angehen mußte. Das ist sehr wichtig. So rüsten auch gute Eltern ihre Kinder für den Existenzkampf. Sie wickeln sie nicht in Watte, sondern lassen sie so viel wie möglich selber machen. Ich weise außerdem noch daraufhin, daß das Schwert in der Hand des Engels sich im weiteren Verlauf als die Kraft des Wortes manifestiert, mit der die Frau den Dämon besiegt. Das Schwert ist in geistlichen Bereichen nicht dazu da, Köpfe abzuschlagen, sondern um Gottes Wort in der richtigen Weise zu verwenden.

Jetzt sind wir beim zweiten Teil dieses Kapitels angekommen.

Individuelle Engelerlebnisse im Krieg

(80)

Wir beginnen an einem dunklen Abend in der Innenstadt von Haarlem. Wirkliche Dunkelheit in der Stadt ist etwas, an das sich nur die Älteren noch erinnern werden. Im Krieg bedeutet eine mondlose Nacht wirklich tiefschwarze Finsternis. Alles war verdunkelt, und kein Streifen Licht drang durch die Vorhänge der Häuser nach draußen. Die Straßenlaternen brannten nicht. Es gab keine Autolampen, keine Fahrradlampen, nichts. In einer solch stockdunklen Nacht ging eine Frau an einer der Haarlemer Grachten entlang. Sie war auf dem Heimweg und hatte keine Lampe bei sich. In der Zeit benutzten wir noch mit der Hand betriebene Taschenlampen, bei denen ein Dynamo Strom erzeugte und die ein ganz spezifisches quietschendes Geräusch von sich gaben. Diese Frau hatte also nicht einmal eine solche Taschenlampe bei sich. Sie brauchte sie auch nicht, denn sie kannte den Heimweg im Schlaf. Sie mußte an einer Fischbude entlang, und sobald sie daran vorbei war, elf Schritte weitergehen, nach links abbiegen, und dann fühlte sie das Geländer der Brücke, über die sie gehen mußte.

Als sie bei der Fischbude war, tastete sie sich vorsichtig mit der Hand daran vorbei, zählte dann elf Schritte, bog links ab und wurde genau in dem Moment festgehalten; sie hörte eine Stimme sagen: »Denk an deine

Kinder.« Ganz vorsichtig tastete sie dann nach dem Geländer der Brücke und merkte zu ihrem Schrecken, daß die Brücke nicht da war. Wenn sie nicht festgehalten worden wäre, wäre sie unausweichlich in die Gracht gefallen, was an solch einem verdunkelten Abend den Ertrinkungstod bedeutet hätte. Ihr geheimnisvoller Helfer ließ sich nicht mehr vernehmen, und sie begann ganz vorsichtig nach dem Brückengeländer zu suchen. Nach einiger Zeit fand sie es, aber die Brücke war ein Stückchen weiter entfernt. Sie konnte das nicht verstehen und ging am nächsten Morgen, als es hell war, sofort nachschauen, was da los war. Dann bemerkte sie, daß die Fischbude den Standort gewechselt hatte. Diese Geschichte wurde mir von ihrer Tochter erzählt.

(81)
Das folgende Erlebnis spielt sich im Sommer des Jahres 1942 in der Nähe von Berlin ab, einer Stadt, die bereits damals nachts bombardiert wurde. Drei Freundinnen beschlossen, ein Wochenende außerhalb der Stadt zu verbringen. Die erste hieß Dorothea – sie ist die Briefschreiberin –, die zweite Miriam; diese beiden hatten zusammen ein Zelt. Die dritte hieß Gisela und verbrachte mit ihrer Mutter in der Nähe des Platzes, auf dem die Mädchen ihr Zelt stehen hatten, das Wochenende in einem Wochenendhäuschen.

Am Samstagabend beschlossen Dorothea, Gisela, Giselas Bruder und ihre Mutter, auf das Dorffest ein paar Kilometer weiter zu gehen. Sie nahmen sich vor zu laufen. Miriam war müde und wollte im Zelt bleiben und früh schlafen gehen. Auf dem Dorffest taten sich die vier mit einigen Dorfbewohnern und ein paar Soldaten zusammen. Man amüsierte sich bei Musik und Tanz und trank ein paar Gläser Wein.

Spät am Abend gingen die vier zurück. Alle waren

vergnügt und munter mit Ausnahme von Dorothea. Obwohl sie genau soviel Wein getrunken hatte wie die anderen, schien es, als wäre sie betrunken. Auf halbem Wege fiel sie sogar der Länge nach hin, und zwei von den anderen mußten sie kräftig stützen, um sie zum Zelt zu bringen. Dort benahm sich Dorothea weiterhin seltsam, denn anstatt gemütlich in ihren eigenen großen Schlafsack zu kriechen, wollte sie zu der schlafenden Miriam in den Schlafsack. Miriam reagierte gereizt, aber weil mit Dorothea nicht zu reden war, gab sie schließlich nach. Die Mädchen schliefen also in der Nacht in Miriams Schlafsack. Ich möchte hier kurz einschieben, daß Dorothea nicht lesbisch ist. Der Impuls, zu ihrer Freundin in den Schlafsack zu kriechen, war für sie völlig unverständlich, aber so stark, daß sie ihn nicht unterdrücken konnte. Trotz der Enge schliefen die beiden Mädchen so fest, daß sie nicht merkten, daß Berlin in der Nacht wieder bombardiert wurde. Sie überhörten sogar, daß die in einiger Entfernung von ihrem Zelt postierte Flak zum Einsatz kam. Am nächsten Morgen wurde Dorothea zuerst wach und sah zu ihrer Überraschung, daß sie durch die Zeltplane hindurch den Himmel sehen konnte. Da, direkt über ihrem eigenen leeren Schlafsack war ein großes, ausgefranstes Loch. Sie kroch aus dem Bett und sah in Bauchhöhe ihres leeren Schlafsacks genau das gleiche ausgefranste Loch. Es stellte sich heraus, daß der Schlafsack durchbohrt worden war. Mittlerweile war Miriam aufgewacht, und zusammen schoben die Mädchen Dorotheas Schlafsack zur Seite und untersuchten den Zeltboden. Der Gummiboden wies das gleiche große, ausgefranste Loch auf. Vorsichtig begannen sie in der Erde unter dem Zelt zu graben und fanden in einiger Tiefe einen großen Granatsplitter mit scharf gezackten Rändern.

Wir haben im Krieg entsetzliche Verletzungen bei

Menschen gesehen, die von Granatsplittern der Flak getroffen worden waren. Jetzt, da ich dies schreibe, höre ich wieder das merkwürdige, singende Geräusch, mit dem sie herunterkamen. Eine kurze Zeit lang hörte man den musikalischen Ton, dann plötzlich ein Zischen, wenn er einschlug, und danach war es wieder still. Wäre Dorothea von diesem Splitter im Bauch getroffen worden, wäre sie sofort verblutet.

Als ihr klar wurde, welchem Schicksal sie entkommen war, mußte Dorothea an ihre unerklärliche Betrunkenheit denken, die bei den drei anderen in der Gruppe nicht aufgetreten war. Sie dachte auch an ihren unerklärlichen Drang, zu Miriam in den Schlafsack zu kriechen. Sie hatte zwar keine Stimme gehört oder eine führende Hand gefühlt, aber sie verstand, daß eine Art himmlische Trunkenheit sie überkommen hatte, die sie daran hinderte, den Impuls, zu ihrer Freundin in den Schlafsack zu kriechen, rational zu unterdrücken. Die Trunkenheit, verbunden mit einem unerklärlichen Impuls, leitete sie unfehlbar aus der Gefahrenzone. Sie heißt nicht umsonst Dorothea, »Geschenk Gottes«.

(82)
Folgende Geschichte ereignete sich am 30. Januar 1945. Eine Frau aus Frankfurt an der Oder ist auf der Flucht vor den heranrückenden Russen. Die Oder war in dem eiskalten Winter so fest zugefroren, daß selbst schwerste Kanonen mühelos hinübergebracht werden konnten. Nichts lag mehr zwischen den flüchtenden Menschen und den sich rasch nähernden Truppen. Die Frau schaffte es, den letzten Zug zu erreichen, der noch in westlicher Richtung nach Hannover, Braunschweig, Seesen fahren sollte. Nach einer endlosen Reise mit vielen Verzögerungen näherte man sich Hannover.

Mitten in der Nacht – sie war eingedöst – wurde sie wach, weil eine Stimme zu ihr sagte: »Steig aus!« Sie bemerkte, daß der Zug stand und schaute aus dem kleinen Fenster. Sie sah nichts als endlose verschneite Flächen. Noch einmal sagte die Stimme: »Du mußt aussteigen!«

Sie dachte: »Ich kann doch nicht mitten in dieser Schneewüste aussteigen!«

Aber die Stimme sagte noch eindringlicher: »Du mußt aussteigen!« Dann dachte sie: »Vielleicht sind es meine zwei gefallenen Söhne, Christian und Peter, die mich warnen.« Sie nahm also ihre beiden schweren Koffer und den Rucksack, öffnete die Tür, warf die Koffer und den Rucksack hinaus, sprang selbst hinterher und versank bis über die Knie im Schnee.

»Du mußt verrückt sein«, sagte sie zu sich selbst, nahm aber dennoch ihr Gepäck und ging auf den Schienen weiter. Nach kurzer Zeit kam sie an eine Straße, die sie dann entlangging. Die Gegend war völlig verlassen, und als sie da so lief, sah sie, wie ein heftiges Bombardement auf Hannover niederging.

Endlich sah sie in der Ferne ein kleines Licht und ging darauf zu. So kam sie morgens um halb fünf zu einem kleinen Bahnhof. Hier war sie an einer anderen Bahnstrecke und fand einen Zug, der an Hannover vorbei nach Braunschweig fuhr. Dank der Warnung entging die Frau also dem brennenden Hannover, wo sie angekommen wäre, wenn sie in dem anderen Zug sitzen geblieben wäre.

Ich erhielt ihren Brief 1985, ziemlich schnell nach dem Erscheinen der deutschen Ausgabe meines Buchs. Vor meinem geistigen Auge sah ich die einsame Frau ganz alleine durch die eiskalte Landschaft stolpern. Alles hatte sie zurückgelassen. Zwei ihrer Söhne waren tot. Der dritte mußte in Frankfurt bleiben, denn er mußte in die Schule, und junge Männer, die einfach so davonliefen, wurden ohne Pardon erschossen.

Zum ersten Mal nach vierzig Jahren empfand ich

216

Mitleid mit den Deutschen. Diese Frau war eine der ersten, die mir das Gefühl vermittelte, daß da durch den eisigen Schnee kein alter Feind lief, sondern ein Mitmensch, Opfer von Mächten, die viel größer waren als sie selbst und denen sie gegen ihren Willen ausgeliefert war. Hier war ein Mensch, der Mitleid verdiente und der unendlich viel mehr Leid zu ertragen hatte als ich.

(83)
Eine andere Geschichte spielt am 13. Februar 1945. Auch hier sehen wir wieder eine Frau, die vor der aus dem Osten anstürmenden russischen Armee auf der Flucht ist. Schließlich kam sie in Dresden an. Die Stadt war vollgestopft mit Flüchtlingen, wohl deshalb, weil jeder wußte: »Hier werden niemals Bomben fallen!« Die Stadt verfügte auch nicht über Schutzkeller aus Beton wie Berlin. Als die Frau da in Dresden auf der Straße stand, eine von Hunderttausenden von Deutschen, die sich auf der Flucht befanden, hörte sie eine Stimme sehr laut hinter sich sagen: »Mach, daß du hier wegkommst!« Sie blickte sich um, aber niemand war da. Sie wurde erneut ermahnt, und die Warnung wurde noch einige Male wiederholt, ohne daß sie den Sprecher sah. So beschloß sie, Dresden zu verlassen. Die Kollegin, mit der sie da war, sagte, daß sie verrückt sei, ging aber doch mit ihr zum Bahnhof. Von dem aus fuhren völlig überfüllte Züge ab, und die beiden quetschten sich mit viel Mühe in einen Zug, ohne zu wissen, wo es hinging. Sie waren noch nicht weit von Dresden entfernt, als jemand rief: »Luftalarm!« Der Zug blieb stehen, und viele verkrochen sich darunter. Dann flogen so viele Bomber über sie hinweg, daß es dröhnte, als ob die Welt untergehen sollte, und in der Ferne sahen sie die alte Kunststadt Dresden in Flammen aufgehen. Innerhalb weniger Stunden wurde die

Stadt völlig verwüstet. Später hörten sie, daß sie mit Phosphorbomben beschossen worden war und daß viele Menschen als lebende Fackeln in die Elbe gesprungen seien. Ihre Kollegin fragte sie immer wieder: »Woher wußtest du das im voraus?« Sie konnte nicht glauben, daß es ein Befehl von oben gewesen war.

Später hörte die Frau von zwei anderen, daß ihnen genau dasselbe passiert war. Eine von ihnen hatte ihren Retter sogar gesehen. Es war ein Mann in Uniform gewesen, der sich, nachdem er gesprochen hatte, in Luft auflöste.

Der Bombenangriff auf Dresden war eine der schlimmsten Katastrophen des Zweiten Weltkriegs. In der überfüllten Stadt geschah etwas, was man noch niemals zuvor bei einem Luftkrieg erlebt hatte: Es entstand ein Feuersturm. Es starben genau so viele Menschen wie bei der Atombombe von Hiroshima. Erst Jahre nach dem Krieg haben wir erfahren, was da passiert war. An vielen Orten der Welt herrschte die Hölle. Im nachhinein betrachtet ging es weniger um Freund oder Feind, sondern um unzählige entsetzlich leidende Menschen, und mitten dazwischen Engel, die hier und da jemanden herausgriffen und retteten. Warum? Warum wird der eine sanft hinausgeleitet, wie Lot aus Sodom und Gomorrha, und der andere springt brennend in die Elbe? Fünfundvierzig Jahre nach dem Feuersturm schaudere ich über das Schicksal von Dresden. Es gibt ab und zu Menschen, die Engel anzuziehen scheinen. Während manch einer sein ganzes Leben verbringt, ohne sich auch nur über ihre Existenz Gedanken zu machen, begegnen andere ihnen mehrere Male im Leben. Die Frau, von der ich gerade berichtet habe, hatte auch mehr als einmal eine Engelerfahrung. Hier folgt ein zweites Erlebnis von ihr.

(84)
Deutschland befand sich nach der Niederlage in
schrecklichem Zustand. Das halbe Land war verwüstet,
und es herrschte überall großer Hunger. Diese Frau litt
auch schon seit drei Jahren entsetzlichen Hunger. Sie
versuchte verzweifelt, sich irgendwo ihren Lebensun-
terhalt zu verdienen. Eines Tages war sie halb verhun-
gert in strömendem Regen zusammen mit einigen
Schicksalsgenossen auf der Suche nach Arbeit. Unterwegs fragten drei amerikanische Besatzungssoldaten
sie nach ihren Papieren, und etwas abseits saß ein vier-
ter, der gerade aus einem Eßgeschirr herrlich duftende
Erbsen aß. Er schaute hoch und fragte, ob sie Hunger
habe. Als sie bejahte, reichte er ihr sofort den Topf, und
sie aß ihn wie ein hungriger Wolf schnell leer. Dann
fragte der Soldat: »Hast du immer noch Hunger?« Als
sie nickte, gab er ihr eine Rolle Kekse, die sie sofort zur
Hälfte aufaß. Er sagte, daß sie die andere Hälfte mit-
nehmen solle, und sie suchte einen Platz, an dem sie die
Rolle aufbewahren konnte, damit sie vor dem strömen-
den Regen sicher war. Nachdem sie ein trockenes
Plätzchen gefunden hatte, schaute sie sich um, um sich
zu bedanken, aber der Mann war spurlos verschwunden. Er hat eigentlich nirgendwohin verschwinden
können, und dennoch war er weg. Sie war völlig durcheinander wegen dieses Ereignisses und konnte nicht
verstehen, wie das möglich war. Viel später erst hat ihr
jemand erklärt, daß sie ihrem Schutzengel begegnet
sei. Engeln, die Essen austeilen, sind wir in diesem
Buch noch nicht begegnet, aber aus der Bibel wissen
wir, daß dies gut möglich ist. Als der Prophet Elia in
der Wüste auf der Flucht vor der bösen Königin Isebel
war, nachdem er den Untergang all ihrer Priester ver-
ursacht hatte, fiel er irgendwo völlig erschöpft zu Boden und wollte nicht mehr weiterleben. Dann bekam er
von einem Engel Brot zu essen und Wasser zu trinken

(1. Könige 19, 6–7). Stellen Sie sich vor, Sie bekämen Erbsen und Kekse aus dem Paradies zu essen.

Engelgeschichten sind manchmal nur mit wenigen Strichen angedeutet. Es ist, als ob man einen japanischen Druck anschaute, auf dem der Künstler vor allem von der Leere Gebrauch gemacht hat, die der Hintergrund aller Materie ist. Das kann man an der folgenden Geschichte erkennen.

(85)

In den letzten Tagen des Zweiten Weltkriegs arbeitete eine zwanzigjährige Deutsche in einem Kinderheim auf dem Land. Als die Front näherrückte, sollten die Mädchen aus dem Heim versuchen, die Kinder so schnell wie möglich zu ihren Eltern zurückzubringen. Ihr wurden fünf Kinder anvertraut, und sie machten sich zu Fuß auf den Weg. Sie gingen sechs Stunden lang, bis sie zu dem Dorf kamen, in dem die junge Frau die Kinder abliefern sollte. Es war bereits Abend geworden, und sie mußte denselben Weg zurück. Es war Frühling und der Vollmond stand am Himmel.

Sie befand sich in Gefahr, weil die Front sie jeden Augenblick erreichen konnte. Es war die Nacht vom 27. auf den 28. April 1945. Russische und amerikanische Truppen hatten bei Torgau Kontakt miteinander hergestellt. Weiter im Norden war die russische Armee gerade dabei, in das Zentrum Berlins vorzudringen.

Die Frau erreichte ein Dorf und sah, daß es voller Soldaten, Fahrzeuge und Kanonen war. Es war kein Durchkommen, und darüber hinaus war die Situation für eine junge Frau sehr gefährlich. Als sie sich ratlos umsah und überlegte, was sie tun sollte, kam plötzlich ein Mann in Uniform auf sie zu. Er nahm sie bei der Hand und führte sie, ohne ein Wort zu sagen, quer durch das Chaos hindurch. Am Ende des Dorfes ließ er ihre Hand los und verschwand, ohne ein Wort zu sagen, in der Nacht. Gegen Mitternacht war sie sicher wieder im Kinderheim.

Diese Frau hat das immer für eine unerklärliche Geschichte gehalten, an die sie oft denken mußte. Sie war eine derjenigen, die nach dem Lesen meines Engelbuchs plötzlich dachte: »Sollte es das sein, was mir passiert ist?«

Das merkwürdig schweigsame Verhalten des Soldaten und die Tatsache, daß das Ereignis die Frau vierzig Jahre lang nicht losließ, weisen tatsächlich in die Richtung. Vielleicht war es auch ein einfacher Soldat, aber dann einer, der zehn Minuten lang ein Engel sein durfte.

(86)
Genauso rätselhaft ist die Erfahrung einer schwangeren holländischen Frau, die am 3. März 1945 mit dem Fahrrad über die Maliebaan in Den Haag fuhr. Neben ihr lief ihr Hund. Dann heulte auf einmal die Sirene, Luftalarm. Sie fuhr, so schnell sie konnte, zum Luftschutzkeller in der Nähe der Brücke, aber in der Zwischenzeit waren schon drei Bomben gefallen, wahrscheinlich für die V 2-Raketen im Haager Wald bestimmt. Sie lehnte ihr Fahrrad gegen den Luftschutzkeller, ging aber nicht hinein. Es kamen immer mehr Menschen, die alle draußen stehenblieben, um in der Nähe des Luftschutzkellers auf die Entwarnung zu warten.

Auf einmal wurde die Gruppe von einem großen schlanken Mann mit einer langen Regenjacke angesprochen. Er trug einen Hut, den er so tief ins Gesicht gezogen hatte, daß dieses darunter nicht deutlich zu erkennen war.

Er sagte, sie sollten in den Schutzkeller hineingehen, aber die Frau antwortete ihm: »Ach, in letzter Zeit fallen immer nur drei Bomben, und dann ist es wieder vorbei.« Darauf meinte der Mann jedoch: »Diesmal wird es anders sein, es sind viel größere Flugzeuge.«

Die zwanzig Menschen, die sich mittlerweile angesammelt hatten, verschwanden daraufhin sofort im Luftschutzraum, einem großen Keller mit zwei Abschnitten, die ineinander übergingen. Kaum war der letzte drinnen, hagelte es Bomben. Das war die Bombardierung des Bezuidenhout-Viertels, die so viele Opfer gekostet hat. Unmittelbar nach der Entwarnung verließ die Frau den Schutzkeller und traute ihren Augen nicht. Das Toernooiveld und die Prinsessegracht waren ein Trümmerhaufen. Von dem dicht bei ihrem Unterstand gelegenen Prinsessetheater war nichts mehr übrig. Auch das an der Prinsessegracht liegende Bethlehemkrankenhaus war getroffen. Im Lenker ihres Fahrrads befand sich ein großes Loch.

Alle waren der Ansicht, daß man sich bei dem Mann, der sie gerettet hatte, bedanken müßte. Weil er nicht in ihrem Abschnitt des Schutzkellers gewesen war, beschlossen sie, ihn im anderen zu suchen, aber dort war er auch nicht. Obwohl der Keller nicht von Häusern umgeben war und sie nach allen Seiten freie Sicht hatten, war der Mann weit und breit nicht zu sehen. Er hätte noch in der Nähe sein müssen, war es aber nicht.

Der Heimweg war für sie entsetzlich. Sie wußte nicht, ob ihr eigenes Haus getroffen war. Überall lagen Trümmer und im Gras an den Kanalufern einige Leichen von Menschen, die vom Luftdruck oder durch herabstürzende Trümmer getötet worden waren.

Sie fand glücklicherweise ihr Haus unbeschädigt, aber sie fragt sich noch immer, ob sie in ihrem Leben einem Engel begegnet ist.

Wenn ich eine derartige Geschichte lese, denke ich an ein Ereignis im Alten Testament.

In Exodus 34 wird erzählt, daß Moses auf dem Berg Sinai mit dem Herrn gesprochen hat und anschließend

222

zum Volk hinuntergeht. Weil er in Gottes Nähe gewesen ist, strahlt die Haut seines Gesichts so, daß niemand sich ihm zu nähern wagt. Moses muß ein Tuch vor sein Gesicht binden, damit das Volk nicht von dem Glanz geblendet wird, und das muß er jedesmal tun, wenn er den Herrn getroffen hat. Da frage ich mich: Was hätten die Menschen bei dem Luftschutzkeller gesehen, wenn der warnende Herr seinen tief ins Gesicht gezogenen Hut abgenommen hätte?

Die nächste Geschichte zeigt uns wieder eine andere Form himmlischen Eingreifens.

Während des Krieges wurden Tausende von Männern in deutsche Sklaverei abtransportiert. »Arbeitseinsatz« hieß das damals euphemistisch. Sehr viele tauchten unter, so wie ich das auch tat, aber vielen anderen war dies nicht möglich.

(87)
Im Jahre 1943 hatte ein junger Niederländer alle Möglichkeiten, sich weiterhin dem Arbeitseinsatz zu entziehen, ausgeschöpft. Er fühlte sich sehr unbehaglich, denn die Bombardierung Deutschlands und besonders der deutschen Kriegsmaschinerie nahm an Heftigkeit ständig zu, und man wußte nicht, ob man jemals wieder lebend zurückkommen würde.

Eines Tages, kurz bevor er weg mußte, verspürte er an seinem ganzen Körper eine Vibration, von der Kopfhaut bis zu den Fingerspitzen und den Zehen.

Gleichzeitig sagte eine ganz klare, ruhige Stimme zu ihm: »Du wirst keine Bombe auf den Kopf kriegen.« Die Worte wurden mit solch einer absoluten Entschiedenheit ausgesprochen, daß er spürte, wie jeder Gedanke an einen Tod durch Bomben verschwand. Er vertraute von jetzt an vollständig dieser Zusicherung.

In Deutschland hielt er sich in einem kleinen Dorf in der Nähe von Karlsruhe auf. Eines Abends wurde über

Karlsruhe ein Ring von Leuchtkugeln abgeworfen, und das bedeutete immer, daß ein Bombardement bevorstand. Mit dem starken Wind trieben die Leuchtkugeln jedoch so weit ab, daß auch das Dorf, in dem sich der junge Mann befand, innerhalb des Rings lag. Dann begann es Brandbomben zu hageln.

Die Brände waren so heftig, daß die gesamte Umgebung erleuchtet wurde. Die meisten seiner Kameraden waren im Luftschutzkeller, er aber blieb in der ersten Etage ihrer Unterkunft. Weil es so hell war, sah er auf einmal eine Brandbombe mit der Spitze nach unten genau auf ein Haus an der gegenüberliegenden Straßenseite fallen. Die Bombe schlug durch das Dach, durch den dritten und zweiten Stock und setzte, ausgehend vom ersten Stock, das Haus lichterloh in Brand. Durch die Spiegelung in den Fenstern im zweiten Stock des gegenüberliegenden Hauses konnte er auch das Dach seines Hauses sehen. Zweimal sah er über seinem Dach eine Brandbombe mit der Spitze nach unten heransausen. Etwa einen Meter vom Dach entfernt drehte die Bombe sich waagerecht und fiel über das Dach nach unten, das eine Mal bis in die Dachrinne, wo sie wenig Schaden anrichtete, das andere Mal über die Dachrinne hinaus auf die Straße.

Wir sehen, daß die gleiche Kraft, die in einer früheren Geschichte den abgeschossenen Pfeil von seinem Kurs abbrachte, auch mit Brandbomben umgehen konnte.

Dieser Mann hat zwar keinen Engel gesehen, aber er hörte ihn und sah die Wirkung seiner Handlungen.

(88)

In der nun folgenden Geschichte hörte die junge Frau, die darin die Hauptrolle spielt, zwar nichts, aber sie wurde auf wundersame Weise gerettet. Sie war mit einer Gruppe Widerstandskämpfern im Friedenspalast

224

in Den Haag untergetaucht. Eines Tages machte sie sich auf den Weg zu dem Mann, der für die Gruppe falsche Stempel herstellte. In ihrer Tasche hatte sie unter anderem ein Zigarettenetui mit einer Zigarette, ein Taschentuch, Geld, Schlüssel, die üblichen Dinge also, die sich in einer Damenhandtasche finden. Die Zigarette enthielt allerdings einen Mikrofilm mit Informationen für die Engländer, und auch im Taschentuch war ein Mikrofilm versteckt. Sie erreichte das Haus des Stempelmachers. Was sie aber nicht wußte, war, daß der Sicherheitsdienst, zusammen mit Kollaborateuren, eine Razzia in dem Haus durchgeführt hatte. Als sie klingelte, lief sie also geradewegs in die Falle. Ein niederländischer Nazi mit Gewehr im Anschlag verhaftete sie sofort und befahl ihr, nach oben zu gehen. Er lief hinter ihr her und stieß ihr die ganze Zeit sein Gewehr in den Rücken. Oben wurde ihr die Tasche abgenommen und geöffnet, und sie dachte: So, nun bin ich dran, jetzt gibt es kein Entkommen mehr. Mikrofilme für die Engländer, das bedeutete Verhör, Folter, Todesurteil und Exekution.

Das Zigarettenetui kam auf den Tisch und wurde geöffnet. Es war leer. Schlüssel, Geldbeutel, alles wurde aus der Tasche geholt, aber für das Taschentuch zeigte der Sicherheitsdienst kein Interesse.

Sie wurde ins Scheveninger Gefängnis gebracht, seinerzeit »Oranjehotel« genannt, weil es vollgestopft war mit niederländischen Widerstandskämpfern. Als sie in eine kleine Zelle eingeschlossen wurde, dachte sie: Das sieht nach einer Dematerialisation aus! Ich werde nicht sterben!

Nach einigen Wochen wurde sie mangels Beweisen freigelassen. Als sie in den Friedenspalast zurückkam, war ihre erste Frage an die Haushälterin, die gleichzeitig ihre Zimmergenossin war: »Weißt du noch genau, was ich an dem Morgen in meiner Tasche hatte?«

Die Haushälterin begann langsam die verschiedenen Gegenstände aufzuzählen. Plötzlich wurde sie bleich und fragte: »Oh, die eine Zigarette, haben sie die nicht gesehen?«

»Nein«, sagte die Erzählerin. »Die war weg, und ich habe sie niemals wiedergesehen!«

Soweit die Geschichte dieser Frau. Später schrieb sie mir: »Haben Sie schon mal von einer derartigen Dematerialisation gehört?« Zu meinem Bedauern mußte ich damals verneinen. Seitdem habe ich erfahren, daß ganze Autos und Mopeds dematerialisiert werden können. Für die Kräfte, die das fertigbringen, muß eine Zigarette eine Kleinigkeit sein. Man fragt sich, in welcher Dimension der Mikrofilm jetzt wartet.

Eines der merkwürdigsten Phänomene bei Engelgeschichten ist meines Erachtens, daß andere ziemlich oft den Schutzengel sehen, während der Beschützte ahnungslos ist. Ich denke an die Geschichte des »Pfarrers mit den zwei Engeln«. Hier kommt noch eine solche Geschichte.

(89)

Ein junger Mann aus den Niederlanden hielt sich 1933 in Berlin auf. Es war »Boykottsamstag«, der Tag, an dem SS (Schutzstaffel) und SD (Sicherheitsdienst) zum ersten Mal die Juden in Deutschland boykottierten. Der Holländer lief die Friedrichstraße entlang und kaufte demonstrativ in einem Modegeschäft, das von zwei jüdischen Brüdern betrieben wurde, einen hübschen Schlips.

An dem Abend fragte einer seiner Freunde: »Wer war der Lockenkopf, der heute morgen neben dir auf der Friedrichstraße ging?«

Er sagte, er wisse von keinem Lockenkopf.

»Ein blonder Junge, etwas älter als du«, erklärte sein Freund.

»Ich weiß nicht, was du meinst«, sagte er.

Er hatte diesem Ereignis wenig Aufmerksamkeit geschenkt und dachte nicht mehr daran, dennoch war die Erinnerung verschwommen hängen geblieben.

Im Krieg mußte der junge Mann eines Abends im Jahre 1944 mit Nachrichten aus England auf die Straße. Wir durften zu dieser Zeit keine Radios mehr haben. Zur Strafe wurde einem das Haus angezündet, aber viele versteckten ihre Radiogeräte und versorgten die Nachbarn, denen sie trauten, mit Nachrichten. Die Straße war stockfinster, und er tastete sich an den Zäunen entlang. Überraschend stieß er auf ein paar Männer, die still auf der Straße standen. Es waren Deutsche, die sofort zu schreien und zu toben anfingen. Nun hatte dieser Mann in einem deutschen Film mitgespielt, und mit großer Kaltblütigkeit und in perfektem Deutsch traktierte er die Deutschen mit einer gewaltigen Schimpfkanonade. Er brüllte mindestens so laut wie sie, und sie ließen ihn verblüfft weitergehen.

Ein Bekannter von ihm, der in der Nähe wohnte, hatte den Lärm gehört und aus dem Dachfenster geschaut, um zu sehen, was da los war. Am nächsten Morgen sprach er ihn an: »Du bist wohl verrückt geworden, so auf die Soldaten loszugehen, mit dem Lokkenkopf dabei und dann auch noch mit Licht.«

Diese Bemerkung bedarf einer Erklärung. Ein einzelner Mann war für die Soldaten lange nicht so verdächtig wie zwei, die abends auf der Straße liefen.

Er wollte dem Mann, der aus dem Dachfenster gesehen hatte, erklären, daß er erstens alleine gewesen sei und zweitens kein Licht dabei gehabt habe und deshalb in die Gruppe von Soldaten gelaufen sei.

»Das stimmt nicht«, sagte der Bekannte. »Du hattest eine Lampe. Ich konnte euch beide deutlich erkennen, der andere hatte Locken.« In dem Moment erinnerte sich der junge Mann wieder an das Ereignis in

Berlin. Zu Hause sagte er zu seiner Mutter: »Ich habe einen Schutzengel mit Locken.« Seine Mutter hörte sich seine Geschichte an, bekam Angst und meinte: »Paß in Gottes Namen auf!«, offensichtlich ohne darüber nachzudenken, daß in Gottes Namen auf ihn aufgepaßt wurde!

(90)
Nicht alle Engel sind jung und blond. Die nächste Geschichte ereignete sich im Hungerwinter 1944.

Eine junge Frau, die in Amsterdam wohnte, versuchte ihre Eltern zu erreichen, die in Haren in der Provinz Groningen wohnten. Das Boot nach Lemmer war noch in Betrieb, und sie beschloß deshalb, es zu nehmen. Sie saß in der Kajüte, zusammen mit einer lärmenden Gesellschaft, die immer wieder das damals populäre Lied *Daar bij die molen* (»Dort bei der Mühle«) sang. Sie war nicht in der Stimmung, sich dem anzuschließen, weil sie darüber nachdachte, wie sie von Lemmer nach Groningen kommen sollte, wo doch der öffentliche Verkehr nicht mehr funktionierte. Darum hielt sie sich abseits und betete still, wobei sie Gott bat, ihr zu helfen.

Morgens in aller Frühe kam das Boot in Lemmer an. Es war noch dunkel. Die Frau stand auf der kalten, finsteren Kaimauer, unsicher, wie es jetzt weitergehen sollte.

Lemmer während eines Segelurlaubs im Sommer ist ein fröhlicher Ort. Lemmer im Krieg vor Sonnenaufgang im Winter ist nicht der Ort, an dem man heitere Gefühle empfindet. Sie fühlte sich verloren und einsam.

Plötzlich stand ein alter Mann neben ihr. Er hatte ein bleiches, scharf gezeichnetes Gesicht mit ernsten Augen und war mit einer langen schwarzen Jacke bekleidet, auf dem Kopf trug er einen schwarzen, breitrandigen Hut. Er stellte sich nicht vor, sondern streckte nur seine Hand aus und deutete auf jemanden, der ein Stückweit entfernt mit einer Laterne in der Hand umherging.

»Geh hinter dieser Person her«, war das einzige, was der alte Herr sagte. Ohne einen Augenblick zu überlegen, tat sie, was er ihr aufgetragen hatte, und folgte dem Mann mit der Laterne.

Sie gingen um eine Ecke, gleich darauf wieder um eine Ecke, und dann sah sie einen Lastwagen. Sie fragte den Fahrer, wohin er fahre, und der Mann sagte: »Ich fahre jetzt direkt nach Groningen.« Sie konnte mitfahren, und kam schon wenige Stunden später bei ihren Eltern an.

Für sie stand fest, daß Gott Seine Engel geschickt hatte, um ihr den Weg zu zeigen.

Bemerkenswert ist, daß sie sich noch sehr deutlich an den Mann erinnern konnte, obwohl sie mir den Brief über das Ereignis erst im Februar 1987 schrieb, also zweiundvierzig Jahre, nachdem sich der Vorfall ereignete hatte.

Begebenheiten, die mit dem Himmel zu tun haben, haben das so an sich. Sie bleiben im Gedächtnis, als ob sie darin eingraviert worden wären.

Dies ist einer der seltenen Fälle, in denen der Helfer als älterer Mann auftritt. Ich denke, genauso wie ein Engel einem Kind ziemlich oft in Kindergestalt erscheint, kann er einer jungen Frau als alter, zuverlässig aussehender Mann erscheinen, wenn sie nachts alleine auf einer finsteren Hafenmauer steht. Sagt uns die Bibel nicht ständig, daß die ersten Worte der Engel lauten: »Fürchte dich nicht!« Die Worte müssen nicht immer direkt ausgesprochen werden, sie können sich auch im Äußeren des Engels zeigen.

Der Aspekt des »Lokalkolorit« ist bei Engeln übrigens unverkennbar. Die jüdischen Legenden sagen, daß Elias immer in der Kleidung der Zeit auftritt, in der er plötzlich erscheint. Das scheint mir mehr zu sein als eine fromme Geschichte.

Jemand, der mir sehr wertvolles Material geschickt hat, gab mir ein verblüffendes Beispiel für eine derartige Anpassungsfähigkeit eines Engels.

Er ist mit einem schottischen Professor befreundet, der ihm folgendes aus seinem Leben erzählt hat:

(91)

Der Schotte hielt sich mit einem Freund in China auf, als dort die große kommunistische Revolution ausbrach. Die zwei Westeuropäer wurden gefangengenommen, und weil damals überall Menschen aufgehängt wurden – an jeder Brücke baumelten ein paar Leichen –, fürchteten sie um ihr Leben.

Sie verloren jedoch nicht den Mut, denn sie erinnerten sich an den Bericht aus der Apostelgeschichte 16, in dem erzählt wird, daß Paulus und Silas ins Gefängnis geworfen worden waren. Auch die beiden hatten den Mut nicht verloren, sondern in der Nacht gebetet, Gott gelobt und Psalmen gesungen, bis mitten in der Nacht ein Erdbeben losbrach, wodurch sie alle von ihren Fesseln befreit wurden.

Die zwei Westeuropäer sangen und priesen in dem kommunistischen Gefängnis also munter drauflos.

Plötzlich öffnete sich die Zellentür, und ein Mandarin in vollem Ornat kam herein und forderte sie auf, ihm zu folgen. Er führte sie durch alle Gänge bis zum Haupteingang des Gefängnisses und begleitete sie auch draußen noch ein Stück. An einer Straßenecke grüßte er freundlich und war dann auf der Stelle verschwunden, als ob er sich in Luft aufgelöst hätte.

Mein Gewährsmann fragte seinen schottischen Freund, ob er die Geschichte jemals publiziert hätte, und erhielt eine nüchterne, typisch schottische Ant-

230

wort: »Aber nein, wer würde in diesem Land eine solche Geschichte noch glauben? Man ist hier über das christliche Zeitalter hinaus!«

Ich bin davon überzeugt, daß Gott einen großartigen Sinn für Humor hat, und eine solche Geschichte bestätigt mir das wieder einmal. Dort in China war eine kommunistische Revolution im Gange. Das Proletariat wurde zum Götzen erhoben. Jeder versuchte auszusehen, als ob er gerade schmutzig und zufrieden aus der Fabrik oder vom Feld komme, am besten mit dreckigen Händen. Das war oft auch sicherer, denn es sind während der kommunistischen Revolution Menschen ermordet worden, nur weil sie saubere Hände hatten. Dann erscheint Gottes Engel, und wie sieht er aus? Wie ein Angehöriger der überfeinerten chinesischen Aristokratie. Das ist nun wirklich spaßig gemacht vom Herrn. Ich denke übrigens, daß in einer Zeit, in der die Aristokratie die absolute Macht hat, wie zum Beispiel zur Zeit Ludwigs XIV. in Frankreich, Engel als Bauern, Knechte oder Arbeiter erscheinen konnten.

Das Dumme an fanatischen politischen Ideologien ist, daß sie eine Seite des Lebens völlig verdrängen und dann ihre eigene Seite als einzige sehen. Auf Erden heißt es nur allzuoft: »entweder . . .oder«. Links *oder* rechts. Rot *oder* tot. Der Himmel kennt das nicht. Der besteht zu allen Zeiten aus »sowohl . . .als auch«. Eine rechte *und* eine linke Hand. Leben *und* Tod. Betont man eine Seite zu sehr, dann kann man sicher sein, daß der Himmel auf die andere Seite hinweist. Die kommunistische Revolution ist denn auch sehr unchinesisch. Die Chinesen sind es schließlich gewesen, die das großartige Symbol von Yin und Yang hervorgebracht haben, das Symbol, mit dem die Einheit der Gegensätze veranschaulicht wird.

Unversehens sind wir in der kommunistischen Welt gelandet. Deshalb folgen hier zwei Geschichten, in denen Menschen auf wunderbare Weise den Russen entkommen.

(92)

Die erste spielt in Thüringen im Jahre 1945, kurz nach dem Krieg. Dieser Teil Deutschlands war von den Amerikanern besetzt, während die Russen noch dabei waren, das angrenzende Gebiet zu besetzen. Viele Menschen waren vor den Russen geflüchtet und in den Westen gekommen.

Eine vierzigjährige Frau hatte nahezu alles auf der anderen Seite der russisch-amerikanischen Demarkationslinie zurücklassen müssen, aber als sie hörte, daß die Russen noch nicht in ihrem Dorf waren, beschloß sie, ihr Fahrrad zu nehmen und einige Kleidungsstücke zu holen. Die Amerikaner ließen sie über die Grenze, und sie erreichte tatsächlich ihr Dorf, wo sie über Nacht blieb. In der Nacht kamen jedoch die Russen, und auf einmal war die Grenze hermetisch abgeriegelt. Sie machte sich mit ihrem Fahrrad auf den Weg, blieb aber in der russischen Zone stecken, in dem kleinen Dorf Zella in der Rhön. Alle Menschen dort waren sehr ängstlich und aufgeregt. Sie erfuhr, daß es einen Fluchtweg gab, aber der führte über einen Gebirgspaß; Thüringen ist ein Land mit Bergen, die fast tausend Meter hoch sind. Sie fragte die Männer im Dorf, ob vielleicht jemand bereit wäre, sie durch die ihr unbekannte Berggegend zu führen, aber weder Geld noch gute Worte richteten etwas aus. Sie fragte dann flehend eine Frau, ob es nicht jemanden gäbe, der ihr helfen könnte.

Die Frau sah sie sehr eindringlich an und sagte dann drei Wörter: »Geh, mein Engel!« Mehr sagte sie nicht. Wenn man eine solche Antwort bekommt, weiß man nicht, was man machen soll. Also nahm sie ihr Fahrrad und fing auf gut Glück an, die Bergstraße hochzufahren. Als sie oben war, kam ein Mann auf sie zu, der sagte: »Ich werde Ihnen den Weg zeigen, aber ich will kein Geld dafür. Fahren Sie über diese Lichtung in den Wald und dann weiter, bis sie zu einem Bauernhof kommen. Wenn Sie da sind, haben Sie die Grenze überschritten.« Und so geschah es dann auch. Es ist eine geheimnisvolle Geschichte. Wer war die Frau im Dorf, die die drei Wörter sagte? Was meinte sie? Wer war der Mann? Woher wußte er, daß die Frau mit dem Fahrrad einen unbewachten Durchschlupf durch die Grenze suchte? Die das erlebt hatte, war einundachtzig Jahre alt, als sie mir schrieb. Sie vermutete, daß die Frau in dem Dorf selbst ein Engel gewesen ist. Ich weiß nicht, was ich davon halten soll. Zwei intuitive, hilfsbereite Menschen? Ein Engel, der mit einem Menschen zusammenarbeitet? Zwei Engel?

»Es gibt mehr Dinge im Himmel und auf Erden, als Eure Schulweisheit sich träumen läßt, Horatio«, sagte Hamlet (*Hamlet, Prinz von Dänemark*, Akt I, Szene 5).

Ich meine, daß der alte indianische Medizinmann aus den Büchern von Castaneda irgendwo sagt, daß er gerne an einer Stelle sitzt, wo viele Menschen sind. Wenn er dann auf eine bestimmte Art und Weise guckt, mehr oder weniger so, wie man nachts ein wenig an den Dingen vorbeischaut, um sie gut sehen zu können, sieht er mehr Gestalten umherlaufen, als sich Menschen an der Stelle befinden.

Ich glaube zwar, daß Castaneda sich vieles aus den Fingern gesogen hat, aber es ist bestimmt so, daß die Welt »um die Ecke« komplementär zu unserer beschaffen ist. Wir nehmen das nicht so sehr mit unserem klaren, an unsere Sinneseindrücke gebundenen Tagesbewußtsein wahr, sondern eher mit dem leicht verträumten, ungerichteten Nachtbewußtsein. Vielleicht spielen sich deshalb so viele Engelgeschichten im Dunkeln ab oder in Momenten großer Angst oder Anspannung, wenn zwei Welten in uns zusammenfließen. Vielleicht sind die Engelgestalten deshalb auch so formbar, genauso wie die Bilder in unseren Träumen. Ein Engel ist sicher Realität, aber die Gestalt, in der wir ihn sehen, hat viel mit dem Zustand zu tun, in dem wir uns befinden, und mit der Person, die wir sind.

In diesem Buch haben wir gesehen, daß in China ein Engel sogar ein Mandarin sein kann. Wie wir sahen, erscheint einem Kind ein Engel schon mal als Kind, einer ängstlichen jungen Frau an einem dunklen Abend als väterlicher alter Mann, einer Frau in einer von Bomben bedrohten Stadt als höflicher Soldat.

Es besteht eine merkwürdig enge Verbindung zwischen demjenigen, der die Erfahrung macht, und dem auftretenden Engel. Es wäre sehr interessant, das weiter zu untersuchen. Obwohl ein Engelerlebnis ziemlich willkürlich aufzutreten scheint, *ist* dem nicht so. Es schlummert bereits in dem Menschen und wird dann plötzlich manifestiert. Einerseits gibt es mehr Gestalten als Menschen aus Fleisch und Blut, andererseits laufen in dieser seelenlosen Zeit mehr Körper herum als Menschen, die mit Geist erfüllt sind. Weinreb seufzte einmal: »Es hat noch niemals solch ein Gedränge gegeben mit so wenig Menschen.«

Damit paraphrasierte er Diogenes (412 v. Chr.), der einmal am hellichten Tag mit einer brennenden Laterne durch Athen ging. Als man ihn fragte, was er da tue, sagte er: »Ich suche einen Menschen.«

Mensch zu sein, bedeutet, zwei Seiten zu haben. In Genesis 1 und 2 wird das so beschrieben, daß der Mensch zwei Seelen hat: die auf die Erde gerichtete Seele, in unseren Übersetzungen »Wesen« genannt, und die auf den Himmel gerichtete Seele, mit »Odem des Lebens« bezeichnet. Der Mensch ist unter den Lebewesen dasjenige mit den zwei Seelen. Lebt er nur eine Seite davon aus, dann ist er kein ganzer Mensch.

Ist er nur auf die Erde ausgerichtet, dann ist er nicht besser als ein Tier oder eine seiner Maschinen. Ist er ausschließlich auf die andere Welt ausgerichtet, dann wird er weltfremd oder fanatisch.

Das Ziel ist es, beide Seiten gleichermaßen zu verwirklichen, die Tag- und die Nachtseite miteinander zu verbinden. Darum ging Diogenes in vollem Sonnenlicht mit der Laterne umher, die zur nächtlichen Stunde gehört. Die eben geschilderte Engelgeschichte ist dann auch sehr symbolisch. Die Frau im Dorf wies auf den Engel hin, und die Frau auf dem Fahrrad fuhr den Berg hoch. Der Mann auf dem Berg zeigte durch den Wald auf den Bauernhof, von wo aus der Weg nach unten führte, zur Erde, und die Frau ging wieder hinunter. Es sind die göttliche Seele (Die Frau im Dorf, die nach oben zeigte) beziehungsweise die animalische Seele (der Mann auf dem Berg, der nach unten zeigte), die zu Wort kommen. Obendrein führt die Abfolge dieser Handlungen zur Freiheit. Das Zusammenwirken von göttlicher und animalischer Seele ergibt erst einen Menschen, der in Freiheit das Richtige wählen kann – jede Einseitigkeit führt zu Sklaverei.

Wir bleiben noch einen Moment in dem von den Russen kontrollierten Gebiet, kurz nach dem Krieg.

(93)
Ein Junge, wir wollen ihn Kurt nennen, war von den Russen gefangen genommen worden und landete in der Ukraine. Die Zeit der Handlung ist April 1946. Er gehörte zu den sogenannten »Internationalen Arbeitsbataillonen«, die in Wirklichkeit aus Deutschen bestanden, die im Februar 1945 von den nach Schlesien und Brandenburg vorrückenden russischen Truppen gefangengenommen und bei »Reparaturarbeiten hinter der Front« eingesetzt wurden. Sie waren also moderne Sklaven, genauso wie wir Holländer es bei den

Arbeitseinsätzen während des Kriegs waren. Kurts Gruppe bestand anfänglich aus zwölfhundert Menschen, die in ein provisorisch eingerichtetes früheres Verwaltungsgebäude in der Ukraine gepfercht wurden. Das Lager hieß Schmerinka.

Zu dem Zeitpunkt, als das folgende sich ereignete, war die Zahl der Arbeiter aufgrund von Hunger, Entbehrung und zu harter Arbeit auf zweihundert geschrumpft. Im Herbst 1945 waren etwa dreihundert alte und schwache Menschen nach Deutschland zurückgeschickt worden, die restlichen siebenhundert waren im Lager gestorben. Unter den Überlebenden befanden sich einige deutsche Frauen, die wahrscheinlich in der deutschen Armee gedient hatten. Sie waren abgearbeitet und ausgemergelt und befanden sich, wie die Männer, in einem Zustand völliger Apathie.

Kurt war gerade achtzehn geworden und körperlich völlig entkräftet. Er war bis auf die Knochen abgemagert und wog nur noch fünfunddreißig Kilo. Seine Zehen waren erfroren, und er war vom Kopf bis zu den Füßen von der Krätze geplagt. Er hatte keine Brille mehr, und da er Gläser von der Stärke minus sieben brauchte, war er nahezu hilflos. Kurz, er war das, was in deutschen Konzentrationslagern ein »Muselmann« genannt wurde, ein lebendes Skelett, in Lumpen gehüllt und mit Augen, in denen nur noch Verzweiflung geschrieben stand.

In diesem Zustand lag Kurt in der kleinen Krankenstation des Lagers, in der, weil keine medizinische Hilfe da war, nur Todkranke und Sterbende untergebracht wurden. Auch diese Todkranken und Sterbenden mußten ihr Essen pünktlich auf die Minute genau bei der Lagerküche abholen, sonst bekamen sie nichts. Kurt war dazu viel zu schwach und schwebte wochenlang in einem Dämmerzustand zwischen Leben und Tod. Es wurden nach dem Krieg viele Fotos von solch armen Kerlen veröffentlicht, so daß wir uns lebhaft vorstellen können, wie er aussah.

An einem Tag hatte er sich mit einigen anderen Schicksalsgenossen an die Rückseite der Verpflegungsbaracke geschleppt, um die warme Frühlingssonne zu genießen, als plötzlich ein blondes, frisches und gesundes Mädchen von ungefähr achtzehn Jahren um die Ecke der Baracke kam und voller Mitleid von einem zum anderen ging, bis sie bei ihm stehenblieb, seinen Arm streichelte und ihn in einer fremden Sprache tröstete. Später wurde erzählt, sie sei Ungarin, aber das konnte er nicht ganz glauben, denn die Gefangenen wurden immer in Gruppen im Lager abgeliefert, und es gab hier keine Ungarn. Niemand wußte wirklich, woher sie kam. Genausowenig wußte man, in welcher Baracke sie wohnte und wo sie schlief. Sie hielt sich sicher nicht bei den deutschen Frauen auf und war ihnen auch unbekannt. Wohnte sie eigentlich überhaupt im Lager? Das einzige, was man von ihr wußte, war, daß sie immer plötzlich um eine Ecke herum auftauchte. Seit der ersten Begegnung besuchte ihn dieses Mädchen regelmäßig an seinem Bett. Das Komische war, daß sie immer geradewegs auf ihn zuging und sich niemals mit den anderen beschäftigte. Dennoch ging es von dem Moment an nicht nur mit ihm, sondern auch mit seinen Zimmergenossen aufwärts. So hatte zum Beispiel einer seiner Kameraden eine scheußliche eiternde Wunde am Knie, die wegen der Unterernährung nicht heilen wollte; die Wunde schloß sich jetzt innerhalb weniger Tage, und das Knie wurde wieder gesund.

Weil Kurt damals in einem halben Dämmerzustand lebte, kann er sich nicht mehr erinnern, wie lang das mit ihren Besuchen so ging. Es konnten vier Tage, aber auch vier Wochen gewesen sein. Er selbst nannte sie seinen Schutzengel. Die Verständigung zwischen ihnen war sehr schwierig, weil sie gebrochen Russisch mit ihm sprach und er nur einige Brocken davon verstand. Aber – und das war wichtig – eigentlich waren Worte überhaupt nicht nötig. Einmal brachte sie ein Stück herrlich duftende Seife bester Qualität mit. Er konnte damit überhaupt nichts anfangen, denn für ihn war es viel zu weit, zu dem einzigen Wasserhahn im Innenhof zu laufen. Man sollte jedoch die psychologische Wirkung eines solchen Stücks Seife nicht unterschätzen. Es weckt Erinnerungen an Reinheit, entspannt ins Bad gehen, ein helles und fröhliches Haus inmitten einer verschmutzten und traurigen Umgebung. Ich glaube, daß das Stück Seife ihm wieder über einige Tage hinweghalf, vielleicht mehr als ein Stückchen Brot es getan hätte. Leider wurde es bereits am nächsten Tag gestohlen. Bald darauf kam das Mädchen und erzählte ihm, er komme in ein Krankenhaus.

Dies erschien ihm völlig unwahrscheinlich, denn bis zu dem Zeitpunkt hatte niemand jemals von deutschen Gefangenen gehört, die in ein russisches Krankenhaus gekommen wären. Zu seiner großen Überraschung erschien am darauffolgenden Tag eine Abordnung in der Krankenabteilung, die einen Krankentransport zusammenstellen sollte. Als sie an sein Bett kamen, hörte er einen von ihnen sagen: »Den können wir nicht mitschicken, der ist nicht mehr transportfähig, lassen wir ihn ruhig hier sterben.« Unmittelbar danach öffnete sich die Tür, und das blonde Mädchen stürmte herein, gefolgt vom Lagerkommandanten und dem deutschen Dolmetscher. Wie Kurt erst später erfuhr, war dies für ihn der kritische Höhepunkt. Die Handvoll Menschen, fünf oder sechs, die ins Krankenhaus kommen sollten, standen nämlich schon abfahrtbereit an der Tür der Krankenabteilung – sein Leben hing an einem seidenen Faden. Wenn sein Schutzengel seiner Aufgabe gerecht werden wollte, dann jetzt oder nie.

Nun spielte sich vor seinen Augen eine unglaubliche Szene ab. Das Mädchen riß sich ihre dicke, wattierte russische Jacke vom Leib, warf sie auf den Boden und fing an, darauf zu tanzen, sie fuhr sich dabei mit ihren Händen durch die Haare und bearbeitete ihr Gesicht mit den Nägeln. Gleichzeitig redete sie laut auf den Lagerkommandanten und seinen Dolmetscher ein, und zwar nicht in gebrochenem, sondern in fließendem Russisch. Kurt konnte von dem, was sie sagte, nichts verstehen, aber sie ging auf sein Bett zu und gab ihm auf liebevolle Weise zu verstehen, daß er aufstehen und sich anziehen sollte.

Der Kommandant hatte offensichtlich seine Zustimmung gegeben, und er war gerettet. Schnell schossen Leute auf ihn zu, ihm zu helfen, und weil er nichts anzuziehen hatte, wurden eine Jacke, eine Hose und Schuhe aus der Leichenkammer geholt. Ein paar Minuten später wurde ihnen die Tür geöffnet, und die Männer schleppten sich die wenigen Meter zu dem Eisenbahnwaggon, der am Rande des Lagers auf sie wartete. Die Zugreise dauerte vier Tage, obwohl der Ort, zu dem sie fuhren, nur hundert Kilometer entfernt war. Dann wurden sie in einem vorbildlich geführten Krankenhaus für deutsche und ungarische Kriegsgefangene abgeliefert. Er wurde medizinisch behandelt und war schließlich im September soweit, daß er nach Westdeutschland abtransportiert werden konnte. Im Dezember konnte er seinen unterbrochenen Schulbesuch wieder aufnehmen und sich aufs Abitur vorbereiten.

Der Knalleffekt kam einige Monate nach Kurts Abreise aus dem Lager. Kurz bevor er vom Krankenhaus aus nach Deutschland abreisen sollte, kamen Menschen aus seinem Lager ins Krankenhaus. Er fragte sie natürlich sofort: »Wie geht es meiner Freundin?«, und sie antworteten: »Das wissen wir nicht. Du warst noch nicht weg, da war sie verschwunden. Keiner hat sie jemals wieder gesehen! Sie wird wohl in ein anderes Lager gekommen sein.« Nun kommt noch etwas Unglaubliches: Kurt hat hierüber niemals mit jemandem gesprochen, auch mit seinen Eltern nicht. Jetzt als Sechzigjähriger (als er mir schrieb) ist er sich noch immer bewußt, wie unwahrscheinlich alles war, was er da durchgemacht hat. Er selbst nennt drei Unwahrscheinlichkeiten:

- Eine gesunde, muntere, fließend Russisch sprechende »Ungarin«, die ungehindert in einem Lager erscheint, in dem vor allem Männer untergebracht sind.
- Eine so junge Gefangene, die mitten in der Stalinzeit von einem Lagerkommandanten ernst genommen wird.
- Feinste Seife als Geschenk im Jahre 1946, in der Ukraine, in der noch völlige Unordnung herrschte. Das konnte nicht sein. Warum dieses »unnütze« Geschenk und kein Brot? Diese Frage habe ich schon zu beantworten versucht. Ich kann hier noch einige Punkte hinzufügen, die ich für aufschlußreich halte.
- Warum erschien diese Frau immer »um eine Ecke«, die bekannte Art und Weise, wie Engel erscheinen?
- Warum benahm sie sich so seltsam, als sie die Zustimmung des Kommandanten dafür bekommen wollte, daß ihr Schützling gehen konnte?

Dies war meines Erachtens eine Kostprobe hochkarätiger Psychologie. Der wahrscheinlich grobschlächtige, primitive Kommandant war von ihrer Aufführung so fasziniert, daß er völlig gebannt und willenlos ihrer Bitte entsprach. Sie ging mehr oder weniger wie ein Zauberer vor, der auf der Bühne steht und die Aufmerksamkeit seines Publikums andauernd von dem ablenkt, was er gerade tut. In diesem Fall ging es darum, den Mann mit ihrem eigenartigen Verhalten zu hypnotisieren, so daß das, was sie zu ihm sagte, unzensiert zu ihm durchdringen konnte und er den suggerierten Auftrag, den Gefangenen gehen zu lassen, kritiklos ausführen würde.

Diese Geschichte steckt voller Merkwürdigkeiten. Das gebrochene Russisch etwa, das sie mit ihm spricht, oder die unverständliche Sprache, die man Ungarisch nennt – gerade diese Ungereimtheiten machen die Geschichte glaubhaft. Himmlische Begegnungen sind oft unlogisch und enthalten mysteriöse Elemente, die nur so gedeutet werden können, wie man einen Traum auslegt. Aber dazu müßte man viel mehr von den Menschen wissen, die die Erfahrungen gemacht haben.

Kurt schrieb mir, er sei – auch aufgrund der Beispiele, die er in meinem ersten Engelbuch gelesen hat – mehr als je zuvor zu der Überzeugung gekommen, daß sie ein echter Engel war.

Wenn ich diese eigenartige Geschichte noch einmal ruhig auf mich wirken lasse, komme ich zu dem Schluß: Dies war ein echter Engel, und nicht nur das, es war der Engel, der zu Kurt gehörte. Daß es in diesen extrem schwierigen Umständen viele gab, die sie sahen, ist nicht so verrückt, wie es aussieht. In den Konzentrationslagern standen die Türen zur Hölle und die zum Himmel gleichzeitig offen. Durch welche sah der Lagerkommandant sie? Das ist eine schwierige Frage. Die Kommandanten derartiger Lager waren meistens abgestumpfte, heruntergekommene Männer. Manchmal waren sie wirklich besessen. Es ist bekannt, daß besessene Menschen den Himmel oft leichter erkennen können als »normale« Menschen. Im Neuen Testament gibt es verblüffende Beispiele dafür, daß gerade böse Menschen Jesus als den Sohn Gottes erkannten.

(94)

Sollte jemand Schwierigkeiten mit der Tatsache haben, daß all dies von einem halb verhungerten ängstlichen deutschen Jungen erzählt wurde, dann als Kontrast dazu ein Erlebnis, erzählt von einem nüchternen, realistischen Friesen. In Anbetracht der Tatsache, daß nicht jeder täglich die *Leeuwarder Courant* liest, in der dieser Mann am 10. April 1984 auf einem großen Foto abgebildet war, gebe ich hier seine Geschichte kurz wieder.

Teake Spijkstra heißt er, friesischer geht es nicht. Wenn mein friesischer Großvater ihm in einer Kneipe begegnet wäre und seinen nördlichen Akzent gehört hätte, hätte er sofort gefragt: »Wo kommst du her?«

Im Krieg und auch kurz danach gab es noch oft Fälle von Diphtherie. Das ist eine schreckliche Krankheit, die so etwas wie Membranen in den Luftwegen entstehen läßt, an denen man schnell ersticken kann. Ich habe Kinder röchelnd und blau ins Krankenhaus kommen sehen. Sie mußten dann sofort eine sogenannte Tracheotomie kriegen, das heißt, daß man von außen einen Schnitt in die Luftröhre macht. Geschah das nicht, dann war es aus. Die Krankheit kann sehr schnell zuschlagen. Während meiner Studienzeit hörten wir von einem Chirurgen, der mit seiner Frau in einem Restaurant zum Essen war. Der Kellner, der sie bediente, griff sich plötzlich an den Hals und lief blau an. Der Chirurg zögerte keinen Augenblick, sondern setzte dem Kellner das Fischmesser, das er gerade in der Hand hielt, an die Kehle, machte einen Schnitt in die Luftröhre, schraubte die Kappe seines Füllers ab, machte daraus eine Röhre, setzte sie in das Loch ein und rettete so ein Leben.

Wurde uns die Geschichte erzählt, damit wir die richtige Stelle, an der die Luftröhre geöffnet werden mußte, niemals mehr vergessen? Es hat auch geholfen, denn ich würde die Stelle noch genau finden.

242

Dieser Spijkstra saß nun während des Kriegs in einem deutschen Gefängnis wegen Verdachts auf Sabotage und bekam dort Diphtherie. Unter solchen Umständen hatte man keine große Chance, die Krankheit zu überleben. Seine Kehle schnürte sich zu, und er spürte, daß der Tod nicht mehr weit war. Spijkstra war kein Kirchgänger, aber unter dem Einfluß eines gläubigen Mitgefangenen merkte er, daß das Sprichwort »Not lehrt beten« zutraf.

Als er bereits völlig entkräftet war und merkte, daß er immer weniger sehen konnte, wurde er plötzlich von einer Gestalt berührt, die er im nachhinein einen Engel nennen sollte. Die Gestalt stand in einem glänzenden Licht, von dem eine große Ruhe ausging. Der Engel hatte Hände wie eine Frau, aber Augen wie ein Mann. An einem Finger trug er einen rechteckigen grünen Ring. Es war, als ob er mit seinen Augen fragte: »Was denkst du von mir?«

Unmittelbar darauf fühlte sich Spijkstra viel besser, und innerhalb weniger Tage war das Unmögliche geschehen – er war geheilt.

Es ist wichtig, hier auf etwas hinzuweisen, dem wir vorher bei den Engelerscheinungen noch nicht begegnet sind.

Wir haben gesehen, daß manche Menschen nicht imstande sind zu unterscheiden, ob der Engel ein Mann oder eine Frau war. Hier jedoch wird beschrieben, daß der Engel sowohl männliche wie auch weibliche Züge aufwies.

Auf der Erde sind wir zwar zunächst zweigeschlechtig angelegt, aber eines von den beiden Geschlechtern wird im Laufe der embryonalen Entwicklung durch das andere, dominante Geschlecht unterdrückt. Darum sind wir entweder Mann oder Frau.

Im Himmel herrscht die Einheit der Gegensätze, darum antwortet Jesus auf die Frage der Sadduzäer nach der Auferstehung: »Denn in der Auferstehung werden sie weder heiraten noch sich heiraten lassen, sondern sie sind wie Engel im Himmel« (Matthäus 22, 30).

Auffallend an dieser Geschichte ist außerdem, daß der Ring grün ist – die Farbe der Heilung – und viereckig.

Auf Erden haben wir es immer mit Kreisläufen zu tun. Alles verläuft zyklisch, die Tage, die Jahreszeiten, die Monate, der Blutkreislauf. Im Himmel gibt es keinen Kreislauf. Himmlische Dinge haben oft Ecken. Das Neue Jerusalem wird als ein perfekter Kubus beschrieben. Vom Himmel aus spricht man von den »vier Ecken der Erde«.

Gerade die kleinen Details, das Mann-Frau-Sein und der viereckige grüne Ring, bestätigen die Erscheinung von Teake Spijkstra als waschechten Engel.

Wir dürfen, wenn wir an den Zweiten Weltkrieg denken, nicht vergessen, daß es noch andere Kriegsschauplätze gab als Europa. Darum werfen wir nun einen Blick auf das von den Japanern eroberte Indonesien, wo unzählige Niederländer in den berüchtigten »Japsenlagern« litten und starben.

(95)
Eine junge Niederländerin wird nach der Invasion von Java von den Japanern gefangengenommen und in das Gefängnis von Bandung gesteckt. Nachdem sie dort hundert Tage gesessen hatte, wurde sie mit anderen Gefangenen in Viehwagen verladen und kam nach einer sechsunddreißigstündigen Reise in ein Konzentrationslager. Ein japanisches Gefängnis war an sich schon die Hölle auf Erden, dann kam der Transport, bei dem sie wie Vieh zusammengepfercht waren, und schließlich die Schrecken eines Konzentrationslagers. Sie war völlig verzweifelt. In der Nacht, in der sie im

Lager angekommen war, mußte sie zur Toilette. Sie suchte tastend im Stockfinstern den ihr noch unbekannten Weg zur Latrine.

Meist waren die Lagerlatrinen nicht viel mehr als eine Planke neben einer tiefen Senkgrube.

Dann geschah ihr da mitten in der Nacht etwas, was wahrscheinlich nur wenige andere Menschen erzählen könnten, weil man so etwas gewöhnlich nicht überlebt. Sie sah die Senkgrube nicht, rutschte aus, verlor das Gleichgewicht und fiel hinein. In ihrer Ratlosigkeit beschloß sie, sich ihrem Schicksal zu überlassen und zu ertrinken. Dieses erbärmliche Leben lohnte sich sowieso nicht, gelebt zu werden.

Ihr Lebenswille schien gebrochen.

Dann auf einmal hörte sie ganz deutlich eine Stimme in ihrem Ohr, eine Stimme aus der Höhe, die sie fragte: »Glaubst du an Gott?«

Es war ihr sofort klar, daß es die Stimme eines Engels war, und sie antwortete still für sich: »Ja.«

Daraufhin tadelte die Engelstimme sie und ermahnte sie, daß sie nicht das Recht habe, nicht alles zu versuchen, um aus dieser widerlichen Senkgrube herauszukommen. »Du darfst nicht einfach so ertrinken«, sagte die Stimme. »Du muß nicht glauben, daß der Tod eine Lösung ist, denn womit du in dieser Welt nicht zurechtkommst, obwohl es doch deine Aufgabe ist, damit wirst du wieder konfrontiert, aber dann in einer noch viel schlimmeren Situation.«

Sie erschrak fürchterlich und rief: »Nennst du das denn Leben? Das ist abscheulich!«

Auf diesen Ausruf erfolgte keine Antwort, es herrschte nur einsame Stille.

In der Stille lernte sie begreifen, was der Ausdruck »Gottesfurcht« eigentlich bedeutet. Es ist nicht so sehr, daß man vor Gott Angst hat, sondern daß man ganz klein wird vor dem überwältigenden Gefühl Seiner Heiligkeit und Größe. Dieses Gefühl war so allesbeherrschend, daß kein einziges anderes Gefühl übrigblieb, auch ihre Mutlosigkeit nicht.

Sie griff nach dem Rand der Senkgrube, um zu sehen, ob sie herausklettern könnte, aber die war voller Schleim, und es war nirgends ein Halt zu finden.

Dann versuchte sie mit ihren Füßen den Boden zu finden, um sich nach oben abzustoßen, aber es gab keinen festen Untergrund, nur Schleim und nochmals Schleim und ein allesdurchdringender Gestank.

Nun überkam sie wieder die Verzweiflung, weil sie erkannte, daß sie nicht mit eigener Kraft herauskommen konnte, und in ihrem Herzen rief sie: »O Gott, hilf mir! Ich will ja, aber ich kann nicht!« Inzwischen sank sie tiefer in den stinkenden Schleim.

Auf einmal fühlte sie unter jedem Ellenbogen den Finger einer Hand. Sie wurde wie eine Feder aus der Senkgrube herausgehoben und auf den Boden neben die Grube gelegt, woraufhin sie ohnmächtig wurde. Als sie wieder zu sich kam, dachte sie: »Wo bin ich?« Sie sah den dunklen Himmel mit einigen Sternen über sich, und plötzlich stand ihr alles wieder klar vor Augen. Daß sie in dem dunklen Lager zu den Latrinen gegangen war, daß sie ausgerutscht und in die Grube gefallen und daß sie mit der Stimme eines Engels und mit Gottes überwältigender Heiligkeit konfrontiert worden war. Im Rückblick wurde ihrer Erinnerung noch etwas hinzugefügt. In dem Moment, in dem sie an die zwei Finger dachte, die sie unter den Ellenbogen gestützt hatten, sah sie im Geiste nicht einen, sondern zwei sehr große Engel. Sie waren etwa zweieinhalb Meter groß, und sie sah, daß sie hinter ihr standen, daß jeder einen Finger unter ihren Ellenbogen gelegt hatte und sie ohne Mühe auf die Erdoberfläche hoben. Weinend stand sie auf und ging zu den Baracken zurück. Dann weckte sie ihre ältere Schwester, die mit ihr im

246

Lager war; die brachte sie sofort in den Waschraum, wo sie mit Wasser und Küchensalz abgeschrubbt wurde.

Diese Frau ist später einen langen und tiefen Weg zum Glauben gegangen, den ich hier nicht weiter darstellen kann. Ich will nur noch berichten, daß sie eine enge Verbindung zur russischen Untergrundkirche bekam und sehr deutlich den Kontrast zwischen der verweltlichten und lahmen Kirche des Westens und der leidenden und kämpfenden Kirche erlebt hat, die damals unter dem kommunistischen Joch litt.

Wer mehr hierüber erfahren möchte, lese die Bücher von Pfarrer Wurmbrand. Für mich ist dies eine der schönsten und rührendsten Engelgeschichten aus meinem doch umfangreichen Archiv.

Wir sehen hier die wunderbare Verbindung von geistlicher Wiedergeburt und körperlicher Rettung.

Die Geschichte enthält eine so großartige Struktur, daß ich sie gerne näher erläutern möchte.

Pastor Bullinger, der große Bibelkenner aus dem vorigen Jahrhundert, hat entdeckt, daß die Bibel in »Gedankenreimen«, wie er es nennt, geschrieben ist. Die Reime zeigen in ihrer Struktur entweder Kreuzreim oder Klammerreim und oft auch eine Kombination von beidem.

Wir kennen diese Reime aus normalen Gedichten. Beim Kreuzreim reimen sich die letzten Worte des Satzes nach dem Schema

a...b...a...b, und beim Klammerreim nach dem Schema

a...b...b...a.

Ich führe für jedes ein Beispiel an.

Goethes *An meine Lieder* beginnt mit den Sätzen:

a. Seid, geliebte kleine Lieder,
    b. Zeugen meiner Fröhlichkeit;
 a. Ach sie kommt gewiß nicht wieder,
    b. Dieser Tage Frühlingszeit.

Lieder... Fröhlichkeit... wieder... Frühlings-
zeit. a...b...a...b.
Dies nennen wir also einen Kreuzreim. Der Reim
wechselt sich ab.
Der Klammerreim geht folgendermaßen:
a. Wenn ich mal am Dichten bin,
   b. mach ich mir erst 'nen Plan,
   b. ruf ich dann nicht die Musen an,
a. so krieg ich gar nichts hin.
bin...Plan...an...hin. a..b..b..a.
Bullinger machte nun die geniale Entdeckung, daß
das Reimschema von Kreuz- und Klammerreim in der
Bibel auf die inhaltliche Ebene der Texte zutrifft. Dies
ist auf den ersten Blick schwer zu verstehen. Lassen Sie
mich zwei einfache Beispiele anführen:
a. Es war ein trüber winterlicher Tag,
   b. und der Regen strömte unaufhörlich herab.
a. Josephine starrte mit verklärtem Blick aus dem
Fenster
   b. und ließ ihren Tränen freien Lauf.
Sie können diese vier Sätze folgendermaßen wiedergeben:
a. trübe Stimmung
   b. Regen
a. trübe Stimmung
   b. Tränen
Das war also ein inhaltlicher Kreuzreim.
Nun dies:
a. Peter stieg aufgebracht in sein Auto,
   b. er raste davon,
   b. fuhr kreischend durch die Kurven
a. und fühlte die Wut siedend heiß in sich aufsteigen.
In der Analyse sieht das so aus:
a. Jähzorn
   b. wild rasen
   b. wild rasen

a. Jähzorn

Das ist inhaltlicher Klammerreim.

Wir gehen nun zu einem etwas schwierigeren Text über, Lukas 11, 34-36.

  A. Das Licht des Leibes ist
    B. dein Auge.
      c. Wenn nun dein Auge lauter ist,
        d. so ist dein ganzer Leib licht;
      c. wenn es aber böse ist,
        d. so ist auch dein Leib finster.
    B. So schaue darauf, daß nicht das Licht
      e. in dir Finsternis sei.
        f. Wenn nun dein Leib ganz licht ist
      e. und kein Teil an ihm finster ist,
        f. dann wird er ganz licht sein,
  A. wie wenn dich das Licht erleuchtet mit hellem Schein.

Bei Gedankenreimen ist es oft Puzzlearbeit, bevor man die Sätze richtig verteilt hat, aber wenn das passiert ist, kommt ein schönes System von Klammer- und Kreuzreim zum Vorschein:

  A. Das Licht
    B. Das Auge (und der Leib)
      c. das Auge
        d. der Leib
      c. das Auge
        d. Der Leib
    B. Licht (und Finsternis)
      e. Finsternis
        f. Licht
      e. Finsternis
        f. Licht
  A. Das Licht

Es stehen sich hier also gegenüber: Das Licht am Anfang und das Licht am Ende. Wir sehen, daß das Mittelstück einerseits von Auge und Leib und andererseits von Licht und Finsternis bestimmt wird. Man könnte sagen, daß Licht und Dunkelheit Metaphern für Auge und Leib sind. Nun sehen wir, daß inhaltlich betrachtet das ganze Stück einem schönen Klammerreim entspricht. Aber das ist nicht alles, denn die beiden Mittelstücke B und B werden dann noch weiter aufgeteilt in einen strengen Kreuzreim von Auge und Leib (in c-d) und Finsternis und Licht (in e-f).

Dies ist eine Art Unterschrift des Heiligen Geists.

Man muß zwar erst einmal genau hinschauen, aber wenn man das Muster einmal erkennt, bereitet es einem große Freude. Es ist gewissermaßen ein »graphologischer« Beweis dafür, daß der Text vom Herrn stammt und nicht von Menschen ausgedacht wurde.

Diese Einführung mußte ich machen, um Ihnen zu zeigen, daß in der vorangegangenen Geschichte auch ein derartiger Gedankenreim vorhanden ist.

A. Die Finsternis.
  B. Der Sturz in die Senkgrube
    C. Der Engel fragt
      D. Die Frau beantwortet die Frage
    C. Der Engel tadelt
      D. Die Frau antwortet
    C. Gott spricht in Heiligkeit
      D. Frau ruft Gott an
  B. Das Herausheben aus der Grube
A. Das Aufheben der Finsternis

Die ganze Geschichte ist nach einem Konzept strukturiert, das wir auch in Bibeltexten antreffen, und hat dadurch die ganz besondere Note, die Gottes Wort für diejenigen hat, die Ihn lieben.

Kein einziges anderes Buch der Welt weist diese besondere Konstruktion auf.

Die nächste Geschichte, die keine Engelgeschichte

ist, wollte ich zuerst nicht aufnehmen. Sie ist so schaurig, daß ich mich nicht traute. Der Grund, weshalb ich es doch tue, wird bald klar werden.

Vor ein paar Jahren kam ein nettes Mädchen zu mir in die Sprechstunde. Sie war gerade siebzehn geworden und hatte schöne, klare Augen und ein ganz lustiges Lächeln. Sie hatte Krebs und war wegen der Chemotherapie völlig kahl. Ihr war gesagt worden, daß man nichts mehr für sie tun könne, und nun kam sie mit ihrer Mutter zu mir, um zu fragen, ob ich noch weiter wüßte, denn sie wollte noch nicht sterben. Sie sprach ganz offen und unbefangen darüber.

Ich habe ihr damals etwas gegeben, und es ging über ein paar Monate ganz gut. Ihr Haar wuchs wieder, sie sah frischer und gesünder aus. Sie fuhr ins Ausland in die Ferien und genoß ihr Leben in vollen Zügen.

Dann bekam sie plötzlich kleine epileptische Anfälle.

Ich erhielt von ihrem Hausarzt die Zustimmung, sie zu Hause zu besuchen, und sah sie guten Mutes. Eines Tages, nach einem weiteren Anfall, sagte sie zu mir: »Ich kämpfe wirklich!« und strahlte vor Selbstvertrauen. »Ich will nicht sterben!«

Drei Tage später war sie tot. Man hatte bei ihr Sterbehilfe durchgeführt, »weil es doch nichts mehr half«. Gegen die erste Spritze habe sie sich noch sehr gewehrt, erzählte mir die Mutter . . .

Ich kann sie nicht vergessen. Es ist, als ob sie mich noch immer anschaut. Diese Erfahrung hat mich zu dem Entschluß gebracht, die folgende Geschichte aufzunehmen.

Die Hauptperson ist ein netter, intelligenter Mann, der mir ab und zu sehr geistvolle Briefe schreibt.

(96)

Im Oktober 1944 war der Süden der Niederlande zum Teil schon befreit. Der Mann in dieser Geschichte war damals noch jung, glücklich verheiratet, Vater eines kleinen Sohns – das zweite Kind war unterwegs – eine gute Arbeitsstelle, auch wenn aus Materialmangel die Arbeit ab und zu zum Stillstand kam. Das beunruhigte ihn etwas.

Dann erschien ein Aufruf in der Zeitung, ob es Menschen gebe, die Nahrungsmitteltransporte von den französischen Häfen in die Niederlande begleiten wollten. Man mußte dann allerdings fließend Französisch und Englisch sprechen können. Der Mann beherrschte beide Sprachen und meldete sich. Die Zeit verstrich jedoch, und zwei Monate, nachdem er sich gemeldet hatte, griff von Rundstedt in der berüchtigten Ardennenoffensive an. Alle Lastwagen wurden jetzt an der Front eingesetzt, und deswegen gab es keine Nahrungsmitteltransporte. Weil man aber den Namen des Mannes hatte, wurde er gebeten, Dolmetscher bei den alliierten Truppen zu werden. Er stimmte zu und wurde einer schottischen Division zugeteilt.

In der Nacht vom 17. auf den 18. April 1945 marschierte diese Division in Richtung Bremen los. Es wurde gemeldet, dort werde noch Widerstand geleistet. Am frühen Morgen des 18. April wurden sie in einem Bauernhof einquartiert, der noch fast unbeschädigt war. Ein Spähtrupp meldete, daß von Bremen aus mit Achtundachtzig-Millimeter-Granaten eine Straße beschossen werde, die in der Nähe des Bauernhofs verlief. Die Schüsse erfolgten in einem ganz deutlichen Rhythmus, genau zu jeder vollen Stunde wurden drei Granaten abgefeuert. Die Deutschen richteten sich einzig nach dem Kompaß, denn beobachten konnten sie nicht mehr. Tatsächlich fielen um sieben Uhr drei Schüsse. Sie richteten keinen Schaden an, denn alle Mann waren in Deckung. Um acht Uhr und um neun Uhr passierte allerdings nichts mehr. Man glaubte, daß die Deutschen es aufgegeben hatten, um zehn Uhr ging niemand mehr in Deckung. Dann explodierte aber doch noch eine Granate.

Der Mann sah, daß sein Fahrer getroffen war und auf freier Fläche lag. Er bewegte sich überhaupt nicht mehr. War er tot? Dann fiel die zweite Granate. Es sah doch so aus, als habe sich der Fahrer bewegt. (Später stellte sich heraus, daß das daran lag, daß eine Ladung Splitter von der zweiten Granate in seinen Körper eingeschlagen war.)

Der Mann dachte in aller Eile darüber nach, ob er versuchen sollte, den Fahrer von der Stelle wegzuholen, bevor die dritte Granate einschlug.

Er rannte zu dem Verwundeten. Dort angekommen, sah er, daß dieser beinahe tot war. Die zwei Treffer hatten ihn so zugerichtet, daß er unmöglich weiterleben konnte. Sein Leiden war nicht mit anzusehen, er war noch nicht völlig bewußtlos.

Dann tat die Hauptperson dieser Geschichte das, was so viele Soldaten an der Front getan haben. Er holte seine Pistole hervor, um dem Chauffeur den Gnadenschuß zu geben und zielte. In dem Moment fühlte er, daß seine Hand zurückgehalten wurde, und er hörte eine Stimme in seinem Kopf deutlich sagen: »Das darfst du nicht!«

Er steckte also seine Pistole wieder ein, und dann schlug die dritte Granate ein, die ihn schwer verwundete. Er schaffte es, sein Bein abzubinden, so daß die Blutung aus der Schlagader gestoppt wurde. Inzwischen war die Gefahr vorbei. Der General tauchte auf, sah seine Verwundungen und sagte nur: »Sorry, old boy«, der Chauffeur war inzwischen gestorben.

Es waren fast zwanzig Operationen nötig, um meinen Briefschreiber wieder zusammenzuflicken.

Dieser Mann hat im Laufe der Jahre Gott kennengelernt und immer mehr gemerkt, daß die Bibel zu ihm zu sprechen begann. Dieser Prozeß begann unmittelbar, nachdem er bei seinem Fahrer fast Sterbehilfe geleistet hätte.

Zwei Fragen können wir uns jetzt stellen:

– Warum durfte er dem Fahrer keinen Gnadenschuß geben?
– Wer hielt ihn davon ab, das zu tun?

Warum kein Gnadenschuß bei einem so schwer verwundeten Mann, der keine Chance mehr hatte und einige Sekunden später doch sterben würde?

Aktive Euthanasie möchte ich folgendermaßen zusammenfassen: »Jetzt bringe ich dich um.«

Passive Euthanasie ist etwas anderes. Sie bedeutet: nicht länger damit beschäftigt sein, das Leben künstlich zu verlängern. Dies kann zusammengefaßt werden als: »Ich wende bei dir keine Therapie mehr an.« Mit Therapie ist dann lebenverlängerndes Handeln gemeint wie Bluttransfusionen, Chemotherapie, Antibiotika und dergleichen.

Spricht etwas gegen aktive Euthanasie? Das ist eine Frage der Lebensanschauung. Es gibt zwei Möglichkeiten:

a) Ein Mensch ist sein Eigentum.

Wenn das so ist, darf er bei sich selbst aktive Sterbehilfe durchführen oder jemand anderen, zum Beispiel einen Arzt, darum bitten, das für ihn zu tun. Er tötet dann nur, was ihm gehört.

b) Ein Mensch ist das Eigentum Gottes.

In dem Fall kann er sich selbst nur dann töten, wenn er von seinem Eigentümer dazu Zustimmung erhalten hat. Ein Arzt sollte ausschließlich dann bewußt töten dürfen, wenn er von Gott Zustimmung erhalten hat.

Warum wurde der Mann in der eben erzählten Geschichte, die doch wirklich eine extreme Situation schildert, zurückgehalten?

254

Ich vermute, daß es sich so verhält:

Ich glaube nicht, daß ein Patient oder ein Verwundeter, der ohne die geringste Hoffnung auf ein gutes Ende leidet, selber schlechter davon wird, wenn er zufällig an einer hohen Dosis Schlafmittel oder Schmerztabletten stirbt.

Ich glaube auch nicht, daß der Arzt, der die Dosierung notgedrungen jenseits der gefährlichen Grenze festlegen muß, um die Schmerzen zu stillen, moralisch zu tadeln ist.

Ich glaube, daß die Seelen von Patient und Arzt in beiden Fällen keinen Schaden nehmen.

Es liegt jedoch eine haarfeine Grenze zwischen: »Ich erhöhe dieses Mittel so weit, daß die Gefahr besteht, daß der Patient daran stirbt, aber ich muß es tun, weil die Schmerzen zu groß sind« und: »Dieses ist in meinen Augen sinnloses Leiden, also werde ich den Patienten jetzt töten.« Ich bin davon überzeugt, daß der Menschen diese Grenze nicht überschreiten darf. Aber verstehen Sie mich richtig: Die Überzeugung kommt aus meiner Lebensanschauung, ich gehöre zur Kategorie b. Lassen Sie uns die Geschichte noch etwas näher ansehen, um alles ganz genau zu betrachten. Nehmen wir einmal an, der Dolmetscher aus der Geschichte hätte den Abzug seiner Pistole doch durchgezogen. Der Fahrer wäre dann von seinem Leiden befreit gewesen. Das Leiden hätte in diesem Fall fünf Sekunden weniger gedauert.

Ich denke nicht, daß der Dolmetscher zurückgehalten wurde, weil er das dem Fahrer nicht antun durfte. Es ist meine Überzeugung, daß er um seiner selbst willen zurückgehalten wurde. Der Engel rettete ihn, nicht den Fahrer. Offenbar macht das bewußte Töten eines Mitmenschen etwas mit unserer Seele, und wir erleiden dadurch einen Schaden. Weil es in diesem Dasein nicht in erster Linie um unseren vergänglichen

Körper, sondern um unsere unsterbliche Seele geht, sollte die Schädigung der Seele vermieden werden, und so hielt der Engel ihn zurück.

Die zweite Frage war: Wer hielt ihn zurück? Er selbst sagt: »Ein Engel.« Andere würden vielleicht sagen: »Der Herr sprach gegen mich.« Wir sind dann geneigt zu sagen: entweder das eine ... oder das andere. Die Bibel denkt viel differenzierter darüber. So sehen wir in Exodus 3, 2, daß der Engel des Herrn Moses in einer lodernden Flamme aus dem Dornbusch erschien. Und in Exodus 3, 4 steht: »Als aber der Herr sah, daß er (Moses) hinging, um zu sehen, rief Gott ihn aus dem Busch und sprach: Mose, Mose!« Wir sehen, daß der Engel und Gott durcheinander verwendet werden. Die Juden sagen: »Wenn Gott handelt, sehen wir einen Engel.« Die Frage, wer nun zu dem Dolmetscher gesprochen hat, ist also eigentlich eine Frage nach der Auslegung von Wörtern, und dies gilt mehr oder weniger für alle Engelgeschichten. Gott handelt oder spricht, und wir sehen oder hören Engel.

Wir verlassen nun die Zeit des Zweiten Weltkriegs und werden eine Engelerfahrung besprechen, die sich genauso wie bei dem »Pfarrer mit den zwei Engeln« an verschiedenen Orten ereignet hat. Ich habe diese Erscheinung die *weiße Leibwache* genannt, und hier folgt eine Geschichte, die für derartige Erlebnisse kennzeichnend ist.

(97)
Während des Vietnamkriegs gingen eines Nachts Hunderte von Menschen schweigend an einem Fluß entlang. Ab und zu flüsterte der Anführer eine Anweisung, die schweigend befolgt wurde.

Man kam zu einer Anzahl von Flößen im Fluß. Die Menschen, zusammen eintausendvierhundert, krochen mit ihren spärlichen Besitztümern auf die Flöße. Diese wurden vom Ufer losgemacht und trieben geräuschlos den Fluß hinunter. Wer waren diese Menschen, wer war ihr Führer? Der Führer war ein Vietnamese, er hieß Saul und war Prediger. Aufgrund seiner feurigen Predigten waren die Bewohner von fünf Dörfern zum Christentum übergetreten. Von dem Moment an war ihr Leben in Gefahr, denn die Vietkong waren leidenschaftliche Kommunisten, die alle Christen ausrotteten. Wenn sie einen Christen zu fassen bekamen, wurde der oft lebendig begraben. Nun waren die Vietkong dahinter gekommen, daß fünf ganze Dörfer das Christentum angenommen hatten. Man hatte sie umzingelt und drohte, jeden Moment anzugreifen. Aber Saul hatte das vorhergesehen, und so lagen diese Flöße im Fluß bereit wie eine moderne Arche Noah. In der Nacht waren alle Bewohner der fünf Dörfer durch die lückenhafte Umzingelung der Vietkong geschlüpft und trieben nun stromabwärts.

In der Nähe von Danang, nahe bei einer amerikanischen Garnison, bauten alle zusammen ein neues Dorf auf. Es dauerte nicht lange, bis die Vietkong herausgefunden hatten, wo sie waren, und nach einiger Zeit wurde auch das neue Dorf von einer großen Anzahl gut bewaffneter Guerillakämpfer umzingelt, die sich im Dschungel versteckten. Dieses Mal gab es kein Entkommen, und die Amerikaner konnten sie auch nicht beschützen, weil sie mit anderen Dingen vollauf beschäftigt waren. Das Dorf war also hermetisch von der Außenwelt abgeschnitten, niemand konnte herein oder hinaus. Alle Einwohner begannen nun, in der neu erbauten Kirche ununterbrochen zu beten. Drei Tage und drei Nächte hielten sie das durch. Dann, völlig unerwartet, zogen die Vietkong ab.

Eine Weile später wurde einer von ihnen verwundet. Er kam in ein amerikanisches Krankenhaus, in dem mittlerweile die erstaunliche Geschichte des befreiten

Dorfes bekannt geworden war. Der Arzt, der den Mann behandelte, gewann sein Vertrauen und erfuhr, daß der Soldat zu denen gehört hatte, die das Dorf in eiserner Umklammerung umstellt hatten.

»Warum habt ihr das Dorf dann doch nicht angegriffen? Es war unbewaffnet, die Leute waren völlig machtlos!« fragte der Arzt. »Aber wissen Sie das denn nicht?« sagte der Vietkong. »Wir konnten doch nichts ausrichten, solange die starken Abteilungen von Soldaten in ihren weißen Uniformen regelmäßig um das Dorf herum patroullierten.«

Es gab während des gesamten Vietnamkriegs keine Soldaten in weißen Uniformen (*Een Nieuw Geluid*, 1968).

(98)
Eine ähnliche Geschichte ereignete sich im damaligen Rhodesien. Es geschah in den siebziger Jahren und wurde von E. C. Wesson berichtet.

Eine Bäuerin hängte gerade Wäsche auf. Terroristen hatten den Auftrag erhalten, sie zu erschießen, so wie das damals überall passierte. Die Frau wußte davon nichts; aber später wurden einige Terroristen gefangen genommen, von denen einer erzählte, daß sie bereit gestanden hatten, die Farm anzugreifen, als die Bäuerin gerade die Wäsche aufhängte. Daß sie es nicht getan hatten, lag an den riesigen, in Weiß gekleideten Soldaten, die ständig zwischen ihr und ihnen hin und her marschierten.

(99)
Ebenfalls von Wesson ist die Geschichte einer anderen Guerillagruppe, die in Rhodesien eine Farm überfallen wollte. Auf dem Hof befand sich zu dem Zeitpunkt nur der Bauer, der gerade betete. Als er aufhören wollte, sagte eine Stimme: »Bete noch etwas weiter!« Er

wußte nicht, wozu das gut sein sollte, gehorchte aber. Gefangene Guerillakämpfer erzählten später, daß sie genau zu dem Zeitpunkt für den Überfall vorbereitet waren, ihn aber nicht durchführen konnten, weil der Bauernhof völlig von weiß gekleideten Soldaten umringt war.

Die Geschichten, die ich hier erzähle, hat Pastor Wesson von Augenzeugen gehört. Ich habe sie also nicht aus erster Hand, wie viele der anderen Engelerzählungen in diesem Buch.

(100)
Pastor Lindeboom berichtet in seinem bereits genannten Buch *In het uur van bezinning* (»In der Stunde der Besinnung«) eine beinahe identische Geschichte über einen Missionar, Van Asselt, der sich mitten in dem lebensgefährlichen Batakgebiet in Sumatra aufhielt. Wiederholt hatten die Bataks ihn ermorden wollen, aber auch hier verhinderte eine doppelte Reihe Wächter mit strahlenden Gesichtern um seine Wohnung herum den Überfall. Einer der Batak-Krieger erzählte ihm das später selbst. Auch aus China ist eine fast identische Geschichte bekannt.

Auffallend an all diesen Geschichten ist, daß die Beschützten nichts wußten und daß nur die Angreifer die Beschützer sahen. Was ist das? Ein »Engel an der Autobahn«, vor kurzem von einer Zeitschrift zutreffend »das Gespenst auf der Autobahn« genannt? Ich glaube nicht. Engel, die Christen beschützen, ziehen sich wie ein roter Faden durch die christliche Geschichte. Allerdings gilt auch hier wieder: einige werden gerettet, andere ermordet. Das ist immer so gewesen, und wir wissen nicht warum. Was wissen wir dann aber doch? Warum stirbt der gute Piet, der immer für jeden da war, früh, und warum kann der bösartige Kees bis ins hohe Alter seine Familie traktieren?

Die vermeintliche Willkür, die bei den Engelrettungen auftritt, darf kein Grund sein, die Geschichten mit einem Schulterzucken zu verwerfen. Dann müßten wir das ganze Leben zurückweisen. Ich würde Engelgeschichten absolut nicht glauben, wenn sie nur den Guten passierten. Wenn das so wäre, könnte man sie logisch berechnen, und dann wären sie falsch.

Mit dieser Weiße-Leibwächter-Serie schließt dieses Kapitel. Diese Reihe mit ihren sich stark ähnelnden Geschichten zeigt noch eine große Variationsbreite. Das Hauptthema ist gleich, die Details unterscheiden sich. Das weist darauf hin, daß wir es mit dem Leben zu tun haben. Alles in unserer Schöpfung weist Gleichförmigkeit im Thema und endlose Vielfalt in der Ausführung auf. Ein Blatt ist ein Blatt, aber keine zwei Blätter an einem Baum sind genau gleich. Ein Wolf ist ein Wolf, aber ihre Charaktere sind sämtlich verschieden. Ein Gesicht ist ein Gesicht mit Augen, Ohren, Nase, Mund und Wangen, und trotzdem erkennen wir das eine geliebte Gesicht unter allen anderen Erdenbewohnern heraus. So sehen wir auch in den Engelgeschichten das eine typische Kennzeichen unserer Schöpfung: Sie haben eine allgemeine Struktur, und trotzdem ist jede Engelbegegnung ein einzigartiges Ereignis.

Im letzten Kapitel will ich versuchen, eine Zusammenfassung zu geben. Der Gegenstand ist sehr umfangreich. Eines der Dinge, das mir dabei auffällt, ist die Verwandtschaft, die zwischen den Engelerfahrungen und den Todesnähe-Erfahrungen besteht. Es ist schwierig, sie genau festzulegen, aber es besteht da eine gewisse Nähe. Vielleicht ist es so, daß bei den Engelerfahrungen der Engel und bei den Todesnähe-Erfahrungen der Mensch um die Ecke guckt. In beiden Fällen steht die Tür zwischen dieser und der anderen Welt offen. Es ist gut, diese Tür kennenzulernen. Ich komme hierauf noch zurück.

6. Auswertung

In diesem Buch sind einhundertundeine Engelerfahrungen verarbeitet; achtundsechzig davon haben Menschen erlebt, die mir selbst geschrieben haben oder die ich persönlich getroffen habe; neun habe ich von Familienangehörigen oder engen Freunden derjenigen erfahren, die die Erfahrung gemacht haben; der Rest bestand aus gut dokumentierten Geschichten, die in Büchern, Zeitschriften und Zeitungen veröffentlicht wurden.

Die meisten Briefe erhielt ich in den Jahren 1984 bis 1987. In Zusammenhang mit der Niederschrift dieses Buchs habe ich allen, die mir eine Engelerfahrung mitgeteilt haben, einen Brief geschrieben, in dem ich fragte, ob ich ihre Geschichte verwenden dürfte, und sie gleichzeitig bat, mir zu erzählen, inwieweit ihr Leben sich durch die Erfahrung geändert hätte.

Obwohl es bei den meisten Menschen fünf bis sieben Jahre zurücklag, daß sie mir ihre Erfahrung geschrieben hatten, erhielt ich doch von erstaunlich vielen schnell Antwort.

Mehr als zwei Drittel der Personen schrieben mir direkt zurück. Sie gaben mir nicht nur die Zustimmung, ihre Geschichte zu verwenden, sondern antworteten auch ausführlich auf die Frage, ob ihr Leben sich geändert hatte. Sie gingen sehr ernsthaft und ausführlich darauf ein.

Es waren auch bewegende Briefe von Menschen dabei, die darüber beunruhigt waren, daß ihre Geschichte mit ihnen sterben würde, und die sich nun freuten, daß sie doch für die Nachwelt erhalten bleiben würde. Mein Brief über das neue Buch war für sie wie eine Antwort auf ein stilles Gebet. Neun Menschen waren inzwischen gestorben. Ich bin dankbar, daß ich ihre Geschichte weitererzählen durfte. Zwei Briefschreiber hatten bei ihrem ersten Brief keine Adresse angegeben. Vier haben mir im Jahre 1991 nicht geantwortet.

Es war für mich eine schwierige Entscheidung, was ich mit ihren Geschichten machen sollte. Ich habe schließlich beschlossen, sie doch mit meinen eigenen Worten wiederzugeben, unter strikter Wahrung ihrer Anonymität. Ich hoffe, daß sie mir, wenn sie dieses Buch in die Hände bekommen sollten, doch noch schreiben werden. Fast alle – von einigen Ausnahmen abgesehen – teilten mir mit, daß ihr Leben sich durch die Erfahrung grundlegend geändert habe. Ich habe die Antworten gründlich studiert und mit ihren ursprünglichen Briefen verglichen. Dabei bin zu folgendem vorsichtigen Schluß gekommen:

Vor der Engelerfahrung

Engelerfahrungen machen Menschen nicht zufällig. Es gibt eine Art Anlauf dazu. Am besten kann ich das mit einem Satz aus einem der Briefe umschreiben: »Ich fühlte mich als Kind auf diesem Planeten nicht zu Hause.« Dieses Gefühl, »Gäste und Fremdlinge« (Hebräer 11, 13) auf dieser Erde zu sein, ist eines der persönlichen Kennzeichen, die wir in den Briefen antreffen. Als Kind waren diese Menschen oft einsam und sensibel. In ihrem Leben als Erwachsene sind es oft Menschen, die nicht ganz ins übliche Schema passen. Oft sind es einfache, bescheidene Menschen, die unauffällig ihrer Wege gehen, die in Kreisen verkehren, in die sie gleichzeitig gut und doch auch wieder nicht hineinpassen. Es gibt da etwas, das sie trennt. Sie sind keine »Dutzendmenschen«, sie sind der eine Drei- zehnte. Die Tür, die bei ihnen während der Engel- begegnung aufschwingt, stand schon einen Spaltbreit offen.

Die Erfahrung selbst

Wir haben einige Beispiele gesehen, bei denen meh- rere Zeugen denselben Engel sahen. Aber viel öfter kommt es vor, daß von zwei Menschen der eine den Engel sieht und der andere nicht. Auch daraus wird meines Erachtens wieder deutlich, daß man einem En- gel nicht auf die gleiche Art und Weise gegenübertritt, wie man einem Nachbarn begegnet. Diejenigen, die sehen, haben für kurze Zeit ein »geöffnetes« Auge, das sieht, was den meisten nicht sichtbar ist. Sie können schwören, daß ihr Bewußtsein völlig klar war, und doch war es nicht wie sonst, denn ein zusätzliches Sinnesor- gan, ein drittes Auge sozusagen, öffnete sich und sah das Unsichtbare. Darum verhalten die Menschen sich während der Begegnung auch anders, als man es mögli- cherweise von ihnen erwarten würde. Stellen Sie sich vor, ich ginge in meinen Garten und träfe dort auf einen Elefanten. Ich würde meine Frau rufen, die Poli- zei verständigen, die Nachbarn warnen, kurz, sehr tätig werden. Die Menschen, die einem Engel begegnen, was doch mindestens ebenso ungewöhnlich ist wie die Begegnung mit einem Elefanten, tun nichts derglei- chen. Sie erfahren das Erlebnis still und intensiv, und in den meisten Fällen wird mit dem himmlischen Besu- cher kein Wort gewechselt. Die Begegnung mit einem Engel ist etwas grundsätzlich anderes als die Begeg- nung mit etwas oder jemandem aus der Außenwelt, selbst wenn das ein Elefant im eigenen Garten sein sollte. Ich muß hier hinzufügen, daß ich dieses Beispiel verwende, weil ich eine etwas sonderliche Dame in Behandlung hatte, die behauptete, sie habe in meinem Garten einen Elefanten gesehen.

Die kurzfristigen Auswirkungen

Diese habe ich bereits in meinem ersten Buch über Engel genannt. Wir erleben oft, daß die Menschen über Wochen hin ein anhaltendes Gefühl von Glückseligkeit haben. In seltenen Fällen berichten sie auch von Verwirrung und Angst. Die Seele hat gewissermaßen ein Erdbeben erlebt, und die Nachbeben sind noch lange zu spüren. Es sind charakteristische Reaktionen auf die Erfahrung.

Die langfristigen Auswirkungen

Die überwiegende Mehrzahl der Menschen schrieb mir, daß sich ihr Leben fundamental geändert habe. »Das Ereignis ist immer mehr zum zentralen Thema meines Lebens geworden«, schrieb einer von ihnen. Was ist nun eigentlich mit den Leuten passiert? Jeder Mensch ist einzigartig, und so ist auch jede Erfahrung einzigartig, aber dennoch glaube ich, in den Geschichten sieben große Kategorien unterscheiden zu können. Die Veränderungen im Leben der Menschen fanden in folgenden Lebensbereichen statt, wobei wir bedenken müssen, daß bei den meisten nicht nur eines, sondern mehrere der Gebiete berührt wurden.

Der Glaube

Viele berichten, ihr Glaube sei gestärkt oder gefestigt worden. Ein Mann schrieb mir: »Von der Annahme, daß ein Gott existiert, zum Wissen, daß Gott existiert.« Ist das nicht fast derselbe Satz, den Hiob gebrauchte, als er dem Herrn begegnete: »Ich hatte von dir nur vom Hörensagen vernommen; aber nun hat mein Auge dich gesehen« (Hiob 42, 5). Diese Menschen erfuhren, daß der Kontakt mit Gott persönlich geworden war. Bibeltexte fingen an zu leben. Wunder, die in der Bibel beschrieben wurden, erhielten Realitätswert, weil man selbst ein Wunder erlebt hatte.

Es ist in diesem Zusammenhang auffallend, daß Menschen mit einem protestantischen Hintergrund oft über eine tiefere Verbindung mit der Bibel berichteten, während Menschen mit einem katholischen Hintergrund manchmal von einer engeren Bindung zu Maria sprachen. Auf einen alten Protestanten wirkt das etwas befremdlich.

Diese Tatsache ließ mich an eine Aussage von Elisabeth Kübler-Ross denken, in der sie, wie ich meine, sagt (ich zitiere aus dem Gedächtnis), daß man bei sterbenden Kindern niemals erlebt, daß ein jüdisches Kind Maria sieht oder ein katholisches Kind Elias. Hier sehen wir wieder die bemerkenswerte Flexibilität des Himmels, die sich mit großer Bescheidenheit unserem Glaubenssystem anpaßt. Offenbar herrscht im Himmel kein Schubladen-Denken.

In einer der Antworten, die ich erhielt, stieß ich auf eine erschreckende Geschichte. Die Frau, die mir schrieb, war bei einer Psychotherapeutin in Behandlung, der sie völlig vertraute. Sie haben zusammen eine Reihe von Problemen durchgesprochen, und eines Tages erzählte diese Frau zögernd über ihre gewaltige Engelerfahrung. Ihre Therapeutin deutete das damals

als Zeichen einer schizoiden Persönlichkeit. Die Frau bekam also zu hören, sie sei ein gespaltener Mensch.

Die Deutung der Therapeutin geht nicht nur ein bißchen daneben, sie ist grundverkehrt. Wenn eines klar ist, dann wohl, daß eine Engelerfahrung zu größerer innerer Einheit führt. Das ist das genaue Gegenteil zu einer schizoiden Entwicklung, die zu mehr Gespaltenheit führt. Diejenige, die hier falsch reagierte, war die Therapeutin. Sie hatte ein solch enges Denkschema, daß sie die Engelerfahrung ihrer Patientin da hineinpressen mußte.

Es fiel mir auch auf, daß keiner meiner Korrespondenten über eine engere Verbindung zur Kirche sprach. Nicht, daß sie Anhänger einer Kirche waren, die nach einem Engelerlebnis aus der Kirche austreten, sondern es war, als ob diese Personen die Relativität jeder menschlichen Organisation erkannt hätten. Sie waren mit der Welt konfrontiert, die die Basis unseres Glaubens ist, und standen deshalb denen, die nur darüber redeten, distanzierter gegenüber. Ist dies der Grund, weshalb die Kirche den Mystikern immer mißtraut hat? Die Kirche macht sehr absolute Aussagen über sich selbst, und die Mystiker neigen ziemlich oft dazu, diese Aussagen nicht ganz wörtlich zu nehmen.

Wie dem auch sei, die Engelerfahrung stellt den Menschen mit beiden Füßen auf den Fels des Glaubens. Die daraus entspringende Sicherheit läutet keine müßige Ruhe ein. Bei der soeben erwähnten Frau führte sie gerade zu großer Unruhe und zu einem eifrigen Suchen nach Gott. Dies ist kein unbekanntes Phänomen. In der jüdischen Lehre wird ein Priester beschrieben als »jemand, der immer unruhig ist«. Er zieht ruhelos weiter, weil er weiß, daß er hier ein Fremder ist. Diese Unruhe ist übrigens etwas prinzipiell anderes als die Gehetztheit des modernen Daseins. Es ist eher eine »ruhige Unruhe«.

266

Den Sinn des Lebens finden

Nach der Erfahrung hat das Leben Sinn bekommen; für viele ein völlig anderer Zustand als der, in dem sie sich vorher befunden hatten.

Dies ist eine ausgesprochen wichtige Feststellung. Eine der Plagen der modernen Zeit ist ja, daß der Mensch das Gefühl von Sinnlosigkeit hat.

Er oder sie fühlt sich als Nummer, als Massenprodukt, als Wegwerfartikel. Das ist nach der Engelerfahrung unmöglich. Es hat sich eine Sicherheit herausgebildet, was die Einzigartigkeit des eigenen Daseins und den Sinn all dessen, was uns zustößt, betrifft. Dies führt – wie es einer meiner Briefschreiber ausdrückt – zu »Ruhe und Unverwundbarkeit«. Mit dem letzten ist nicht gemeint, daß einem nichts Unangenehmes mehr zustoßen kann, sondern daß man, was auch immer passiert, innerlich unangreifbar geworden ist. Es ist die Eigenschaft, die Diktatoren so entsetzlich hassen. Sobald sie diese bei jemandem antreffen, fangen sie an zu foltern. Alle Glaubensverfolgungen haben hiermit zu tun. Wenige Erfahrungen sind so heilend wie die vom Wiederfinden des Lebenssinns. Nicht umsonst können diejenigen, die eine Engelbegegnung hatten, den Menschen in ihrer Umgebung so viel Hilfe bieten.

Einheit, Liebe, Mysterium und Integration

Das sind alles Namen für etwas, das keinen Namen, das aber mit Gott zu tun hat.

Viele Menschen berichteten mir von einem neuen Lebensgefühl.

Jemand sagte: »Meine Seele ist geheilt.«

Ein anderer: »Ich stehe der Welt freier gegenüber.«

Eine Neunzigjährige: »Ich bin bewußter geworden.«

Viele: »Ich fühle mich erleichtert.«

Eine liebe alte Dame schickte mir ein Foto und sagte: »Ich bin jung.«

Alle bemerkten, ihre Fähigkeit, bedingungslos zu lieben, habe zugenommen.

Das Gefühl war so schwierig zu umschreiben, daß es zu bemerkenswerten Aussagen kam. Eine Frau sagte: »Ich bin ich selbst und mein anderes Ich.« (Der irdische und himmlische Zwilling!)

Eine andere sagte: »Ich weiß, daß alles, was geschaffen ist, eine Einheit darstellt.« Sie war nicht die einzige, die das behauptete. Die Einheitserfahrung ist in diesem wunderbaren neuen Lebensgefühl sehr wesentlich. Man kämpft mit den Worten, um es auszudrücken, und es gelingt nicht immer. Ein Bildhauer sagte: »Ich kann es eigentlich nur richtig in Stein ausdrücken.« Der Stein ist von alters her das Symbol der Ewigkeit.

Man sucht stammelnd nach dem richtigen Wort und nennt es ab und zu ein »kosmisches« Gefühl.

»Das Mysterium ist näher gekommen.«

»Das Unsichtbare hat sich für mich bestätigt.«

Diese letzte Aussage läßt an die Definition dessen denken, was Glaube denn nun genau ist:

»Es ist aber der Glaube eine feste Zuversicht auf das, was man hofft, und ein Nichtzweifeln an dem, was man nicht sieht« (Hebräer 11, 1).

Die Frau, die am Sterbebett ihrer Mutter einen Engel sah, drückte dies sehr schön aus:

»Ich habe die große innere Sicherheit, daß die Wand zwischen dieser und der anderen Welt hauchdünn ist.«

Das Gefühl einer allesumfassenden Einheit äußerte sich auch darin, daß man negative Erfahrungen besser in das Lebensganze integrieren konnte. Man sah ein, daß Krankheit, Leiden und Katastrophen sich auf wundersame Weise in das Ganze einfügen, so wie die

Schatten auf Rembrandts Gemälden das Licht besser hervortreten lassen.

Wieder und wieder wird das unvorstellbar große Muster einer umfassenden Einheit betont. Eine Frau formulierte es so:

»Ich fühle mich mit allen früheren Christen verbunden.

Engelerfahrungen sind nicht für einen persönlich gedacht, sondern weisen jeden auf Gottes Reich hin. Ich habe eine Vertiefung meiner Wahrnehmung in allen Bereichen erfahren. Dahinein fügt sich die Engelerfahrung, als ob ein großes Mosaik gebildet würde.«

Es ist der Gobelin von Corrie ten Boom, der auf andere Weise beschrieben wird.

Auch Swedenborg hat etwas Derartiges gesagt. Er vergleicht das Leben mit den gefärbten Glasstücken, die chaotisch in einem Kaleidoskop liegen. Schaut man es von außen an, sieht man nichts Besonderes. Schaut man in das Kaleidoskop hinein, dann sieht man, daß mit Hilfe von speziell angebrachten Spiegeln die schönsten Mosaiken entstanden sind.

Das Einheitsgefühl, daß nach der Engelerfahrung in das Leben gekommen ist, ist eine der fesselndsten und nach wie vor auffälligsten Auswirkungen.

Ich bin meinen vielen Korrespondenten, die mir hierzu geschrieben haben, dankbar für die Mühe, die sie sich gegeben haben, um das Unsagbare in Worte zu fassen.

Besondere Fähigkeiten

Sehr bemerkenswert ist, daß einige Menschen nach der Erfahrung über besondere Gaben zu verfügen schienen, die sie auch in ihrem weiteren Leben beibehalten haben.

In der Bibel werden neun Gaben genannt, die der Heilige Geist den Menschen verleiht: Weisheit, Erkenntnis, Glauben, Heilen, die Kraft, Wunder zu tun, prophetische Rede, Unterscheiden von Geistern, mancherlei Zungenrede, ihre Auslegung (1. Korinther 12, 8-10).

Einige dieser Erfahrungen finden wir nach der Begegnung mit Engeln wieder.

Mehrere Menschen erhielten die Gabe der Prophetie; sie wußten, was passieren würde. Nun ist Prophetie nicht nur das Sehen in die Zukunft. Es ist auch, wie es die jetzt fünfundneunzigjährige Frau, die damals im Schnee aus dem Zug stieg, ausdrückt:

»Ich kann einen Blick hinter die materielle Welt werfen.«

Andere Menschen hatten die Gabe zu Heilen empfangen. Durch ihr Handauflegen oder ihre Fürbitte heilten sie alle möglichen Krankheiten. Wieder andere hatten bemerkt, daß sich ihre Wahrnehmung verändert hatte. Sie hatten die Fähigkeit entwickelt, besser unterscheiden zu können, ob ein Mensch eine echte geistige Wahrheit verkündigte oder nicht.

Es gibt so viel Imitation, Kitsch und Betrug auf dem Glaubensmarkt, daß ein Mensch sich bei allem, was ihm begegnet, zuerst fragen sollte: »Ist es wirklich wahr, was ich hier sehe und höre?«

Im normalen Leben müssen wir das ja auch andauernd tun: Ist dieser Apfel frisch? Ist diese Wolle sauber? Wer hat diesen wissenschaftlichen Beitrag finanziert? Meint der Politiker das ernst? Im Bereich des Glaubens ist es etwas schwieriger, die Wahrheit zu entdecken, weil wir es nun einmal mit einer unsichtbaren Welt zu tun haben, und deshalb haben wir diese besondere Gabe der Unterscheidung nötig. Auch bei Engelerfahrungen benötigen wir die Gabe, die Geister unterscheiden zu können.

Es ist dabei sogar von ausschlaggebender Wichtigkeit.

Stellen wir uns einmal vor, daß ich abends allein in meinem Zimmer sitze. Ich bin etwas schläfrig, und die Stehlampe verbreitet ein schummriges Licht. Plötzlich erfüllt ein helles Licht das Zimmer, und vor meinen verwunderten Augen steht ein riesiger Engel. Er reicht bis an die Decke, hat Augen wie glühende Kohlen, sein blondes Haar wallt auf seine Schultern, er ist in ein langes weißes Gewand gekleidet, das durch einen violetten Gürtel zusammengehalten wird, und trägt goldene Sandalen an seinen Füßen. Er sagt mit donnernder Stimme: »Ich bin der Engel Gabriel. Du bist auserwählt, der Welt eine Botschaft zu übermitteln. Sage den Menschen, daß die Zeit der Gnade vorüber ist. Die Zeit der Rache ist angebrochen. Rache für die verfolgten Gläubigen. Rache für die verseuchte Umwelt, Rache für eure ruhelose Suche nach Genuß. Zweitausend Jahre lang hat das Christentum die Gnade verkündet, nun ist die Zeit der Abrechnung gekommen, weil ihr nicht hören wolltet. Kündige eine Zeit des Krieges an. Lehre die Menschen, kein Mitleid zu haben mit den Feinden des reinen Glaubens. Über vierzig Jahre sollt ihr eure Feinde hassen und verfolgen. Jeder, der der falschen Lehre des Antichristen angehangen hat, soll jetzt seinen Lohn erhalten. Du darfst einer von denen sein, die mit eisernem Besen die Welt säubern. Knie vor mir nieder und schwöre, daß du deinen Auftrag getreulich ausführen wirst!«

Ich hoffe, daß ich in dem Moment einen klaren Verstand behalten und sagen werde:

»Erzähl das deiner Großmutter, böser Geist, denn es steht geschrieben: ›Liebt eure Feinde; tut wohl denen, die euch hassen; segnet, die euch verfluchen; bittet für die, die euch beleidigen.‹« (Lukas 6, 27). Dann würde sich der Engel vor meinen Augen in einen etwas unangenehm riechenden, grauen kleinen Mann mit einem ausgefransten schwarzen Spitzbart verwandeln, der einen gräßlichen schwarzen Anzug trägt. Er würde mir einen giftigen Blick zuwerfen und verschwinden, wobei er einen fürchterlichen Gestank zurücklassen würde.

Es ist nämlich so, daß unsichtbare Wesen, die dem Menschen nicht gut gesinnt sind, auch als leuchtende Engel erscheinen können. Wir müssen daher jede Erfahrung testen. Wenn ein Engel nichts sagt, können wir es tun, indem wir die Auswirkung der Erfahrung auf unser Leben mit einem kritischen Auge betrachten. War der Einfluß positiv oder negativ? Nahm mein Verständnis, meine Toleranz, meine Liebe zu oder ab?

Sagt der Engel etwas, dann ist die Probe an der Bibel die beste Methode. Sogar Jesus wendete diese Methode bei Seiner Versuchung in der Wüste an (Matthäus 4, 1-11).

Der Hinweis auf die Probe ist nicht aus der Luft gegriffen. Der Teufel ist manchmal ein charmanter Betrüger, der der Eitelkeit schmeichelt und gleichzeitig die Integrität zerstört. Er ist ein ganz besonderer Falschmünzer. Gerade hatte man noch einen gut fundierten Glauben, schon nimmt er ihn unbemerkt weg und gibt anstelle dessen falsche geistliche Münze dafür.

Bei denen, die Gaben erhielten, gab es einige mit lehrreichen Visionen. Einige sahen das Land, in dem sie wohnten, wie ein großes, lebendiges Panorama unter sich liegen. Der Effekt eines derartigen Erlebnisses war, daß sie sich in ein viel größeres Ganzes integriert wußten. Echte Engelerfahrungen führen immer zu größerer Einheit.

Ich denke in diesem Zusammenhang auch an Wanja, den russischen Soldaten, der kurz, bevor er wegen seiner Angehörigkeit zum Christentum vom KGB ermordet wurde, das Neue Jerusalem sah.

Diese Visionen müssen meines Erachtens zur Gabe der Weisheit gerechnet werden: Es ist eine Erkenntnis, die als Offenbarung und nicht über den Verstand zu uns kommt. Alles in allem ist die Nähe eines der Engel Gottes ausreichend, um genau die Gabe zu erwecken, die ein Mensch am meisten braucht, sowohl für sich selbst als auch zum Wohl seiner Umwelt. Gaben werden nicht einfach verteilt, sie passen zu jedem wie der Schlüssel in ein Schloß.

Das Verschwinden der Angst

Sehr viele schrieben mir, daß sie seit der Engelerfahrung keine Angstgefühle mehr kennen. Besonders die Angst vor dem Tod war endgültig verschwunden, aber auch die Angst vor Krankheit, Operationen und sogar vor so etwas wie gefährlichen Verkehrssituationen konnte relativiert werden. Wenn wir sehen, welche gewaltige Rolle Angst im Leben spielt, kann auch hier von einer wirklich tiefgreifenden Veränderung unseres Seelenlebens gesprochen werden.

Wie kommt es, daß eine solche Begegnung, die oft nur Sekunden dauert, alle Angst vertreibt?

» . . .die vollkommene Liebe treibt die Furcht aus«, sagt der Apostel Johannes (1. Johannes 4, 18).

Es ist klar, daß ein Engel, der völlig von Gottes Liebe erfüllt ist, jegliche Angst für die Dauer eines ganzen Lebens vertreiben kann.

Lewis sagt in seinem Buch *Die große Scheidung*, die ganze Hölle sei eigentlich so winzig klein, daß ein Schmetterling im Himmel sie verschlingen könnte, ohne Verdauungsstörungen davon zu bekommen. Alles Höllische läßt zusammenschrumpfen. Angst macht klein und eng. Mit den Engelerfahrungen erfuhren die Menschen eine gewaltige Ausdehnung.

273

Ein Mann schrieb mir, daß er seit dem Erlebnis eine nicht nachlassende Fröhlichkeit verspüre und anhaltend optimistisch gestimmt sei, und daß ihn dies auch in Krisensituationen nicht verließe. Es handelt sich um jenen Mann, der von dem blonden ungarischen Engel aus dem russischen Todeslager gerettet wurde. Viele Menschen haben nach der Erfahrung erst richtig begriffen, was loben, danken und beten bedeutet. Ihre Angst vor dem Leben hat einer großen Liebe zu Gott und dem Nächsten Platz gemacht. Es gibt keinen Raum mehr für etwas anderes. Man erkennt die Menschen oft an ihren Augen. Sie haben einen Quell der Freude angebohrt, der wie quirliges Wasser ständig hochsprudelt.

Führung im Leben

Viele Menschen teilen mit, daß sie seit der Begegnung mit dem Engel eine deutliche Führung in ihrem Leben spürten. An Gabelungen würde ihnen der Weg gezeigt, den sie gehen sollen. Sie schämen sich nicht, den Heiligen Geist um Hilfe zu bitten, und wissen, daß sie auf ihrem Weg beschützt werden. Es ist eigentlich schade, daß so wenige unserer Führungspersönlichkeiten von dieser ständig vorhandenen Hilfe Gebrauch machen. Stellen Sie sich einmal vor, die Länderregierungen, die Regional- und Stadtverwaltungen, die Leiter großer industrieller Anlagen würden zu Dutzenden den Heiligen Geist um Führung bitten. Unsere Welt würde sich auf der Stelle bis zur Unkenntlichkeit verändern.

Seit Thomas Morus sein Buch *Utopia* geschrieben hat, gab es viele solcher frommen Wünsche. Vorläufig müssen wir uns leider noch zufrieden geben mit der Aufteilung in diejenigen, die gute, inspirierte Ideen, aber keine Macht haben, und diejenigen, die Macht haben, aber keine guten, inspirierten Ideen, und die, wenn sie neuen Impulsen begegnen, alles daran setzen, sie zu unterdrücken. Die größten Probleme der Welt sind im Prinzip bereits seit langem gelöst, aber die Durchführung läßt auf sich warten, weil die Regierenden zu geringes Format besitzen.

Änderung der Lebensgewohnheiten

Alles, die veränderten Gefühle, der gefestigte Glauben, besondere Gaben, Visionen und Liebe, wäre sinnlos, wenn es im praktischen Leben keine Auswirkungen zeigte. Darum ist es sehr erfreulich, daß meine Briefschreiber fast ausnahmslos angeben, ihr Leben habe sich auch in praktischer Hinsicht verändert. Sie wagen es, für ihre Ideale einzustehen, ungeachtet der gesellschaftlichen Konsequenzen. Der Mann, dem die anhaltende Fröhlichkeit zuteil wurde, ist jemand, der sich mit aller Kraft für eine bessere Umwelt einsetzt und der in diesem Kampf natürlich die üblichen Unannehmlichkeiten durchgemacht hat. Viele haben ihre Erfüllung in der Hilfe für andere gefunden. Eine Frau sagte wörtlich, daß sie »andere so richtig lieben könnte, jetzt, da sie weiß, daß sie geliebt wird«.

Hier haben wir es mit einer Probe aufs Exempel zu tun. Echte himmlische Erfahrungen schlagen sich immer als konkrete Hilfe in der direkten Umgebung nieder. Heilige sind niemals Umherirrende. Es ist mein Privileg gewesen, einigen wirklichen Heiligen begegnet zu sein, die allesamt aktive, praktisch eingestellte Menschen waren. Alles in allem hat die Engelerfahrung also einen sehr positiven Einfluß auf den Menschen, der sie gemacht hat.

Man könnte sagen, daß die Veränderung des Lebens ein Kennzeichen für die Echtheit des Erlebnisses ist.

Ist die positive Veränderung in wenigen Worten zusammenzufassen? Welches ist die grundlegende Verwandlung der menschlichen Persönlichkeit?

Der Mensch hat sich von einer geschlossenen zu einer offenen Struktur gewandelt. Anstatt in einem Haus mit einem geschlossenen Dach zu wohnen, wohnt er nur, psychisch gesehen, in einer Laubhütte, in der man durch das Dach hindurch den Himmel sehen kann.

Es ist zu komisch, daß die Christen das Laubhüttenfest nicht kennen. Es scheint eine Prophezeiung zu geben, daß dieses Fest am Ende aller Zeiten von Juden und Christen zusammen gefeiert werden wird. Vielleicht ist die wachsende Anzahl der Menschen, die eine Engelerfahrung gemacht haben, ein Vorbote für das kommende gemeinsame Fest.

Als ich dieses Kapitel schrieb und die Schlußfolgerungen ordnete, kamen mir die langfristigen Auswirkungen der Engelerfahrungen irgendwie bekannt vor. Ich fragte mich, ob ich etwas Ähnliches vorher schon einmal gelesen hatte, und erinnerte mich plötzlich an das Buch des französischen Journalisten und Schriftstellers Van Eersel, der als einer der ersten die bleibenden Auswirkungen von Todesnähe-Erfahrungen untersucht hat.

Er beschreibt sie in seinem Buch *Sterben*, und sie zeigen eine frappierende Ähnlichkeit mit dem, was ich über langfristige Auswirkungen der Engelerfahrungen geschrieben habe. Auch Van Eersel stellt eine gewisse Distanz zur Welt fest, das völlige Fehlen von Todesangst, eine nicht fanatische oder dogmatische Glaubenseinstellung, Unangepaßtheit, bemerkenswerte Geistesgaben. Er vermutet, daß sich auf diesem Planeten eine Bewußtseinsveränderung vollzieht. Wenn dem so ist, dann möge es nur schnell geschehen.

Diese Bewußtseinsänderung vollzieht sich unauffällig und geräuschlos, aber trotzdem wird sie – wenn die Zeichen nicht trügen – in den vor uns liegenden Jahren an Einfluß gewinnen.

Zuerst ist da die zunehmende Anzahl von Menschen, die dank der modernen Wiederbelebungstechniken eine Todesnähe-Erfahrung gemacht haben. Zum zweiten habe ich den Eindruck, daß die Anzahl spontaner Engelerfahrungen stark ansteigt.

Alle Menschen, die so etwas erleben, haben aufgrund ihrer veränderten Einstellung zu Himmel und Erde einen großen Einfluß auf ihre Umgebung. Wie eine leichte Meeresbrise weht ein neuer Geist über unseren ermüdeten Planeten. Vielleicht sehen wir hier den Anfang einer Säuberungsaktion unserer so sehr bedrohten Umwelt. Die Offenbarung des Johannes zeigt zwar viele kommende Schrecknisse, aber danach auch großes Heil. Sind wir gerade dabei, den Anfang davon zu erleben? Viele meinen, daß wir zur Zeit in der Apokalypse angekommen sind, und für sie sind die Geschichten in diesem Buch eine Bestätigung dessen, was sie schon dachten. Es wird allerdings auch skeptische Menschen geben, die sagen werden:

Mit der Apokalypse wird es so weit nicht her sein, und beinahe die Hälfte deiner Geschichten könnte man auch auf »natürliche« Weise erklären.

Ihnen würde ich erwidern: »Und die andere Hälfte?«

Sie würden vielleicht einräumen, daß zwar für fünfzig Geschichten keine naturwissenschaftliche Erklärung gegeben werden kann, aber daß zum Beispiel zehn auf Hypnose beruhen könnten. In dem Fall hätten wir immer noch vierzig übrig.

Sie könnten dann sagen, daß von den vierzig sicher zehn durch Halluzinationen erklärt werden könnten.

Dann bleiben noch dreißig übrig.

Sie könnten dann etwas irritiert sein und sagen, daß

zehn von den dreißig vielleicht einfach aus den Fingern gesogen sind. Das bedeutet immer noch zwanzig Engel. Schließlich könnten sie sagen, daß noch mindestens zehn dabei sein könnten, die auf plötzlich in Erscheinung tretenden Jungschen Archetypen beruhen (als ob das eine wirkliche Erklärung wäre).

Auch dann noch werden diese skeptischen Menschen auf einen unerklärlichen Rest stoßen. Dort werden sie Dingen begegnen, die unmöglich waren und doch passiert sind. Wären sie ehrlich, würden sie zehn Engel in ihrer Gedankenwelt zulassen. Stellen Sie sich einmal vor, sie würden das tun –, dann würden sie die Geschichten, die sie abgetan haben, plötzlich mit anderen Augen betrachten. Wenn man nämlich einmal in sich selbst einen Schalter umgelegt hat, sieht man die Welt aus einer neuen Perspektive. Dann hat man die Möglichkeit, bei der geistigen Evolution, die im Gange ist, mitzumachen.

Die Skeptiker haben es dagegen schwierig. Sie sind in einer Welt aufgewachsen, in der der wissenschaftliche Zweifel zum Dogma erhoben worden ist, weshalb nichts mehr gesichert ist. Der Mensch hat keinen Boden mehr unter den Füßen und kann in einer abgeschlossenen Welt keine Luft mehr kriegen. Darum möchte ich zum Abschluß hier noch eine Engelerfahrung mitteilen, die gewissermaßen für das ganze Buch steht.

Sie werden in dieser Geschichte klar die vier Phasen der Erfahrung erkennen können:

- Die Persönlichkeit vor der Erfahrung (die ich am Ende der Geschichte beschreiben werde);
- die Erfahrung selbst;
- der direkte Einfluß auf die Person;
- der langfristige Einfluß.

Sich selbst und das Leben neu entdecken

esotera

Das und vieles mehr finden Sie in **esotera**:

- Lebenshilfen
  zur Selbstverwirklichung
  für Körper, Seele und Geist
- Praktische Wege zu
  ganzheitlicher Gesundheit
- Psi-Phänomene und
  außergewöhnliche Fähigkeiten
- Urwissen der Menschheit
  und seine Anwendung heute
- Den umfassendsten
  Veranstaltungskalender mit
  Seminaren und Vorträgen
- Kurzmeldungen über Aktuelles
- Tips für Bücher, Kassetten
  und andere Produkte
  im Zeichen einer neuen Zeit

esotera
ist das weltweit größte Magazin
für neues Bewußtsein!
100 000 Leser!
..on Monat 100 Seiten

Bitte informieren Sie mich laufend
über die Bücher und
Neuerscheinungen des Verlages
Hermann Bauer.

Ich interessiere mich besonders für

- ○ Esoterik
- ○ Reinkarnation
- ○ Astrologie
- ○ Tarot
- ○ Yoga/Meditation
- ○ Lebenshilfe
- ○ Alternative Heilweisen

**Das Gesamtverzeichnis des
Verlages Hermann Bauer und
ein Probeheft der Zeitschrift esotera
erhalten Sie kostenlos.**

○ Bitte senden Sie mir ein kostenloses Probeheft esotera

○ Bitte senden Sie mir ein Gesamt-verzeichnis des Verlages Hermann Bauer

Ich beziehe meine Bücher über folgende Buchhandlung:

_____

Bitte geben Sie deutlich Ihre Anschrift an:

Name _____

Vorname _____

Straße Nr. _____

PLZ Ort _____

_____   _____
Datum   Unterschrift

Verlag Hermann Bauer KG
Postfach 167

79001 Freiburg

(101)
Die Frau, der dies passiert ist, ist jetzt achtundsechzig Jahre alt und gebürtige Polin.

Als sie zwölf war, machte sie mit ihren Mitschülerinnen einen Schulausflug. Irgendwo auf dem polnischen Land, ganz in der Nähe von Torun, durften sie in einem künstlich angelegten See schwimmen, der am Rand flach, aber zur Mitte hin zunehmend tiefer war. Beim Spielen mit den Kameradinnen geriet sie zu weit in den See hinein. Sie konnte noch nicht schwimmen und verschwand unter Wasser. Um ihren Kopf über Wasser zu bekommen, versuchte sie sich vom Boden abzudrücken, merkte aber schnell, daß sie immer tiefer in den sandigen Untergrund gezogen wurde. Sie blieb unter Wasser und fühlte deutlich, daß sie am Ersticken war. Plötzlich sah sie ihr Leben in Windeseile an sich vorbeiziehen und machte sich klar, daß dies ihr Ende wäre. Sie war sehr traurig bei dem Gedanken an den großen Kummer, den ihre Mutter durch den Verlust ihrer Tochter hätte.

Dann geschah es! Sie fühlte einen starken Ruck an ihrem Arm und wurde an die Oberfläche gezogen. Wenn sie jetzt daran zurückdenkt, spürt sie noch immer diesen Ruck, obwohl es doch vor sechsundfünfzig Jahren passiert ist. Sie trieb an der Oberfläche des Sees langsam ans Ufer. Als sie aufstand, sagte die Begleiterin der Gruppe: »Du kannst sicher gut schwimmen, daß du bis zur Mitte des Sees geschwommen bist!« Sie fügte allerdings noch etwas hinzu, sie sagte: »Kind, was hattest du für ein engelhaftes Lächeln, als du auf dem Wasser lagst!«

Das Mädchen wollte nichts sagen und lief alleine in den Wald, wo sie Gott für das Wunder dankte, mit dem er sie am Leben erhalten hatte.

Während alle anderen Mädchen anschließend krank wurden, weil sie verunreinigtes Wasser geschluckt hat-

279

ten, bemerkte sie keinerlei nachteilige Folgen ihres Beinahe-Unfalls.

Die Erfahrung, die sie durchgemacht hatte, veränderte ihr Leben insofern, als sie danach davon überzeugt war, daß wir nicht »einfach so« auf der Welt sind. Dieses Mädchen ist übrigens ein sehr anschauliches Beispiel für meine Behauptung, daß eine derartige Engelerfahrung jemanden nicht zufällig trifft. Sie erzählt nämlich, im Alter von sieben oder acht Jahren habe sie ab und zu eine traurige Stimmung überkommen, während ihre Altersgenossinnen fröhlich spielten. Sie setzte sich dann schweigsam in eine Ecke und fragte sich in diesen Momenten, warum sie lebte, obwohl sie doch sterben müßte.

Was fühlte dieses polnische Mädchen eigentlich? Vielleicht stand ihre Seele an dem großen Wendepunkt, der Wiedergeburt heißt. Vielleicht verhielt es sich mit ihr wie mit der Knospe einer Wasserlilie: Diese steht wahrscheinlich auch einige Zeit unter Druck, bis sie endlich in aller Schönheit aufbricht.

Warum habe ich gerade diese Geschichte als letzte berichtet? Weil das »aus dem Wasser gezogen werden« ein uraltes biblisches Symbol ist. Die Bedeutung von Moses Namen, des Mannes, der das Volk Israel aus Ägypten rettete, ist nach der Tradition »der aus dem Wasser Gezogene«. Dieses bezieht sich auf die Zeit kurz nach seiner Geburt, als er am Ufer des Nils in das Rohrkästchen gelegt wurde. Nach anderer Auffassung bedeutet der Name Moses »der aus dem Wasser zieht«. Das bezieht sich auf seine Führerschaft während des Zugs durch das Schilfmeer.

Das Wort »tsaddiek«, das in unserer Bibel mit »rechtschaffen« übersetzt ist, hat als Wurzel das Wort für »Fischhaken«. Ein rechtschaffener Mensch ist also jemand, den man aus dem Wasser herauszieht. Wir sind hier untergetaucht in das zeitliche Leben und können so tief wegsinken, daß wir vergessen, daß wir für die Ewigkeit geschaffen sind.

Dann kommt Er, der verbunden ist mit dem wundersamen Fischfang (Johannes 21) und fischt uns aus dem Wasser. Wir verstehen dann endgültig, daß das Leben in der Zeit ein notwendiges Training war, das uns auf die neue Welt vorbereiten soll, die wir hinterher betreten, in der alle Tränen von den Augen abgewischt und in der wir neue Geschöpfe sein werden.

Aber soweit sind wir noch nicht.

Vorläufig kämpfen wir hier mit dem schwierigen Dasein.

Die meisten von uns sehen überhaupt keine Engel und hoffen nur, das Beste aus ihrem Dasein zu machen.

Lassen wir uns nicht entmutigen, wenn es so oft nicht glückt. Nicht nur für das Mädchen im See gab es die Hand, die es nach oben zog. Für jeden von uns gibt es diese Hand, die unser ganzes Leben lang nach uns ausgestreckt ist und die wir nur ergreifen müssen, um sicher auf das Trockene gezogen zu werden.

Die Engelerfahrungen in diesem Buch wurden nicht erzählt, um zu zeigen, welche außergewöhnlichen Dinge mit anderen Menschen passieren, sondern um jedem zu verdeutlichen, daß mit Liebe über uns gewacht wird.

Literatur

Bakels, Floris (1979): *Nacht und Nebel.* Frankfurt/M.: Fischer

Die Bibel, nach der deutschen Übersetzung Martin Luthers in der revidierten Fassung von 1984. Stuttgart: Deutsche Bibelgesellschaft

Bin Gorion, Micha Josef (1980): *Die Sagen der Juden.* Frankfurt/M.: Insel

Ten Boom, Corrie (1990): *Mit Gott durch dick und dünn. Weltreisende mit guter Nachricht.* Wuppertal: Brockhaus, 7. Aufl.

Bullinger, E.W. (1955): *How to enjoy the Bible.* The Lamp Press

Castaneda, Carlos (1990): *Eine andere Wirklichkeit.* Frankfurt/M.: Fischer, 16. Aufl.

Conradi, Ludwig Richard (1922): *Der Dienst der Engel.* Hamburg: Advent-Verlag

Dante Alighieri (1974): *Die göttliche Komödie.* Frankfurt/M.: Insel, 2 Bde.

Davidson, Gustav (1967): *A Dictionary of Angels.* New York: The Free Press

Delarue, F. und S. (1990): *Impfungen, der unglaubliche Irrtum.* München: Hirthammer

Dickens, Charles (1978): *Weihnachtserzählungen.* München: dtv (und viele andere Ausgaben)

Eersel, Patrice van (1987): *Sterben: Der Weg in ein neues Leben.* Bern, München: Scherz

Grant, Myrna (1988): *Gib nicht auf, Wanja.* Wuppertal: Brockhaus, 5. Aufl.

Halkin, Léon (1989): *Erasmus von Rotterdam*. Braunschweig: Benzinger

Hinz, Walther (1989): *Woher – wohin?* Zürich: ABZ-Verlag

Huber, Georges (1985): *Mein Engel wird vor dir herziehen*. Stein a.Rh.: Christiania, 4. Aufl.

Jacobs, W. W. (1983): *The monkeys paw and other stories*. Woodbridge: Boydell Press

Jung, Carl Gustav (1946): *Aufsätze zur Zeitgeschichte*. Zürich: Rascher

Knibb, M.A. (1978): *The Ethiopic book of Enoch*. Oxford: Clarendon

Koch, Kurt E. (1985): *Seelsorge und Okkultismus*. Aglasterhausen: Bibel- und Schriftenmission, 26. Aufl.

Kübler-Ross, Elisabeth (1984): *Kinder und Tod*. Zürich: Kreuz

Kübler-Ross, Elisabeth (1989): *Über den Tod und das Leben danach*. Neuwied: Die Silberschnur, 10. Aufl.

Kuhlman, Kathryn (1978): *Ich glaube an Wunder*. Schorndorf: Fix

Kuhlman, Kathryn (1989): *Die große Scheidung*. Freiburg: Johannes-Verlag

Lifton, Robert J. (1983): *Ärzte im Dritten Reich*. Stuttgart: Klett-Cotta

Lindeboom, Antonius Margarites (1973): *In het uur van bezinning*. Amsterdam: Buijten en Schipperheijn

Mallasz, Gitta (1982) *Die Antwort der Engel*. Einsiedeln: Daimon

Moody, Raymond A. (1989): *Das Licht von drüben*. Hamburg: Rowohlt

Moody, Raymond A. (1977): *Leben nach dem Tod*. Hamburg: Rowohlt

Moolenburgh, H.C. (1989): *Engel als Beschützer und Helfer des Menschen*. Freiburg: Bauer, 5. Aufl.

Nicoll, Maurice (1982): *Vom neuen Menschen*. Rullstorf Boltersen: Plejaden

Nicoll, Maurice (1984): *Psychological Commentaries on the Teaching of Gurdieff and Ouspensky*, Boulder, Colorado: Shambhala Reprint

Peck, Scott (1990): *Die Lügner. Eine Psycholgie des Bösen – und die Hoffnung auf Heilung*. München: Claudius Verlag

Ritchie, George G. (1986): *Rückkehr von morgen*. Marburg: Francke, 10. Aufl.

Schaper, Edzard (1952): *Untergang und Verwandlung*. München: Nymphenburger Verlagsanstalt

Sträuli, Robert (1987): *Origines. Der Diamantene*. Zürich: ABZ Verlag

Ströter-Bender, Jutta (1988): *Engel. Ihre Stimme, ihr Duft, ihr Gewand und ihr Tanz*. Stuttgart: Kreuz Verlag

Suzuki, Daisetz T. (1987): *Leben aus Zen. Eine Einführung in den Zen-Buddhismus*. München: Scherz

Swedenborg, Emanuel (1977): *Himmel und Hölle nach Gehörtem und Gesehenem*. Zürich: Swedenborg-Verlag

Totten (1898): *George Washingtons Vision*. Our Race Leaflet, Nachdruck durch Destiny Publishers, Merrimac, MA 01860, USA

Underhill, Evelyn (1973): *Mystik*. Bietigheim-Bissingen: Lorber Verlag und Turm Verlag, 4. Aufl.

Webber, Marilyn Carlson (1986): *Angels, Angels Everywhere!* In: Guideposts Magazine, Carmel NY, USA

Weinreb, Friedrich (1980): *Gedanken über Tod und Leben*. Bern: Origo

Weinreb, Friedrich (1978): *Der göttliche Bauplan der Welt*. Bern: Origo, 5. Aufl.

Weinreb, Friedrich (1990): *Meine Revolution. Erinnerungen 1948-1987*. Weiler: Thauros

Weinreb, Friedrich (1988): *Begegnungen mit Engeln und Menschen*. Bern: Origo, 2. Aufl.

284

Weinreb, Friedrich (1989): *Die langen Schatten des Krieges.* Weiler: Thauros

Wilson, Peter Lamborn (1981): *Engel.* Stuttgart: Kohlhammer

Wurmbrand, Richard (1987): *Gefoltert für Christus. Ein Bericht vom Leiden und Bekennen der Unterdrücktenkirche in Ländern hinter dem Eisernen Vorhang.* Uhldingen: Stephanus

Wurmbrand, Richard (1968): *Christ in the Communist prisons.* New York: Coward-McCann

Vom selben Autor ist im Verlag Hermann Bauer
erschienen:

Engel als Beschützer und Helfer des Menschen

5. Auflage, 267 Seiten, kart. ISBN 3-7626-0290-5

Der Autor entwickelt hier seine Vorstellungen über die
geistigen Wesen, die in den Welten zwischen der grob-
stofflichen Welt des Menschen und dem Urquell aller
Energie, Gott selbst, leben. Er tut das in ungezwunge-
nem Erzählton, geistreich und ohne gelehrte Begriffe.
Die Engel, oder wie man die Wesen nennen will, beginnen vor dem Leser zu leben; sie werden ihm vertraut und er erkennt bewußt, welchen Platz sie in seinem Leben einnehmen. Wenn wir uns ihnen zuwen-
den, sind sie bereit, uns überall hin zu begleiten.
»Es ist falsch, zu glauben, daß die Probleme, mit denen
die Erde konfrontiert ist, für uns zu groß sind . . . Die
Probleme, die wir auf internationaler Ebene sehen,
sind nicht anders als die, die wir in kleinem Maßstab in
unserem eigenen Leben sehen. Da, in unserer eigenen
Seele, beginnt die große Reinigung unseres verschmutzten Planeten.«

Verlag Hermann Bauer · Freiburg im Breisgau

Die neuen Dimensionen des Bewußtseins